ESPERANÇA
PARA
CÉTICOS

ESPERANÇA PARA CÉTICOS

COMO A CIÊNCIA DA EMPATIA PODE NOS
AJUDAR A RESGATAR A BONDADE,
A GENEROSIDADE E A CONFIANÇA NUM
MUNDO DOMINADO PELO CINISMO

JAMIL ZAKI

TRADUZIDO POR IVANIR CALADO

SEXTANTE

Título original: *Hope for Cynics*
Copyright © 2024 por Jamil Zaki
Copyright da tradução © 2025 por GMT Editores Ltda.

Todos os direitos reservados. Nenhuma parte deste livro pode ser utilizada ou reproduzida sob quaisquer meios existentes sem autorização por escrito dos editores.

coordenação editorial: Sibelle Pedral
produção editorial: Carolina Vaz
preparo de originais: Ana Tereza Clemente, Ângelo Lessa e Rafaella Lemos
revisão: Luis Américo Costa e Rachel Rimas
diagramação: Ana Paula Daudt Brandão
adaptação de capa: Adriana Moreno
capa: Jim Datz
imagens de capa: céu © FocusStocker / Shutterstock; padrão © Dedraw Studio / Shutterstock
impressão e acabamento: Bartira Gráfica

CIP-BRASIL. CATALOGAÇÃO NA PUBLICAÇÃO
SINDICATO NACIONAL DOS EDITORES DE LIVROS, RJ

Z25e

Zaki, Jamil, 1985-
    Esperança para céticos / Jamil Zaki ; tradução Ivanir Calado. - 1. ed. - Rio de Janeiro : Sextante, 2025.
    272 p. ; 23 cm.

Tradução de: Hope for cynics : the surprising science of human goodness
ISBN 978-85-431-1083-7

1. Cinismo - Aspectos sociais. 2. Justiça social - Aspectos psicológicos. 3. Esperança. I. Calado, Ivanir. II. Título.

25-97990.0
                           CDD: 149
                           CDU: 141

Carla Rosa Martins Gonçalves - Bibliotecária - CRB-7/4782

Todos os direitos reservados, no Brasil, por
GMT Editores Ltda.
Rua Voluntários da Pátria, 45 – 14º andar – Botafogo
22270-000 – Rio de Janeiro – RJ
Tel.: (21) 2538-4100
E-mail: atendimento@sextante.com.br
www.sextante.com.br

Para Luisa e Alma

Sumário

Introdução   9

PARTE 1 Desaprendendo o cinismo
1. Sinais e sintomas   23
2. A surpreendente sabedoria da esperança   38
3. Condições preexistentes   56
4. O inferno não são os outros   77
5. Escapando da armadilha do cinismo   91

PARTE 2 Redescobrindo uns aos outros
6. A água (social) está boa   109
7. Desenvolvendo culturas de confiança   126
8. A falha nas nossas linhas de falha   143

PARTE 3 O futuro da esperança
9. Construindo o mundo que desejamos   163
10. O otimismo do ativismo   180
11. Nosso destino comum   197

Epílogo   213
Agradecimentos   217
Apêndice A: Guia prático para o ceticismo esperançoso   220
Apêndice B: Avaliando as evidências   225
Notas para as afirmações em cada capítulo   228
Notas bibliográficas   237

A esperança não é um bilhete de loteria a que a pessoa pode se agarrar sentada no sofá, sentindo que está com sorte. Ela é o machado que serve para derrubar as portas numa emergência.
– Rebecca Solnit

Introdução

Sempre senti inveja de Emile Bruneau. Ambos éramos professores de psicologia. Ambos usávamos a ciência do cérebro para estudar as conexões humanas e esperávamos que nosso trabalho pudesse ajudar as pessoas a se conectarem de modo mais eficaz. Como apresentávamos nossas pesquisas nas mesmas convenções e escapávamos para beber martínis em muitos bares de hotéis, acabamos ficando amigos.

Emile devia provocar inveja em muitas pessoas. Ex-jogador de rúgbi, com um maxilar bem marcado, chamava atenção aonde fosse – e ia a todos os lugares possíveis. Trabalhou para promover a paz na Irlanda do Norte, cruzou a África do Sul de bicicleta e enfrentou um campeão de luta greco-romana na Mongólia. Em casa, montou um Ford Modelo A, criava abelhas e construiu para os filhos uma casa na árvore mais elaborada que alguns apartamentos de Nova York. Suas realizações profissionais eram igualmente impressionantes: na Universidade da Pensilvânia, Emile fundou o Laboratório de Neurociência da Paz e do Conflito, um centro pioneiro no desenvolvimento de ferramentas científicas para superar o ódio.

A contribuição de Emile foi de suma importância, mas o que eu mais invejava nele era sua esperança. Isso pode soar estranho, se você levar em conta o que eu faço para ganhar a vida. Durante duas décadas estudei a gentileza e a empatia, ensinando a importância dessas virtudes a pessoas do mundo inteiro. Isso fez de mim um embaixador não oficial dos melhores anjos da humanidade, e frequentemente fui chamado para incutir nas pessoas fé umas nas outras.

Mas durante todo esse tempo convivi com um segredo. No fundo sou um cínico, com tendência a enxergar o que há de pior nos outros. Isso começou cedo: minha vida familiar era caótica e me levou a ter dificuldade para confiar nas intenções de quem quer que fosse. Desde então encontrei inspiração na ciência e uma base emocional mais forte em novos relacionamentos. Meu laboratório e eu descobrimos que a maioria das pessoas valoriza a compaixão acima do egoísmo, que doar dinheiro ativa partes do cérebro semelhantes às que são ativadas quando comemos chocolate e que ajudar os outros a superar o estresse alivia o nosso estresse.[1] A mensagem do nosso trabalho é simples: existe bem *em* nós, e ele *nos* faz bem.

No entanto, há uma diferença entre entender uma coisa e senti-la. Conheci especialistas em felicidade infelizes e pesquisadores de meditação estressados. Às vezes cientistas são atraídos pelo que têm dificuldade de encontrar na própria vida. Talvez eu tenha passado esse tempo todo fazendo um mapa da bondade humana na esperança de localizá-la mais facilmente na vida real.

No entanto, recentemente senti que ficou ainda mais difícil encontrar o bem nos outros. Emile e eu nos conhecemos em 2010. Na década seguinte, a polarização, a desigualdade, a depressão e o nível do mar aumentaram. No meu círculo social, testemunhei amigos trabalhadores e brilhantes com problemas para conseguir emprego – que dirá para alcançar algo parecido com o sonho americano. Criei uma conta no X (na época era Twitter) para seguir outros cientistas e deparei com uma enxurrada de ofensas, mentiras e autopromoção. O estado da Califórnia pegou fogo e o vinhedo para onde minha mulher e eu tínhamos viajado foi devastado. No nosso aniversário de casamento percorremos os restos calcinados da propriedade, imaginando quantos outros lugares do mundo ficariam assim, e quando. Eu podia citar de cor provas da existência da gentileza que havíamos obtido no meu laboratório e em uma dezena de outras pesquisas, mas, à medida que o mundo parecia se tornar cada vez mais ganancioso e hostil, meus instintos se recusavam a seguir os dados científicos.

Emile foi uma das poucas pessoas com quem compartilhei essa reflexão. Durante muitas conversas, ele tentou ressuscitar minha esperança. Dizia que nossa pesquisa científica podia ensinar às pessoas sobre a bondade que existe dentro delas e os medos que mantêm essa bondade encoberta, como o sol por trás das nuvens. A ideia era conduzirmos as pessoas na direção da comunidade e da justiça – os verdadeiros valores delas.

Os monólogos corajosos de Emile pareciam ingênuos e às vezes me faziam pensar se tínhamos mesmo tanta coisa assim em comum. Ele havia testemunhado o ódio em cinco continentes. De onde tirava tanto otimismo? Sua positividade parecia fruto de uma ilusão ou sinal de que havia crescido cercado de privilégios.

Até que um dia conversamos sobre a infância dele, e ficou claro que eu estava enganado. Pouco depois de Emile nascer, sua mãe passou a ser atormentada por vozes cruéis, zombeteiras, tão inevitáveis para ela quanto imperceptíveis para todas as outras pessoas. Ela havia desenvolvido uma esquizofrenia séria e passou o restante da vida em guerra contra a própria mente, incapaz de criar Emile.

No entanto, quando estavam juntos, a mãe o protegia do caos que existia dentro dela. "Ela jamais deixou que aquela escuridão me afetasse", lembrou ele. "Mesmo quando estava nas profundezas do desespero, me dava apenas luz."[2] Ouvindo Emile contar sua história, percebi que ele era tudo, menos ingênuo. Tinha visto de perto como o carinho podia crescer em meio à dor imensa. Ao lutar pelo que temos de melhor, Emile não tinha o luxo de enxergar apenas o que havia de bom em nós. Sua esperança era como a ternura de sua mãe: uma escolha desafiadora.

Em 2018, essa esperança seria testada outra vez. A tela de seu laptop parecia mais escura a cada noite. Logo vieram as dores de cabeça. Como neurocientista, ele reconheceu os sinais de alerta, pediu para fazer uma tomografia e descobriu o câncer no cérebro que tiraria sua vida dois anos depois, aos 47 anos. A tragédia afetou tanto ele quanto sua família. Os filhos de Emile, com 4 e 6 anos, cresceriam sem o pai. Sua mulher, Stephanie, perderia o companheiro amado. Décadas de trabalho se perderiam e o mundo ficaria privado das ideias de Emile.

No entanto, algo mais acontecia dentro dele. Emile me escreveu dizendo que estava tomado por "uma consciência de tudo que há de belo no mundo". Todos vamos morrer, dizia, mas a maioria das pessoas não sabe quanto tempo tem. Ele estava decidido a preencher seus últimos dias com senso de comunidade e propósito. Recém-saído da cirurgia para remover o tumor, reuniu um grupo de pesquisadores em casa e propôs um desafio: "Nosso objetivo deve ser mais radical do que apenas fazer um bom estudo científico." Como Emile, eles iriam a lugares devastados pela guerra, falariam com pessoas que sofriam e fariam a ciência trabalhar pela paz. "Podemos caminhar pelas trevas e espalhar a luz."

Emile morreu em 30 de setembro de 2020.[3] Muitas pessoas ficaram de luto por ele, que era um pai, um cientista e um amigo inspirador. Eu também fiquei de luto por sua visão de mundo. Emile acreditava que a esperança é como a luz que guia os nossos caminhos. Se isso era verdade, o mundo parecia escurecer à medida que a pandemia da Covid-19 ganhava força. Tal como nos últimos instantes do crepúsculo, ficava cada vez mais difícil enxergar qualquer coisa à frente.

Naquele ano, a fenda que separava minha persona otimista da minha vida interior sombria se alargou até virar um cânion. Escolas, hospitais e empresas me convidavam para falar sobre meu trabalho e ajudá-los a sentir esperança, mas a minha havia desaparecido. Pelo Zoom, sentado na sala de estar, eu celebrava a gentileza humana com pessoas ao redor do mundo. Assim que a tela apagava, eu voltava à rolagem infinita de notícias desoladoras.

Mas meu trabalho é ser curioso em relação à mente humana, e depois de um tempo comecei a analisar meu próprio cinismo. Ele é uma visão de mundo sedutora, sombria e simples. Simples demais até para conseguir explicar qualquer coisa. O cinismo me encorajava a esperar o pior das pessoas, mas o que me dava esse direito? Ele me dizia que o futuro seria horrível, mas como saber? O que o cinismo estava fazendo comigo? Com todos nós? Em pouco tempo aprendi que ele desgasta a cola psicológica que nos une. A confiança – a disposição de mostrar suas vulnerabilidades aos outros – é uma expressão da crença de que eles farão a coisa certa. É assim que a esperança vive entre as pessoas. Ao erodir a confiança, o cinismo rouba nosso presente juntos e embota os futuros que poderíamos imaginar.

Eu vivia pensando em Emile. Como ele havia conseguido manter uma positividade espantosa mesmo sabendo que a vida seria interrompida? Outras pessoas seriam capazes de fazer o mesmo em seus momentos mais sombrios? Essas perguntas deram início a uma jornada científica que mudou a minha mente e a uma jornada pessoal que mudou a minha vida. Explorando décadas de pesquisas, descobri que o cinismo não é só prejudicial, muitas vezes é ingênuo. A esperança e a confiança, ao contrário, têm mais sabedoria do que a maioria das pessoas pensa. Além disso, são competências que podemos desenvolver por meio de hábitos mentais e comportamentais. Eu gostaria de ter conhecido essas práticas antes, mas hoje sou grato por elas e acredito que vale a pena compartilhá-las.

Este livro explica por que tantas pessoas se sentem como eu me sentia e como qualquer um pode aprender a pensar mais como Emile.

AS CONVERSAS QUE TIVEMOS naqueles bares de hotéis não eram nenhuma novidade. Há milhares de anos as pessoas já discutiam se a humanidade é egoísta ou generosa, cruel ou gentil. Mas nossas respostas mudaram recentemente.

Meus pais imigraram para os Estados Unidos em 1972. Naquele mesmo ano, um projeto chamado Pesquisa Social Geral (GSS, na sigla em inglês) iniciou uma sondagem em escala nacional, fazendo levantamentos regulares com pessoas de todos os níveis sociais sobre uma variedade de assuntos. O país ao qual meus pais chegaram não era um mar de rosas. A Guerra do Vietnã estava chegando ao fim, mas os protestos continuavam a todo vapor. Agentes do Governo Nixon invadiram a sede do Comitê Nacional do Partido Democrata, o que desencadeou o escândalo do Caso Watergate. As tensões raciais eram intensas.[4]

Mesmo assim, em comparação com o momento atual, os Estados Unidos de 1972 eram uma utopia de confiança. Naquele ano, quase 50% dos americanos entrevistados pela GSS concordaram que "a maioria das pessoas é confiável". Em 2018 apenas 33% concordavam com essa afirmação.[5] Se a confiança fosse dinheiro, sua desvalorização seria equivalente à da queda da bolsa durante a Grande Recessão de 2008. Mas, ao contrário da economia, a recessão da confiança não teve recuperação. E a desconfiança não é apenas um problema dos Estados Unidos. Uma pesquisa internacional realizada em 2022 revelou que, em 24 de 28 países, a maioria das pessoas declarou desconfiar dos outros.[6]

A humanidade perdeu a fé na humanidade e perdeu ainda mais fé nas instituições. Entre 1970 e 2022,[7] a porcentagem de americanos que confiavam na presidência caiu de 52% para 23%, o número dos que confiavam nos jornais caiu de 39% para 18%, o número dos que confiavam no Congresso caiu de 42% para 7% e o dos que confiavam nas escolas públicas caiu de 58% para 28%. Talvez estejamos certos em suspeitar de políticos e comentaristas da TV. Mas o cinismo coletivo tem consequências. A confiança não é dinheiro, mas é igualmente vital para a saúde, a prosperidade e a democracia. A falência do banco social pode derrubar rapidamente essas três coisas.

Quando a confiança é desvalorizada, o cinismo cresce. Neste momento, ele parece vencer a corrida para se tornar o estado de espírito da década de 2020. E por que não seria assim? A cultura está repleta de predadores, esquemas de pirâmides financeiras e desinformação. É razoável concluir que as pessoas só estão interessadas em si mesmas. Mas inúmeros estudos já demonstraram que crenças baseadas no cinismo corroem relacionamentos, comunidades, economias e a própria sociedade.

Isso prejudica as pessoas em praticamente todos os níveis que os cientistas conseguem avaliar. Dezenas de trabalhos acadêmicos* mostraram que os cínicos manifestam mais depressão, bebem em excesso com mais frequência, ganham menos dinheiro e até morrem mais cedo do que os não cínicos.[8] No século XVII, o filósofo Thomas Hobbes se tornou o porta-voz intelectual do cinismo. Seu livro *Leviatã* argumenta que as pessoas precisam de um governo para controlá-las, porque, se forem deixadas por conta própria, as vidas humanas serão "maldosas, embrutecidas e curtas". Poucas frases capturam tão bem a visão cínica da vida. Mas, ironicamente, as palavras de Hobbes descrevem melhor os próprios cínicos.

Quando falo em "cínicos", você pode imaginar um determinado tipo de pessoa: o misantropo tóxico, com ar de superioridade, destilando desprezo. Mas não se trata de uma categoria fixa, como neozelandeses ou anestesistas. O cinismo é um espectro. *Todos* temos momentos de cinismo – ou, como no meu caso, anos de cinismo. A questão é: por que tantos de nós acabamos assim, se isso nos faz tão mal?

Um dos motivos é o fato de que nossa cultura glamouriza o cinismo e esconde seus perigos promovendo três grandes mitos.

---

* Este livro baseou-se em diversos trabalhos em ciências sociais. E todos podem ser encontrados nas notas. Se você desejar saber mais sobre as pesquisas que sustentam as afirmações feitas aqui, veja o Apêndice B: "Avaliando as evidências".

Mito nº 1: O cinismo é inteligente. Qual é o oposto de um cínico? Essa é fácil: um tolo, burro, otário, cujo otimismo ingênuo o deixa suscetível a ser enganado. Esse estereótipo revela a crença muito difundida de que pessoas cínicas são mais inteligentes do que as não cínicas. Mas o senso comum está errado. Na verdade, os cínicos se saem *pior* em testes cognitivos e têm mais dificuldade de identificar um mentiroso do que os não cínicos.[9] Quando presumimos que todo mundo quer se dar bem à custa dos outros, não nos damos ao trabalho de descobrir como as pessoas realmente são. Enquanto os crédulos confiam cegamente nos outros, os cínicos *desconfiam* cegamente.

Mito nº 2: O cinismo traz segurança. Todo ato de confiança é uma aposta social. Quando colocamos nosso dinheiro, nossos segredos ou nosso bem-estar nas mãos de outra pessoa, ela passa a ter poder sobre nós. E a maioria dos que confiam nos outros vai quebrar a cara em algum momento. Esses momentos ficam marcados em nós, diminuindo nossa disposição a voltar a correr riscos.[10] Como jamais confiam em alguém, os cínicos nunca perdem.

Por outro lado, jamais ganham também. Recusar-se a confiar nos outros é como jogar pôquer desistindo de todas as mãos antes de começar. O cinismo nos protege dos predadores, mas acaba com todas as oportunidades de colaboração, amor e vida comunitária, pois todas essas coisas requerem confiança. E, embora nos lembremos para sempre das pessoas que nos fizeram mal, é mais difícil nos dar conta dos amigos que *poderíamos ter feito* se não fôssemos tão fechados.

Mito nº 3: O cinismo é moralmente correto. Será que a esperança não é um privilégio? Nem todo mundo pode se dar ao luxo de esperar o melhor das pessoas, sobretudo quem já foi prejudicado por um sistema cruel. Num mundo marcado pela injustiça, talvez pareça insensível dizer às vítimas que elas deveriam enxergar o lado bom. Talvez os otimistas usem a esperança para fingir que os problemas não existem, ao passo que os cínicos lançam luz sobre eles.

Essa ideia é intuitiva, mas está invertida: o cinismo *realmente* mostra às pessoas o que está errado, embora acabe com a possibilidade de qualquer coisa melhor. Não há como mudar um sistema falido se ele for um espelho que reflete nossa natureza falida. Então por que se dar ao trabalho de fazer alguma coisa? Nos momentos de maior cinismo eu me sentia moralmente paralisado. Parei de fazer trabalho voluntário e de ir a manifestações, e passei a me perguntar por que meus amigos mais ativos se dispunham a fazer isso. Outros cínicos tendem a agir do mesmo modo, deixando de votar e de participar de movimentos sociais com mais frequência do que os não cínicos.

O cinismo não é uma visão de mundo radical, e sim uma ferramenta do status quo.[11] Isso é útil para as elites, e os especialistas em desinformação semeiam a desconfiança para controlar melhor as pessoas. Políticos corruptos conseguem se proteger convencendo os eleitores de que *todo mundo* é corrupto. As empresas de mídia e os órgãos de imprensa comercializam o julgamento e a indignação. Nosso cinismo é produto deles – e os negócios vão de vento em popa.

Nossas crenças influenciam o modo como tratamos os outros, e isso determina como eles agem em relação a nós. Os pensamentos mudam o mundo, e o cinismo está transformando o mundo em um lugar mais cruel, triste e doentio. Tudo isso é profundamente impopular. Os americanos confiam uns nos outros menos do que antes, mas 79% deles também acham que as pessoas confiam muito pouco.[12] Detestamos os adversários políticos, porém mais de 80% das pessoas temem a polarização. A maioria quer uma sociedade baseada na compaixão e na conexão, mas o cinismo nos convence de que as coisas só vão piorar, não importa o que façamos. Assim, acabamos não fazendo nada e elas realmente pioram.

SEGUNDO UM MITO ANTIGO, a esperança chegou à Terra como parte de uma maldição. Prometeu roubou o fogo dos deuses e Zeus se vingou com um "presente". Ordenou a Hefesto que moldasse a primeira mulher, Pandora, e a ofereceu ao irmão de Prometeu. Pandora recebeu de presente um pote de barro – que Zeus lhe disse para jamais abrir. Mas ela não resistiu à curiosidade e levantou a tampa. De dentro saíram todos os males do mundo: doença e fome para o corpo, rancor e inveja para a mente, guerra para as cidades. Percebendo seu erro, Pandora se apressou em fechar o pote, deixando apenas a esperança do lado de dentro.

Mas o que a esperança estava fazendo ali, para começo de conversa, junto com as desgraças? Algumas pessoas acreditam que a esperança era a única coisa boa que havia dentro do pote, e mantê-la presa nos condenou ainda mais. Outros acham que ela combina perfeitamente com as outras maldições.[13] O filósofo Friedrich Nietzsche disse que a esperança é "o pior dos males, porque prolonga o tormento do homem". Talvez você concorde. A esperança tem sido representada como um delírio e até mesmo como algo tóxico, que leva as pessoas a ignorar seus problemas e os problemas do mundo.

Os cientistas enxergam a questão de outro modo. O psicólogo Richard Lazarus escreveu: "Ter esperança é acreditar que algo de positivo, que no momento não está presente na nossa vida, ainda pode se materializar." Em outras palavras, a esperança é uma reação aos problemas, não uma fuga. Se o otimismo diz que as coisas *vão* melhorar, a esperança diz que elas *podem* melhorar. O otimismo é idealista; a esperança é prática. Ela nos dá um vislumbre de um mundo melhor e nos instiga a lutar por ele.

Qualquer um de nós pode praticar a esperança. Emile fazia isso. Via o mesmo mundo que a maioria de nós enxerga, mas, em vez de se refugiar no cinismo, optava por trabalhar pela paz, desenvolver o sentimento de comunidade e viver de acordo com seus princípios. Para mim, e para muitos que o conheceram, a positividade de Emile parecia sobrenatural. Temperamento, experiência, vontade ou uma combinação alquímica desses três elementos o levaram a ter uma mente e um coração com os quais todos poderíamos aprender.

Este livro é a minha tentativa de disseminar as lições dele. Com o apoio de sua esposa, Stephanie, falei com familiares, amigos de infância, treinadores, companheiros de equipe e colegas de Emile. Viajei a lugares importantes para ele e li anotações que ele jamais compartilhou. Por meio de dezenas de conversas marcadas por lágrimas e gratidão, obtive uma compreensão mais profunda de quem Emile era e de como se tornou essa pessoa. Então, inesperadamente, comecei a perceber sua presença. Quando era tomado pelo sarcasmo ou pelo cinismo – o que acontecia com frequência –, eu começava a ouvir sua voz: primeiro só de vez em quando, depois com frequência; primeiro baixinho, depois com clareza.

Pouco depois de receber o diagnóstico, Emile escreveu para Stephanie: "Como neurocientista, aprendi que o cérebro não enxerga o mundo, apenas o interpreta. Assim, perder meu corpo não é uma perda, afinal de contas. O que sou para você é um reflexo de sua mente. Estou e sempre estive aí, em você." Enquanto escrevia este livro, tive a experiência estranha e solene de testemunhar Emile ganhar vida dentro da minha mente, vindo de algum lugar que está além deste mundo. Ele me ensinou mais do que eu poderia imaginar.

Aqui Emile vai ensinar a você também. Ele buscava a paz do mesmo modo que os médicos buscam a cura. Se as doenças são aberrações na função do corpo, Emile via o conflito e a crueldade como doenças da saúde social. Ele e seus colegas diagnosticaram os gatilhos que inspiram o ódio e a partir daí desenvolveram tratamentos psicológicos para reduzir o conflito e cultivar a compaixão.

Esperança para céticos usará uma abordagem semelhante à da nossa perda de fé uns nos outros. Logo você poderá diagnosticar os sintomas do cinismo em si e nos outros, entender suas causas e perceber como ele colabora para incontáveis doenças sociais, desde uma epidemia de solidão até a "Grande Demissão" nos locais de trabalho ao redor do mundo e a erosão da própria democracia.

Quando entendemos a doença, podemos tratá-la. Nessa missão, Emile era menos um médico do que um paciente milagroso. Se o cinismo é um patógeno, Emile tinha uma resistência incomum a ele. Se uma pessoa é imune a uma peste disseminada, testamos seus genes ou seu sangue em busca de pistas para combater a doença. Sondei a vida de Emile em busca de escolhas e experiências que o ajudaram a praticar a esperança.

Ao fazer isso, aprendi que uma ferramenta poderosa que ele usava para atacar o cinismo era o *ceticismo*: a relutância em aceitar afirmações sem provas. O cinismo e o ceticismo costumam ser confundidos, mas são totalmente diferentes. O cinismo é a falta de fé nas pessoas, ao passo que o ceticismo é a falta de fé em nossas suposições. Os cínicos imaginam que a humanidade é péssima; os céticos coletam informações para saber em quem confiar. Eles se apegam pouco às crenças e aprendem rapidamente. Emile era um *cético esperançoso*, combinando seu amor pela humanidade com uma mente precisa e curiosa.

Essa disposição mental nos apresenta uma alternativa ao cinismo. Em termos culturais, estamos concentrados na ganância, no ódio e na desonestidade, de modo que a humanidade hoje passou a ser altamente subestimada. Em diversos estudos, a maioria das pessoas não consegue se dar conta de quão generosos, dignos de confiança e com mente aberta os outros realmente são. O cidadão médio subestima o cidadão médio.

Se *você* tem alguma semelhança com o cidadão médio, tenho uma boa notícia: é provável que as pessoas sejam melhores do que você imagina. Ao adotar o ceticismo – passando a prestar atenção em vez de tirar conclusões precipitadas –, você encontrará muitas surpresas agradáveis. Como as pesquisas deixam claro, a esperança não é um modo ingênuo de encarar o mundo, mas uma resposta condizente com os melhores dados disponíveis. Esse é um tipo de esperança que até os cínicos podem abraçar, e uma chance de escapar das armadilhas mentais que fisgaram tantos de nós.

Aqui você descobrirá o que apontam décadas de estudos científicos sobre cinismo, confiança e esperança, inclusive trabalhos do meu laboratório, e conhecerá pessoas que usam a esperança como um machado para derrubar portas. Conheceremos uma diretora que recuperou uma escola do ensino médio considerada "perigosa" empoderando seus alunos e um CEO que substituiu a cultura de competição pela cooperação em sua empresa. Uma seguidora do QAnon que descobriu que a família significa mais que conspirações e um recluso no Japão que encontrou sua voz através da arte. Na história de cada um deles testemunharemos como a mente pode evoluir, fortalecendo as comunidades e reimaginando o futuro.

Ao longo do livro também apresentarei estratégias e hábitos para cultivar o ceticismo esperançoso. Se você quiser se aprofundar mais, o Apêndice A oferece um guia prático. Mas, se vou pedir que você lute contra o cinismo, devo seguir meu próprio conselho. Foi o que tentei recentemente. A partir dos dados científicos, repensei minha atitude como pai, fiz experimentos com a mídia que consumo, passei a falar mais com desconhecidos e tentei superar meu catastrofismo com relação ao clima. Boa parte desse trabalho foi doloroso ou constrangedor. Mas aos trancos e barrancos ele me mudou. Notei que os relacionamentos se tornaram mais fortes, a confiança aumentou, o otimismo cresceu.

Em geral, o cinismo não passa de uma perspectiva baseada na falta de boas evidências. Assim, ser menos cínico é uma questão de perceber melhor as coisas. Espero que este livro ajude você a enxergar o bem que existe nos outros e a trabalhar na direção do mundo em que a maioria de nós deseja viver. A voz cínica dentro de cada um de nós nos diz que já sabemos tudo sobre as pessoas. Mas a humanidade é muito mais bela e complexa do que um cínico imagina e o futuro é muito mais misterioso do que eles pensam.

O cinismo é como óculos sujos que cada vez mais gente coloca no rosto à medida que o tempo passa. Quero ajudar você a tirá-los. Acho que vai se surpreender com o que encontrará.

PARTE 1

Desaprendendo o cinismo

1
Sinais e sintomas

O cinismo é uma doença social, mas antes de tratá-lo precisamos entender o que ele é e como nos afeta. Qualquer diagnóstico é um trabalho de investigação. Os sintomas são as pistas, os sinais externos que apontam para alguma coisa errada dentro do corpo: dores, mãos formigando e tontura podem indicar anemia. Se a dor é no peito, a causa pode ser mais assustadora. O significado de cada sinal muda de acordo com o contexto.

Os psicólogos usam as palavras e as ações como indícios para a mente das pessoas. Se você não sente mais prazer em suas atividades prediletas, pode estar deprimido. Se é a alma da festa, provavelmente é extrovertido. Podemos diagnosticar o cinismo desse modo, mas é um trabalho complicado, porque o sentido dessa palavra mudou ao longo dos anos. Recuando no tempo, descobrimos que as origens do cinismo têm pouco a ver com sua forma atual de desalento.

Esperança oculta: os cínicos da Antiguidade

O detetive ficcional mais famoso não era nem mesmo o melhor de sua família. Segundo Sherlock Holmes, seu irmão, Mycroft, era mais talentoso. O problema de Mycroft era que "não tinha ambição nem energia" e desprezava a humanidade. Em vez de solucionar casos, ele criou um ponto de encontro para pessoas que não gostavam de pessoas. Como Sherlock descreve, o Clube Diógenes "contém os homens mais antissociais e avessos a clubes em toda a cidade".¹ Qualquer tentativa de bater papo com outro sócio podia levar à expulsão.

O clube recebeu esse nome em homenagem a Diógenes de Sinope, um grego intratável nascido 23 séculos antes.² Filho de um banqueiro, Diógenes foi acusado de falsificar a moeda da cidade, foi exilado e passou a viver nas ruas de Atenas, mendigando comida e dormindo num grande vaso de cerâmica. Travando uma guerra aberta contra a sociedade educada, ele era mais um dublê da contracultura do que um filósofo clássico. Urinava, defecava e se masturbava em público. Aproximava uma lamparina do rosto de desconhecidos, dizendo que estava procurando ao menos uma pessoa honesta.

Mistura de monge, hippie e comediante insultuoso, Diógenes aterrorizava alguns e fascinava outros, que o chamavam de *kynikos*, ou "parecido com um cachorro". Ele adorava esse apelido, dizendo: "Eu balanço o rabo para quem dá, lato para quem se recusa e cravo os dentes nos patifes."³ *Kynikos* se tornou a raiz da palavra *Cinismo*. De agora em diante, vou chamar essa versão original de "Cinismo com C maiúsculo".⁴

Diógenes ganhou seguidores. Ele e seus colegas Cínicos com C maiúsculo eram irônicos, grosseiros e alérgicos a papo furado. Por trás desse comportamento, porém, pregavam a esperança. Os Cínicos acreditavam que as pessoas eram naturalmente capazes de uma vida virtuosa e carregada de sentido, mas que as regras e hierarquias nos roubavam esses dons, nos envenenando com o desejo de riqueza e poder. Diógenes queria salvar as pessoas dessas armadilhas. Como disse um estudioso do Cinismo, Diógenes "se via como um médico que precisava infligir a dor para poder curar". Não assediava desconhecidos por ódio, mas porque desejava libertá-los – como um mestre Zen agredindo um estudante para assustá-lo e fazê-lo parar de pensar.⁵

Para lutar contra a doença social, os Cínicos com C maiúsculo criaram uma receita para uma vida com sentido. O primeiro ingrediente era a *autarkeia*, ou autossuficiência. Ignorando as convenções, o dinheiro e o status, os Cínicos podiam viver segundo seus termos. Como não estavam em dívida com ninguém, podiam seguir seus valores. O segundo era *kosmopolitismós*, ou cosmopolitismo. Os Cínicos rejeitavam a política identitária, pois consideravam que não eram melhores nem piores que os outros. Quando perguntavam de onde ele era, Diógenes respondia apenas: "Sou um cidadão do mundo." O terceiro era *philantropía*, ou amor pela humanidade. Os Cínicos respondiam ao sofrimento com o que um especialista chama de "zelo missionário" para ajudar o próximo.[6] "A preocupação com o bem-estar de outro ser humano é básica para o Cinismo em todas as suas formas", escreveu ele.

O Cinismo de antigamente era o contrário do que parecia. Por trás do caos havia ordem. Por trás da raiva havia cuidado. Diógenes não evitava as pessoas; tentava ajudá-las a viver uma vida verdadeira e profunda. Provavelmente desprezaria o Clube Diógenes.

Como suas ideias foram tão deturpadas? Os Cínicos com C maiúsculo preferiam fazer teatro de rua a arrumar quem anotasse suas ideias, e suas performances sobreviveram aos registros escritos. Como escreveu um historiador: "A incapacidade do Cinismo de fazer um autorrelato" reduziu seu "encanto persuasivo".[7] Como não se importavam com seu legado, os adeptos do Cinismo com C maiúsculo deixaram que outros escrevessem sobre eles através das lentes de seu lugar e sua época. Alguns filósofos enxergaram Jesus como um Cínico atualizado, com amor por todo mundo e desprezo pelo poder. Já um autor da Renascença retratou Diógenes como um bêbado, com seu vaso de cerâmica cheio de vinho.

Escritores redigiram cópias de cópias dessa filosofia. Os Cínicos passaram a ser lembrados como descontentes – coisa que eram mesmo –, mas sua esperança pela humanidade foi deixada para trás.[8] O cinismo moderno, "com c minúsculo", mantém a suspeita original contra as regras sociais, mas perdeu sua imaginação e sua missão. Os Cínicos com C maiúsculo acreditavam que as pessoas tinham grande potencial. Para os cínicos com c minúsculo, os piores elementos da sociedade refletem quem todos nós somos de verdade. Os Cínicos com C maiúsculo zombavam das regras para escapar delas. Os cínicos de hoje também desprezam a sociedade, mas seu desapego é uma bandeira branca de rendição – porque, para eles, não é possível construir nada melhor.

Uma teoria (equivocada) de todos

O cinismo com c minúsculo é a única forma que a maioria de nós conhece atualmente; por isso, de agora em diante vou chamá-lo apenas de "cinismo". Ele infecta um número cada vez maior de pessoas todos os anos.

Para diagnosticar o seu, pense se você concorda, em termos gerais, com as seguintes afirmações:

1. *Ninguém se importa muito com o que acontece com você.*
2. *A maioria das pessoas não gosta de ajudar as outras.*
3. *A maioria das pessoas só é honesta por medo de ser apanhada fazendo algo errado.*

Na década de 1950, os psicólogos Walter Cook e Donald Medley criaram um teste para identificar bons professores. Eles perguntaram a centenas de educadores se eles concordavam com essas três afirmações – e outras 47. Quanto mais um professor concordava, pior era a sua afinidade com os alunos. Mas o teste tinha aplicações mais amplas. Quanto maior o número de afirmações com que *qualquer pessoa* concordava, mais ela desconfiava de amigos, desconhecidos e da própria família. Logo ficou claro que, sem querer, Cook e Medley tinham criado um detector multiúso de cinismo.[9]

A média de concordância para a maioria das pessoas fica entre um terço e metade das cinquenta afirmações de Cook e Medley.[10] Simplifiquei o teste e o resumi nas poucas afirmações que você viu acima. Se discorda das três, provavelmente seu nível de cinismo é baixo. Se concorda com apenas uma, está no nível médio/baixo. Se concorda com duas, está no médio/alto. E, se concorda com as três, talvez você seja um cínico completo, com uma visão desoladora de todo mundo.

Todos nós usamos teorias para explicar as coisas, fazer previsões e levar a vida. A teoria da gravidade diz que objetos com massa se atraem mutuamente. Ainda que você não pense nisso de forma consciente, essa ideia vive na sua cabeça. Por isso, você não fica confuso quando uma maçã cai de uma árvore e provavelmente acha que deve ser perigoso largar um tijolo do alto de um edifício – mas largar uma bola de pingue-pongue talvez não seja nada de mais. Praticamente todo mundo compartilha a teoria da gravidade, mas outros conceitos nos dividem. O otimismo é uma teoria que afirma que vai ficar tudo bem no futuro; o pessimismo é uma teoria que afirma que não vai ficar tudo bem no futuro. Os otimistas prestam atenção nos presságios auspiciosos e assumem riscos; os pessimistas se concentram nos sinais ruins e buscam a segurança.[11]

O cinismo é a *teoria que afirma que as pessoas são egoístas, gananciosas e desonestas*.[12] Como qualquer teoria, ela altera o modo como enxergamos a realidade e reagimos a ela – nesse caso, o mundo social. Num estudo semelhante a muitos outros, indivíduos fizeram o teste de Cook e Medley e depois assistiram a uma pessoa falar sobre seus problemas enquanto outra escutava. Os indivíduos que discordavam das afirmações de Cook e Medley classificaram os ouvintes como calorosos e atenciosos.[13] Os que concordavam com as afirmações acharam os ouvintes indiferentes e insensíveis.

O cinismo muda nosso modo de pensar, o que fazemos e o que deixamos de fazer. Para ajudar a diagnosticar o seu, vamos fazer um experimento. Finja que você é um "investidor" que começa com 10 dólares. Um segundo jogador, o "administrador", é um desconhecido. Você pode dar a ele a quantia que quiser e essa quantia será triplicada. O administrador pode lhe devolver a quantia que ele quiser. Se você investir 10 dólares, eles se tornarão 30 nas mãos do administrador; e, se ele lhe devolver a metade, vocês dois lucram, cada um ficando com 15. Ele também pode optar por devolver os 30 dólares ou ficar com todo o dinheiro para si.

Com base em seu primeiro impulso, quanto você daria a ele? Anote sua resposta – voltaremos a ela daqui a pouco.

Os economistas usam esse jogo há décadas para medir a *confiança*:[14] a decisão de ter fé em outra pessoa. Sempre que conta um segredo a alguém ou deixa seus filhos com uma babá, você se coloca numa posição de vulnerabilidade. Quando as pessoas em quem confiamos honram seus compromissos, todo mundo ganha.[15] Você conta um segredo a um amigo, ele ouve e lhe oferece apoio – o relacionamento de vocês se fortalece. Seus filhos se divertem com um novo adulto, a babá recebe o pagamento e você desfruta de um merecido descanso. Mas as pessoas também podem nos ludibriar. Seu novo confidente pode espalhar o que você contou a ele. A babá pode roubar seus pertences ou ignorar seus filhos e passar o tempo todo no celular.

A confiança é uma aposta social, e os cínicos acham que é coisa de otário. Voltando ao jogo, se você é como um cidadão médio, vai mandar para o administrador 5 dólares, que se transformariam em 15 dólares. O administrador mediano lhe mandaria uns 6 dólares de volta, deixando você com 11 e ficando com 9 no fim do jogo. Se você fosse como o cínico médio, investiria menos, em geral entre 1 e 3 dólares.[16] Essas escolhas revelam as teorias nas quais baseamos a vida. Os não cínicos acham que há cerca de 50% de chance de o administrador devolver o dinheiro. Os cínicos acreditam que os administradores vão pegar o dinheiro todo para eles. No fim das contas, os administradores devolvem o dinheiro cerca de 80% das vezes. Os cínicos ganham menos que os não cínicos nos jogos de confiança, mas quase todos os investidores podem ganhar mais confiando mais.

No laboratório, a desconfiança custa dinheiro. Na vida, ela nos priva de um recurso muito mais vital: a possibilidade de dependermos uns dos outros. O romancista Kurt Vonnegut escreveu que as pessoas são "quimicamente projetadas" para viver em comunidade,[17] "assim como os peixes são quimicamente projetados para viver em água limpa". Os cínicos, não querendo perder, negam suas necessidades sociais. Buscam o apoio de amigos com menor frequência e sempre negociam como se a outra parte estivesse tentando trapacear.[18] Como um peixe fora d'água, eles se pegam famintos por conexão.

Essa desnutrição social se acumula ao longo do tempo. Estudos descobriram que adolescentes cínicos têm mais chance de se tornar universitários deprimidos do que os não cínicos, e que universitários cínicos têm mais chance de beber em excesso e se divorciar na meia-idade.[19] Os não cínicos ganham cada vez mais no decorrer da carreira, enquanto os cínicos ficam financeiramente estagnados.[20] Os cínicos têm mais chance de sofrer com um coração partido – e com doenças cardíacas. Num estudo, cerca de 2 mil homens preencheram o teste de Cook e Medley. Nove anos depois, 177 haviam morrido, e os cínicos tinham mais que o dobro de probabilidade de estar entre os falecidos do que os não cínicos.[21]

Uma antiga piada diz que duas idosas reclamam do resort que estão visitando. "A comida deste lugar é horrível", diz a primeira. "Sem dúvida", concorda a amiga, "e as porções são muito pequenas!" Uma vida cínica é alienada e infeliz, e termina cedo demais.

Parando o motor da sociedade

Os cínicos levam uma vida mais difícil que os não cínicos. No entanto, à medida que mais pessoas vão desistindo umas das outras, *todo mundo* paga o preço. Para entender como isso acontece, vamos comparar o bem-estar de nações com alto e baixo nível de confiança.[22] Em 2014 a Pesquisa de Valores Mundiais perguntou a pessoas ao redor do globo se elas concordavam que "a maioria das pessoas é confiável". Cinquenta por cento dos cidadãos do Vietnã concordaram. Mas, na Moldávia, que na época tinha um nível de riqueza semelhante, apenas 18% concordaram. Diferenças nos níveis de confiança também ocorriam em países mais ricos, por exemplo entre a Finlândia, com 58% de confiança, e a França, com 19%.

As comunidades com alto nível de confiança superam as com baixa confiança em muitas áreas. Seus habitantes são mais felizes. Em termos de bem-estar, pertencer a um grupo com alto nível de confiança chega a ter o mesmo efeito de um aumento de 40% nos salários. Eles são mais saudáveis fisicamente e mais tolerantes com as diferenças.[23] Fazem mais doações à caridade, são mais engajados em questão de cidadania e civilidade e têm menos chance de morrer de suicídio.[24] Também contam com uma rede eficiente de trocas comerciais e investem uns nos outros, permitindo que o comércio prospere. Certa vez economistas mediram os níveis de confiança de 41 países e seu produto interno bruto (PIB) nos anos seguintes.[25] A riqueza das nações com alto nível de confiança aumentou, enquanto a dos países com baixo nível de confiança estagnou ou diminuiu.

A confiança torna os momentos bons melhores e os ruins também. As pessoas que têm fé umas nas outras se unem em face da adversidade. Um exemplo radical disso ocorreu na cidade japonesa de Kobe. Dois bairros – Mano e Mikura – pareciam iguais no papel: separados por apenas 5 quilômetros, ambos tinham grande densidade de fábricas, oficinas e casas; ambos tinham populações de classe média e de classe operária de meia-idade. Mas, sob a superfície, as semelhanças desapareciam. Mano era repleto de pequenas empresas familiares e contava com o comércio entre vizinhos. As mulheres tinham papel importante na economia, ao passo que Mikura era mais patriarcal.

Os moradores de Mano também enfrentavam os desafios juntos. Na década de 1960, o número crescente de fábricas havia poluído o ar a ponto de 40% de seus habitantes desenvolverem asma. Serviços públicos, como a coleta de lixo, começaram a perder qualidade e as ruas ficaram cheias de ratos, moscas e mosquitos. Mano recebeu um apelido desagradável: "loja de departamentos da poluição". A população decaiu, e parecia que o bairro iria se tornar uma área degradada.

Mas os moradores reagiram. Criaram um comitê de planejamento local e pressionaram o governo pedindo mais recursos e esforços contra a poluição. Aos poucos começaram a surgir parques no meio de ruas apinhadas. Fábricas foram realocadas. O lixo voltou a ser coletado. As crianças voltaram a ter onde brincar e os vizinhos construíram lares para os idosos. A qualidade de vida em Mano melhorou.

O ativismo uniu os moradores de Mano em torno de uma causa comum. Mikura, ao contrário, não tinha a mesma história nem as conexões de confiança que nascem da história.[26] Então, em 1995, um terremoto gravíssimo abalou Kobe e as áreas ao redor. Os tremores provocaram incêndios que duraram dois dias, ceifando mais de 5 mil vidas e destruindo mais de 100 mil construções.

À medida que as chamas se espalhavam, as diferenças entre os bairros ganharam importância vital. Os moradores de Mikura, muitos ainda de pijama, viram suas casas se transformarem em cinzas. Já os moradores de Mano não esperaram as autoridades e partiram para a ação. Formaram brigadas para passar baldes de água, pegaram mangueiras nas fábricas e bombearam a água dos rios para combater o fogo. Cerca de um quarto das casas de Mano ficou em ruínas – uma perda terrível –, mas em Mikura quase três quartos foram destruídos.[27] O número de mortos em Mikura foi dez vezes maior do que em Mano.

Durante o terremoto, a confiança preservou construções e a vida de quem estava dentro delas. Depois da tragédia, acelerou a recuperação. Mano formou organizações de apoio, coletou doações para construir moradias temporárias e montou uma creche improvisada. Mikura não se coordenou e acabou ficando sem alguns serviços públicos. A prefeitura de Kobe oferecia a remoção gratuita de entulho, bastava que os donos das casas pedissem, mas os moradores de Mikura nem se deram a esse trabalho.

O efeito da confiança não se limita a esses dois bairros nem a esse desastre.[28] Em todo o mundo, as conexões entre as pessoas preveem como as cidades vão se recuperar de tsunamis, tempestades e ataques.[29] Redes de fé, vida comunitária e solidariedade fazem a diferença em épocas de necessidade, permanecendo ágeis e firmes. Quando as comunidades perdem a confiança, ficam instáveis, como se tirássemos um bloco da base de uma torre. O crime, a polarização e as doenças aumentam.[30]

A pandemia da Covid-19 colocou esse fato em evidência. Em 2020, a confiança das pessoas no governo caiu nos Estados Unidos e em muitos outros países – mas não em todos os lugares.[31] À medida que a doença se espalhava, o governo da Coreia do Sul partiu para a ação seguindo três princípios: transparência, democracia e abertura. Houve um investimento pesado em testes rápidos e em boletins informativos regulares sobre o que as autoridades sabiam (e não sabiam) a respeito da doença. Isso permitiu que o governo rapidamente identificasse, rastreasse e fornecesse tratamento subsidiado para os doentes. A reação da Coreia do Sul à pandemia ganhou a confiança dos cidadãos, algo que eles retribuíram com dividendos. Em geral, as pessoas infectadas faziam quarentena voluntariamente, sem necessidade de *lockdowns*. No final de 2021, mais de 80% dos sul-coreanos aptos tinham sido vacinados.[32] Em comparação, esse número era de 60% nos Estados Unidos e de quase 70% no Reino Unido.

Como refletiu mais tarde o primeiro-ministro Chung Sye-kyun:[33] "Quando você ganha a confiança das pessoas, é possível alcançar uma alta taxa de vacinação." O oposto também era verdade. Pesquisas descobriram que as pessoas desconfiadas em todo o planeta tinham uma probabilidade menor de serem vacinadas, o que levou a mais infecções e mortes em países com baixo nível de confiança.[34] Segundo uma análise, se todos os países tivessem o alto nível de confiança da Coreia do Sul, 40% das infecções do planeta poderiam ter sido evitadas.[35] Em sua maioria, porém, os países eram mais parecidos com Mikura do que com Mano. A pandemia piorou o cinismo e o cinismo piorou a pandemia.

Revivendo o Cinismo com C maiúsculo

Se você chegou a este livro em busca de esperança, talvez pense que estamos indo na direção errada, confirmando seu sentimento de que o mundo está piorando. Mas tudo que desce pode subir. Ao longo deste livro testemunharemos muitas vezes que é possível reconstruir a confiança e que isso já aconteceu. Ironicamente, alguns tratamentos para o cinismo moderno vêm de suas raízes com C maiúsculo. Os princípios de Diógenes – autossuficiência, cosmopolitismo e amor pela humanidade – podem ser um ponto de partida para o cultivo da esperança. Meu amigo Emile é um exemplo notável de como isso pode funcionar.

À primeira vista, ele era o oposto de Diógenes: caloroso e tolerante, enquanto o grego tinha pavio curto e era amargurado; um agregador, não um solitário. No entanto, os dois tinham muito em comum. Diógenes rejeitava a riqueza; Emile jamais a colocou em primeiro plano. Ambos desfrutavam de enorme liberdade, algo até incomum. Emile herdou isso de seu pai, Bill, escritor, jardineiro, livreiro e diletante consumado. Na juventude, Bill havia perambulado pela área da Baía de São Francisco, como ele mesmo diz, "à margem da sociedade... até me tornar pai. Então isso mudou tudo".[36]

Com a mãe de Emile doente demais para cuidar do filho, Bill criou o menino sozinho.[37] Colocava o bebê numa caixa de geladeira cheia de bichinhos de pelúcia doados e o rebocava de bicicleta até os cafés nas calçadas e as florestas da região. Bill foi uma presença constante à medida que o filho crescia, mas raramente lhe dizia o que fazer. Mais tarde, Emile chamou esse estilo parental de "atenção não invasiva". "O presente notável que meu pai me deu", escreveu ele, "foi permitir que eu crescesse para me tornar quem sou."[38]

Emile desenvolveu um desinteresse duradouro por dinheiro e status, ainda que essas duas coisas fossem abundantes nas cidades da área da Baía de São Francisco. "Ele não tinha nada a perder porque era feliz sem ter nada", lembra um amigo íntimo.[39] Isso o libertou – ao estilo de Diógenes – e lhe permitiu levar a vida como quisesse, indo atrás de tudo que o atraísse. Na Universidade Stanford ele jogava no time de rúgbi masculino e passava horas e horas do tempo livre com pessoas em situação de rua, um hábito incomum nos bairros gentrificados de Palo Alto.

Depois da formatura deu aulas de ciência numa escola preparatória para jovens ricos, mas logo se cansou dos eventos beneficentes espalhafatosos, então pediu demissão e se mudou para o Michigan para fazer doutorado em neurociência.[40] Na esperança de entender a doença da mãe, passou anos analisando fatias de tecido cerebral de pessoas que tinham vivido com esquizofrenia.[41]

Quando não estava trabalhando, Emile era um viajante voraz. Certo verão, passou semanas numa colônia de férias fundada para promover a paz entre adolescentes católicos e protestantes na Irlanda. Os rapazes passaram o verão juntos, jogando e compartilhando alojamento e refeições. Mas no último dia de acampamento houve uma briga. Os jovens voltaram imediatamente a se identificar com seus grupos religiosos, desfazendo num instante os esforços de toda aquela temporada. Um conselheiro separou dois rapazes briguentos enquanto um deles gritava para o outro "Seu desgraçado laranja!", cor associada aos protestantes, uma referência a Guilherme de Orange, rei da Inglaterra no século XVII. A mancha do passado vivia dentro daqueles jovens, e um verão amistoso ajudaria tanto quanto um Band-Aid aplicado numa queimadura de terceiro grau.

Esse foi um ponto da virada na vida de Emile. O fracasso da colônia de férias o deixou desanimado e depois decidido. Ele tinha visto como a esquizofrenia afetava o cérebro e decidiu se juntar às centenas de cientistas que tentavam ajudar pessoas como sua mãe. Compreendeu que o ódio também era uma doença do cérebro, uma doença que distorcia a mente das pessoas e as levava a cometer crueldades espantosas. Mas, ao contrário da esquizofrenia, o ódio não era um tema popular nas pesquisas sobre o cérebro. Sem entendê-lo, como poderia ajudar a superá-lo?

Emile se comprometeu a estudar a neurociência da paz. Só havia um problema: ela ainda não existia. Ele e seu novo orientador usaram ressonância magnética para sondar o que acontecia no cérebro de palestinos e israelenses enquanto liam sobre os infortúnios uns dos outros.[42] Seu trabalho o levou à Europa para estudar os romani, a Chicago para se encontrar com ex-supremacistas brancos, à Colômbia para tratar das cicatrizes da guerra civil.

Os interesses de Emile não se enquadravam em uma categoria clara, e ele demonstrava pouco desejo de permanecer dentro de limites estabelecidos por outras pessoas. Na infância, evitava sapatos e quase sempre andava descalço – até o sétimo ano, quando sua nova escola exigiu que todos andassem calçados. Como não tinha nenhum sapato, pegou emprestados os tênis de sua madrasta. Emile raramente se apressava. E gostava de se perder, mesmo quando seus companheiros de viagem tinham um lugar para ir.[43] Como me disse um de seus mentores: "Ele não era uma pessoa que você pudesse 'gerenciar.'"[44]

Emile não abria mão de seus valores e não fazia concessões em nome das convenções sociais – não importava se fosse uma escolha grande ou minúscula. Sempre que saía para jantar com Stephanie, ele carregava potes para levar as sobras para casa, querendo evitar o uso de plástico descartável. "Às vezes era irritante, mas sempre era admirável", lembra ela. "Emile tinha uma bússola interior muito forte e um compromisso com ela."

Confiando em nós mesmos e dando ouvidos aos outros

Emile vivia de acordo com um dos princípios do Cinismo com C maiúsculo: *autarkeia*, ou autossuficiência. Não sei se era fã de Diógenes, mas ele amava outro pensador que fazia uma remixagem moderna desse conceito. Uma das poucas posses que Emile valorizava era um exemplar manuscrito do ensaio "Autoconfiança", de Ralph Waldo Emerson, que mantinha numa caixa de vidro em sua mesinha de cabeceira.

Emerson não urinava na praça da cidade, mas odiava as convenções tanto quanto qualquer Cínico com C maiúsculo. "Em todos os lugares a sociedade conspira contra a humanidade de cada um de seus membros...", escreveu. "Ela não ama a realidade e os criadores, mas sim nomes e costumes." Assim como Diógenes, Emerson acreditava que a saída dessa armadilha era seguir o próprio coração sem concessões ou medo. "Na autossuficiência cabem todas as virtudes", escreveu.

No site de resenhas literárias Goodreads, Emile escreveu o seguinte sobre essa obra de Emerson:

> O ensaio "Autoconfiança" continua sendo um dos materiais mais influentes para me orientar no desenvolvimento do meu caráter [...] Foi um chamado à ação e uma inspiração para que eu me tornasse um homem bom e verdadeiro e ao mesmo tempo confiasse em mim mesmo para decidir quem esse homem será.

Essa resenha me desconcertou. Eu sempre havia considerado Emile alguém intensamente orientado na direção das outras pessoas, algo que, a meu ver, compartilhávamos. E ele *era* assim. Várias pessoas com quem falei mencionaram o modo como ele escutava: com tanta atenção que a gente se sentia entrando em foco através dos olhos dele. Suas postagens nas redes sociais, mesmo sobre questões políticas polêmicas, transbordavam humildade.

Como isso combinava com a autoconfiança feroz e até mesmo com a crença de que a sociedade conspira contra seus membros? Para mim, o senso de união é o que existe de melhor em nossa espécie. O pior costuma surgir quando as pessoas confiam demais em sua bússola interior. Conspiradores, racistas e demagogos não se importam com o que você pensa sobre eles. A confiança deles abafa todas as outras pessoas. Será que não estaríamos melhor se eles duvidassem mais de si mesmos?

Passei várias noites incomodado com isso e depois percebi que a resposta – assim como a infância de Emile – estava a poucos quilômetros de mim, na pesquisa que meu colega de Stanford Geoff Cohen faz sobre crenças e valores.

Você pode achar que as crenças e os valores são como chocolate ao leite e chocolate meio amargo – sabores diferentes da mesma coisa. Mas eles são bem diferentes. Crenças são suposições ou conclusões; valores são as partes da vida que dão sentido à pessoa. As crenças refletem o que você pensa sobre o mundo; os valores revelam mais sobre você mesmo. Confundir as duas coisas pode ser perigoso. Quando uma pessoa associa seu valor a uma crença – política, pessoal ou de qualquer outra natureza –, ela precisa desesperadamente estar certa. Questionar o que ela pensa significa ameaçar a forma *como* ela pensa – como se fosse uma prova de que não é inteligente ou boa o suficiente. A pessoa que grita mais alto costuma ser a que mais tem medo de estar errada.

Embora duvidem dos outros, os cínicos costumam se definir através da comparação social.[45] Num estudo, as pessoas que concordavam com as afirmações desalentadoras de Cook e Medley sobre a humanidade também tinham probabilidade maior de dizer que seu senso de valor próprio dependia de prestígio ou status e de se preocupar com a posição social que ocupavam. Para se colocar "para cima", elas procuravam evidências que desvalorizassem os outros.

Uma saída dessa armadilha é nos concentrarmos em nossos valores mais profundos, mais ou menos como na ideia de *autarkeia*. Nos estudos de Geoff, os pesquisadores mostram uma lista de qualidades às pessoas – por exemplo, habilidades sociais, relacionamentos íntimos e criatividade.

Em seguida, perguntam o que é mais importante para elas e pedem que "afirmem" esse valor em sua vida. Se você considerasse que ser engraçado é importante, poderia escrever um parágrafo sobre "experiências pessoais em que seu senso de humor foi importante e o fez se sentir bem com você mesmo".

Quando as pessoas afirmam o que é mais importante para elas, são lembradas de seu propósito mais elevado, o que torna as ameaças sociais cotidianas menos assustadoras. Os estudos de Geoff e muitos outros descobriram que as pessoas que afirmam seus valores se tornam *mais* abertas a informações que contradizem suas crenças.[46] É necessário ter confiança em si para questionar as próprias opiniões. Entre os adolescentes, a afirmação de valores também aumenta a gentileza em relação aos outros e a confiança nas escolas.[47] Ao nos conectar com nós mesmos, as afirmações acalmam o cinismo.

Para Emile, talvez a capacidade de articular e expressar seus valores fosse algo natural por causa de seu pai. Para muitos de nós, a dúvida começa em casa. Uma pessoa sem forte noção dos próprios valores pode se sentir interiormente frágil, agarrando-se a ninharias como elogios e prestígio em busca de apoio. "Sim, nós, os desconfiados, somos os acuados", escreveu Emerson.

Esse sentimento eu conheço muito bem. Desde que me entendo por gente, me preocupo com o lugar que ocupo entre as outras pessoas. Sou péssimo em esportes de equipe e também em cálculo. À medida que fui descobrindo pontos fortes e, para minha surpresa, alcançando alguns êxitos, passei a usá-los como substitutos do meu valor próprio. Isso me colocou num estado de constante ameaça. Quanto mais eu precisava parecer inteligente, mais medo tinha de ser burro. Quando alguém questionava minhas ideias científicas, eu talvez pudesse fazer uma reflexão sobre essas perguntas, mas, em vez disso, ficava na defensiva. Quando outra pessoa publicava algum experimento novo e maravilhoso, eu deveria sentir interesse e encantamento, mas inúmeras vezes sentia inveja.

Isso mudou quando minhas filhas nasceram. Meu carinho por elas superou qualquer necessidade de me reafirmar. Tornar-me pai foi o equivalente espiritual de usar lentes de contato pela primeira vez: o mundo ficou mais nítido, com detalhes que eu não sabia que vinha deixando de perceber. Uma onda de amor fez com que a pose e a política da vida acadêmica parecessem pequenas e ridículas. Os colegas maravilhosos e as ideias espantosas que o tempo todo estavam ao meu redor ficaram visíveis. As crianças eram pacotinhos de curiosidade. Ao observá-las, minha curiosidade cresceu também.

A paternidade ajustou minha bússola interior. Para os outros, o verdadeiro norte surge através do propósito do emprego dos sonhos, do entusiasmo de um novo romance ou da tristeza reveladora de uma perda. Mas não é preciso passar por eventos tão transformadores para entrar em contato com nossos valores. O trabalho de Geoff mostra que podemos nos aproximar deles por meio de exercícios simples sempre que desejarmos. Como Diógenes, Emerson e Emile nos lembram, se quisermos reconstruir a confiança em nossos relacionamentos e nossas comunidades, precisamos confiar em nós mesmos, escutando a voz que fala conosco quando o restante do mundo está em silêncio.

2
A surpreendente sabedoria da esperança

Se o cinismo fosse um comprimido, entre os efeitos colaterais listados na bula estariam depressão, doenças cardíacas e isolamento. Em outras palavras, ele seria um veneno. Então por que tanta gente o engole? Um dos motivos é o fato de muitas pessoas acharem que o cinismo tem um efeito colateral positivo: a inteligência.

Imagine dois indivíduos, Andy e Ben. Andy acredita que a maioria das pessoas mentiria, trairia ou roubaria se tivesse algo a ganhar com isso. Quando alguém age com gentileza, ele suspeita que existam segundas intenções. Ben, por outro lado, acha que as pessoas são altruístas e *não* mentiriam, trairiam nem roubariam. Acredita que elas agem sem segundas intenções, apenas pela gentileza de seu coração.

Sabendo apenas o que você leu até agora, entre Ben e Andy, decida qual dos dois você escolheria para as seguintes tarefas:

1. Escrever um ensaio argumentativo contundente.
2. Cuidar de um gato de rua.
3. Calcular os juros de um empréstimo.
4. Consolar um adolescente que está sofrendo por amor.

Se escolheu o nosso cínico, Andy, para as tarefas 1 e 3, e Ben para as tarefas 2 e 4, você é como a maioria das pessoas. Os trabalhos de número ímpar são *cognitivos*, exigindo um raciocínio preciso; os de número par são *sociais*, exigindo a habilidade de se conectar. Recentemente pesquisadores pediram a quinhentas pessoas que escolhessem um cínico ou um não cínico para tarefas como essas.[1] Mais de 90% escolheram Ben para as tarefas sociais, porém cerca de 70% escolheram Andy para as cognitivas. Elas agiram como se os não cínicos fossem bondosos porém burros e como se os cínicos fossem rabugentos mas inteligentes.

A maioria das pessoas também acha que os cínicos são *socialmente* inteligentes, capazes de identificar a falta de sinceridade e descobrir a verdade. Num estudo, os participantes leram sobre uma empresa na qual os funcionários novos haviam mentido para conseguir o emprego. Eles tinham que designar uma de duas gerentes, Sue ou Colleen, para cuidar das entrevistas seguintes. Ambas eram competentes, mas Sue "enxergava as pessoas de modo muito positivo e, quando conhecia alguém, sua expectativa padrão era a de que essa pessoa era digna de confiança". Colleen era diferente, achava que "as pessoas tentarão levar vantagem sempre que puderem". Dos participantes, 85% escolheram Colleen como a nova entrevistadora, confiando que ela conseguiria identificar melhor os mentirosos.[2]

Há mais de um século, o escritor George Bernard Shaw disse que "a capacidade apurada de observação é chamada comumente de cinismo pelos que não a têm". As pessoas que contam com os Andys e as Colleens concordam. A cada minuto nasce um otário, mas, se você andar pela vida o suficiente, vai aprender a não confiar em todo mundo e por fim a não confiar em ninguém.

Nos últimos anos conheci dezenas de pessoas que se diziam cínicas. Além do desprezo óbvio pelos outros, a maioria tinha outra coisa em comum: um orgulho grosseiro. Acreditar nas pessoas pode ser mais agradável do que ser cínico, dizem. Mas não podemos andar por aí pensando o que quisermos, assim como não podemos fingir que um tiramisu é um alimento saudável. Os cínicos podem ter uma vida difícil, mas esse é o preço por estar certo.

Se cinismo é sinal de inteligência, alguém que queira parecer inteligente pode vesti-lo, da mesma forma que vestiria um terno para uma entrevista de emprego. E, de fato, quando pesquisadores pedem às pessoas que pareçam o mais competentes possível, elas reagem arrumando brigas, criticando os outros e escrevendo e-mails nada amistosos – representando a versão mais sombria de si mesmas para impressionar.[3]

Nós costumamos valorizar os indivíduos que não gostam de pessoas, mas no fim das contas o cinismo não é sinal de sabedoria. Aliás, é o oposto, em geral. Em estudos com mais de 200 mil indivíduos em trinta países, os cínicos se saíram *pior* em tarefas que medem capacidade cognitiva,[4] solução de problemas e habilidade matemática. E também não são socialmente inteligentes: demonstram menos capacidade de identificar mentirosos que os não cínicos. Isso significa que 85% das pessoas são igualmente péssimas em escolher *detectores* de mentiras.[5] Escolhemos as Colleens para chegar à verdade quando deveríamos entrar para o time de Sue.

Em outras palavras, o cinismo *parece* inteligente, mas não é. No entanto, o estereótipo do simplório feliz e crédulo e do misantropo sábio e amargurado sobrevive, teimoso a ponto de os cientistas o chamarem de "a ilusão do gênio cínico".

Ceticismo: a mentalidade científica

Os cínicos costumam fazer uma ideia errada das pessoas, mas isso não significa que seja inteligente acreditar em todo mundo o tempo todo. Certa vez, pesquisadores mediram o nível de confiança em centenas de crianças e voltaram a falar com elas um ano mais tarde. No quesito depressão e amizades, as crianças cínicas se saíram pior,[6] mas as que confiavam demais apresentaram resultados piores que as do meio-termo.

Por quê? Tanto os cínicos quanto os confiantes se comportam como advogados no julgamento da humanidade. Os que confiam representam a defesa, desconsideram sinais suspeitos, esquecem traições e se agarram a qualquer evidência de bondade humana. Já os cínicos trabalham na promotoria,[7] explicando os motivos de cada gentileza e catalogando qualquer instância de maldade humana. Ambos os grupos são inclinados a ignorar metade das provas, ainda que sejam metades opostas.

Fazer as vezes de advogado é uma ótima maneira de discutir, mas uma péssima maneira de aprender. Uma ciência emergente descobre que a sabedoria chega quando as pessoas sabem o que *não* sabem.[8] Do mesmo modo, sabedoria social não significa acreditar em todo mundo ou em ninguém. Significa acreditar em evidências – pensando menos como advogado e mais como cientista. E, apesar dos instrumentos diferentes que usam, todos os cientistas compartilham uma ferramenta intelectual: o *ceticismo*, o questionamento da sabedoria antiga e a sede de mais informações. Os céticos atualizam suas crenças com base em novas informações, e isso permite que eles se ajustem a um mundo complexo.[9]

Recentemente, pesquisadores perguntaram a centenas de pessoas sobre seu cinismo e ceticismo (por exemplo: "Antes de aceitar a conclusão de alguém, penso nas provas."). Eles descobriram que não necessariamente o nível de cinismo das pessoas previa quão céticas elas eram e vice-versa. E, enquanto os cínicos tinham probabilidade maior de acreditar em teorias da conspiração, os céticos tinham uma tendência *menor* a esses tropeços mentais.[10]

Em vez de pensar na sabedoria social em apenas uma dimensão – determinada pessoa é cínica ou crédula? –, consideremos duas dimensões: a crença nas pessoas e a crença nos dados. Sob esse prisma, existem quatro formas gerais pelas quais as pessoas poderiam reagir às outras:

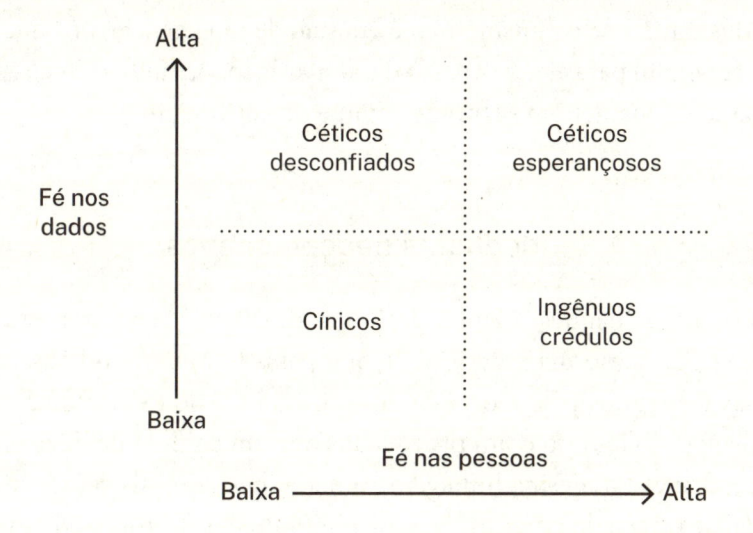

```
                    Alta
                     ↑
                     |
         Céticos     :    Céticos
      desconfiados   :  esperançosos
                     :
  Fé nos  ...........:...........
  dados              :
                     :
                     :  Ingênuos
         Cínicos     :  crédulos
                     :
                     |
                    Baixa
                          Fé nas pessoas
                    Baixa ─────────→ Alta
```

Na parte de baixo do gráfico estão os advogados no julgamento da humanidade. Na esquerda inferior estão os cínicos, que têm certeza de que as pessoas são péssimas. Na direita inferior estão os ingênuos crédulos, que têm certeza das boas intenções dos outros.

À medida que subimos no gráfico, a pessoa começa a pensar mais como um cientista, usando o ceticismo para decidir em que acredita. Na esquerda estão os céticos desconfiados, que partem de um ponto de vista negativo, mas permanecem com a mente aberta. É onde eu costumo ficar. Temo o pior em relação às pessoas, mas, como cientista, sou inquieto em relação às minhas suposições. Na direita superior estão os céticos esperançosos, como Emile. Ele era um eterno curioso, mas tinha uma disposição geral mais positiva do que a minha.

Onde você se encontra nesse espaço? É possível começar em qualquer ponto. Um cético esperançoso pode ser mais positivo (mais à direita no gráfico) do que outro. Também podemos nos mover livremente pelas categorias. Os céticos são especialmente adaptáveis. Coloque um esperançoso num jogo de pôquer com apostas altas e ele começará a procurar blefes. Mude um desconfiado para um quarteirão repleto de gente amistosa e ele começará a contar com os vizinhos. Pessoas menos céticas têm mais dificuldade para se adaptar, mas isso não significa que não possam.

A ilusão do gênio cínico revela quanto essa visão de mundo pode ser prejudicial: os cínicos são mais doentes, mais tristes, mais pobres *e* mais errados. Então, se o cinismo não é questão de inteligência, por que as pessoas se voltam para ele? Por baixo desse alarde todo, muitos cínicos só estão tentando se manter em segurança diante do sofrimento.

Idealistas decepcionados

Às oito horas daquela manhã de junho de 2020, Megan não era mais a mesma pessoa do dia anterior.[11] Tinha passado a noite toda assistindo a vídeos inspirados pela teoria da conspiração QAnon e acreditava que os problemas do mundo eram provocados por um conluio de doze oligarcas, descendentes da mesma linhagem suméria, que administravam uma rede global de tráfico de crianças. Seu novo mundo era aterrorizante, mas ela se sentia jubilosa. "A graça de Deus estava sobre mim", conta ela.

Megan compartilhou suas ideias no Facebook, postando que Bill Gates estava se aproveitando da crise da Covid-19 para vigiar a humanidade. "Ele está usando vacinas com tatuagens invisíveis feitas com microagulhas, de modo que seja possível escanear as pessoas, tal como compras de supermercado", alertou, oferecendo como "prova" vídeos no YouTube. As pessoas a atacaram, zombaram dela e desfizeram a amizade na rede social. O namorado de Megan disse com todas as letras que temia que ela tentasse matá-lo enquanto dormia. Essas reações a incomodaram, mas ela permaneceu assustadoramente diplomática na internet. "Em primeiro lugar", respondeu a alguém, "ainda que a minha perspectiva seja diferente [...] DE FORMA ALGUMA isso muda o amor, o respeito e o apreço que sinto por você".

Megan podia se dar ao luxo de ser educada porque estava confiante, dizendo que "tinha tomado a pílula vermelha, virado uma *red pill*". Essa expressão vem do filme *Matrix*, em que o personagem de Keanu Reeves, Neo, escolhe entre uma pílula azul, que o fará continuar em sua ignorância bem-aventurada, e uma vermelha, que revelará toda a sombria verdade. Os adeptos do movimento *red pill* se apresentam de muitas formas, desde teóricos da conspiração até misóginos que passam o tempo todo ofendendo mulheres na internet, mas todos compartilham uma crença comum: quanto mais você sabe, piores as pessoas parecem. Megan tinha certeza de que a maior parte do mundo estava adormecida. Sua nova missão era "ajudar as pessoas a despertar".

Megan era uma candidata improvável para o movimento QAnon. Ela se definia como uma californiana progressista, estudava meditação curativa e comunicação não violenta, uma técnica para solucionar desentendimentos recorrendo à empatia. Durante conflitos, buscava "necessidades não atendidas" – como a de ser ouvido e cuidado – escondidas por baixo das explosões das pessoas.

Megan estava em sintonia com uma espécie de fome emocional porque a havia sentido durante a maior parte da vida. Crescendo no Meio-Oeste, tinha desfrutado de uma conexão profunda com o pai, Harold. Ele era um eterno otimista que "seguia o fluxo com qualquer coisa que a vida trouxesse" e cobria Megan de afeto e elogios. Sua mãe, Eileen, era intensa e distante.

Pouco depois de Megan fazer 9 anos, Eileen colocou Harold para fora de casa. Ele não queria ir embora, mas "seguiu o fluxo" com isso também. Megan ficou olhando, entorpecida, enquanto o pequeno Honda verde virava à esquerda e sumia na estrada. Um ano depois ele tinha uma nova namorada e morava a mais de 3 mil quilômetros dali. Harold havia proporcionado alegria e segurança à infância de Megan. Para ela, o divórcio foi como uma amputação. Assim que pôde, ela se mudou para a Califórnia para ficar com ele, cruzando o país em idas e vindas para morar com cada um dos pais durante períodos no ensino médio, sem poder contar de verdade com qualquer um dos dois.

Megan enxergava Harold como a vítima e Eileen como a figura de autoridade que havia destruído a família. A rebelião contra a mãe se transformou rapidamente em desconfiança contra professores, médicos e qualquer um que estivesse no poder. Algumas crenças de Megan eram bastante comuns (todos os políticos foram "comprados"), e outras, menos (o Onze de Setembro foi um "serviço interno"). Em 2016 experimentou um raro momento de esperança com a campanha de Bernie Sanders à presidência. Megan adorava a autenticidade do candidato e compartilhava o horror dele pela desigualdade social. Naquele verão, ela distribuiu cartazes e camisetas estampadas com o sorriso cheio de dentes de Bernie e postava "cinco vezes por dia" no Facebook sobre o quanto o país precisava dele.

Quando Sanders perdeu a chance de ser o candidato do Partido Democrata em 2016 e de novo em 2020, Megan viu seus últimos resquícios de fé no sistema implodirem. Ao mesmo tempo veio a pandemia. Sendo uma pessoa naturalmente extrovertida, ela definhou durante o *lockdown*. Seu namorado, Thomas, entrou em depressão depois do assassinato de George Floyd pela polícia. O apartamento dos dois – como tantos naquele ano – tornou-se sufocante e claustrofóbico. Em meio a uma série de dias sombrios, um amigo mandou uma mensagem para Megan pedindo a ela que assistisse a um vídeo chamado *The Fall of the Cabal*. O momento não poderia ter sido melhor – ou pior.

Alguns teóricos da conspiração são atraídos pela intolerância e pela violência. Megan, não. Bem no fundo, ela sabia que algo estava errado – em sua vida e no mundo. O QAnon dava um nome a esse medo. O mundo estava corrompido, mas pelo menos ela sabia como isso se dava e tinha certeza de que em breve um grupo de heróis iria consertar as coisas. Mais do que tudo, o QAnon a fez se sentir menos sozinha. Velhos amigos rejeitaram suas fantasias sombrias, mas seus companheiros no mundo das teorias da conspiração logo os substituíram, elogiando-a por "espiar por trás da cortina". "Foi um sopro de ar fresco", disse ela. "Ganhei olhos nos olhos, escuta profunda e empatia. Era um contraste enorme com o que estava acontecendo em todos os outros lugares." A comunidade QAnon era um oásis parecido com Harold num mundo de Eileens que só julgavam.

A psicóloga Karen Douglas estudou teorias da conspiração por mais de uma década. Ela escreve que muitas pessoas gravitam para esse tipo de pensamento "quando suas necessidades existenciais são ameaçadas, como um modo de compensar essas ameaças".[12] Comparados com os "incrédulos", os teóricos da conspiração tendem a ser mais ansiosos,[13] se sentem menos no controle da própria vida e têm conexões familiares mais fracas. Como indivíduos que perderam o contato com os próprios valores, eles se agarram com mais força às crenças, não importa quão irreais elas sejam.

Por acaso, a crença que supria as necessidades de Megan era uma seita que incentivava a violência e colaborou para o ataque ao Capitólio em 6 de janeiro de 2021. Os teóricos da conspiração causam um mal enorme a si mesmos, às suas famílias e à sociedade. O fato de entendermos seus motivos para participar de algo assim não serve de desculpa. Mas um pouco de curiosidade complica a história que a maioria de nós conta sobre essas ideologias alternativas e lança luz sobre como o cinismo é capaz de ir destruindo as pessoas aos poucos.

NÃO SEI COMO MEGAN ERA com 1 ano de idade, mas a essa altura a maioria das pessoas já decidiu se pode confiar no mundo ou não.

Na década de 1970, a psicóloga Mary Ainsworth levou mães e bebês a uma sala de brinquedos num laboratório. Um desconhecido se juntava a elas, e então a mãe deixava a criança sozinha com essa pessoa durante um ou dois minutos antes de voltar. O abandono materno, por mais breve que seja, é uma surpresa estressante para qualquer bebê, mas Ainsworth descobriu que as crianças reagiam de maneiras muito diferentes.[14] Cerca de dois terços se adaptavam às adversidades. Enquanto estavam com a mãe, os bebês exploravam o espaço, felizes, depois surtavam quando ela ia embora e se acalmavam rapidamente quando ela retornava. Ainsworth declarou que essas crianças tinham um "apego seguro". Em contraste, o outro terço tinha um "apego inseguro": os bebês ficavam nervosos mesmo na companhia da mãe, inconsoláveis quando ela saía, mas continuavam aborrecidos quando ela voltava.

Nenhuma dessas crianças se lembrava da experiência no laboratório, porque ninguém se lembra de quando tinha 1 ano. Mas, como Ainsworth descobriu, o nosso primeiro ano de vida deixa marcas mais profundas do que a memória. Crianças com apego seguro aprendem que podem confiar em quem cuida delas. Por extensão, o mundo se torna um lugar seguro e repleto de possibilidades. As crianças inseguras aprendem o oposto, e essa instabilidade reverbera por toda a vida.[15] Quando chegam à vida adulta, pessoas com apego inseguro têm mais probabilidade de desconfiar de companheiros,[16] amigos, desconhecidos e instituições. E mais, o apego inseguro se espalhou desde que foi estudado por Ainsworth,[17] aumentando em quase 8% nos Estados Unidos entre 1988 e 2011. É impossível dizer se essa tendência piorou o déficit de confiança no país, mas provavelmente não ajudou.

Ainda assim, a história é complexa. O apego inseguro se manifesta de diferentes formas:[18] algumas pessoas se agarram com força aos entes queridos, aterrorizadas com a possibilidade de perdê-los. Outras agem com distanciamento, certas de que todos vão abandoná-las, não importa o que façam. Uma pessoa pode ser segura em alguns relacionamentos e não em outros; pode contar com a família, mas duvidar de parceiros românticos ou vice-versa.

Não consigo me imaginar entrando para o QAnon, como Megan fez, mas me identifiquei muito com a desconexão precoce que ela descreveu. Meus pais vêm do Peru e do Paquistão, dois países separados por 15 mil quilômetros e enormes diferenças culturais. De algum modo, eles têm ainda menos em comum do que seus países natais. Quando eu tinha 8 anos, eles me informaram que iriam se separar. Não perguntei o motivo; mais misterioso para mim era por que tinham se juntado, para começo de conversa. Boa parte da minha infância se dissolveu no banho ácido do longo divórcio dos dois. Mal me lembro de qualquer coisa anterior ao meu aniversário de 12 anos e, quando lembro, a maior parte do que me vem à mente é um desfile de silêncios gélidos, explosões amargas e noites sozinho.

Tanto meu pai como minha mãe fizeram o melhor que podiam, mas ambos foram apanhados numa confusão de emoções. Para mim, ser filho deles era como caminhar na corda bamba: andando na ponta dos pés atento ao que cada adulto queria de mim, aterrorizado com a possibilidade de fazer besteira.

A necessidade dolorosa de ser digno dos meus pais se espalhou para outros relacionamentos. Na escola eu me agarrava aos amigos íntimos. Quando eles passavam um tempo com uma pessoa nova, eu tinha medo de ser excluído. Mais tarde, meus relacionamentos com mulheres eram mais importantes do que todos os outros. Eu me atirava aos romances com ansiedade, muitas vezes antes de conhecer bem a nova namorada. Às vezes essa devoção causava fascínio, mas com frequência afastava as pessoas. Eu projetava uma personalidade destemida e curiosa tentando ser interessante e atraente, mas ela se apoiava em camadas instáveis de nervosismo. Uma filosofia me dominava desde a infância: a vida é uma competição pelo amor das pessoas. Elas não se importam, a menos que você faça com que se importem.

Minha insegurança era diferente da de Megan. Enquanto ela sentia hostilidade em relação ao mundo, eu tinha medo. Mas nós dois, cada um à sua maneira, transformamos a dor que sentimos no início da vida em uma teoria que se aplicava a todos – com variados sabores de cinismo que seguiam dentro de nós décadas depois de sairmos da casa de nossos pais.

Uma vez o comediante George Carlin disse: "Descasque um cínico e você encontrará um idealista decepcionado." Megan e eu – e inúmeras outras pessoas – buscamos o cinismo para nos recuperarmos do sofrimento. Mas o sofrimento pode ser um professor bom até *demais*. Um cachorrinho que tenha sofrido maus-tratos permanecerá arisco diante de pessoas desconhecidas,[19] mesmo que elas não queiram lhe fazer mal. Um romance tóxico ou um episódio de bullying na adolescência pode destruir a confiança de alguém por anos.[20]

Depois de traumas e traições, um cético pode perder a fé na pessoa que o magoou, e isso é compreensível. No quadro bidimensional que apresentamos anteriormente, ele se moveria para a esquerda, tornando-se mais resguardado, ainda que permanecendo aberto a novas pessoas. Em vez disso, as vítimas com frequência se tornam *pré-decepcionadas*: criam generalizações a partir de experiências ruins e concluem que ninguém é confiável – ou seja, no gráfico elas se movem para baixo e para a esquerda, em direção ao cinismo.

Vamos revisar a lei de Carlin: descasque um cínico e você encontrará um idealista *pré*-decepcionado. Para se afastar da dor e se defender, ele abre mão da curiosidade.[21] Essa reação do cínico à dor é compreensível, mas também o impede de transformar desconhecidos em amigos, confidentes e almas gêmeas. O cínico cai num ciclo de feedback negativo.[22]

Suas suposições limitam suas oportunidades, o que torna suas suposições ainda mais sombrias.

Como ele pode sair dessa situação?

Uma base segura

A paternidade e a maternidade mudam a vida para sempre. Em mim, a paternidade criou um espaço que me permitiu abrir mão da aprovação dos outros. Para a mãe de Emile, Linda, a mudança foi angustiante e chegou sem ser convidada. Pouco depois de dar à luz, ela passou a ser torturada por vozes cruéis, demoníacas, que zombavam dela e a acusavam – o tormento da esquizofrenia. Presa na própria mente, ela deixou Emile e Bill e foi viver nas ruas de Palo Alto. Sem abrigo e sozinha aos 25 anos, sofreu muitos maus-tratos. E, quando decidiu buscar tratamento, encontrou a psiquiatria frequentemente abusiva dos anos 1970.

Numa triste ironia, a chegada de seu filho amado foi o gatilho biológico da doença que a impedia de estar com ele. Linda aparecia de vez em quando na vida de Emile – às vezes confusa e desgrenhada. Em muitos sentidos, o relacionamento dos dois era extremamente inseguro. Isso poderia ter se alojado dentro de Emile. Ele poderia sentir vergonha de Linda ou se achar culpado pelo sofrimento dela. Poderia ter concluído que a vida é feia e injusta e se ressentir de pessoas que têm uma vida fácil. Mas nada disso aconteceu. Por quê?

A resposta começa em casa. Apesar de ser pobre e de criar Emile sozinho, Bill teimava em se manter presente, oferecendo a "atenção não invasiva" que o filho tanto valorizava. E, embora não fosse possível prever o tempo que passariam juntos, era claro que Linda e Emile gostavam um do outro. Na entrada da casa dele, logo antes de se encontrarem, às vezes ela ficava perturbada, lutando contra as vozes. Então, com força de vontade, ela se controlava durante as horas em que faziam companhia um ao outro. Os parentes e amigos lembram que os encontros deles eram tranquilos e afetuosos. Linda e Emile criaram juntos um espacinho longe do mundo difícil e dos demônios na mente dela. Ali eles faziam o que pais e filhos fazem melhor: se amavam.

Linda morreu quando Emile estava com 30 e poucos anos.[23] Ele morava do outro lado do país e, no último ano de vida da mãe, viajava de avião para estar com ela, falando com médicos durante o dia, dormindo no chão do quarto do hospital à noite – cuidando dela de um modo que ela jamais pôde cuidar dele. Depois de sua morte, Linda continuou viva na lembrança dele, não apesar da dor, mas por causa dela. Ele não teve uma mãe "normal", mas havia encontrado uma heroína, e a partir dela construiu sua visão de mundo.

Várias pessoas me contaram que o relacionamento de Emile com Linda o deixou marcado com "superpoderes". Como lembra um amigo: "Desde cedo ele entendeu que pessoas maravilhosas podiam terminar em circunstâncias terríveis sem serem culpadas por isso."[24] Emile era um sujeito curioso por natureza e evitava fazer julgamentos apressados. Esse ceticismo formou a base da carreira de Emile como cientista e lhe deu paciência em seu trabalho como pacificador.

Muitas pessoas vivem nas ruínas de seus piores momentos, encurraladas pela pré-decepção, pelo cinismo e pela perda. Para Emile, o sofrimento fez nascer uma antena, que usava para entrar em sintonia com a dor dos outros, desenvolvendo sua compaixão. O poder da adversidade para desenvolver a gentileza é antigo e está em toda parte. Ao longo das semanas após sofrer uma agressão, a maioria dos sobreviventes informa ter mais empatia. Membros de comunidades devastadas pela guerra cooperam de modo mais natural do que os de outras cidades. Estudos de laboratório mostraram que pessoas que passaram por mais sofrimento têm maior probabilidade de ajudar desconhecidos.[25]

Por que a dor leva algumas pessoas a se fecharem e outras a se abrirem? Muitas coisas importam aqui, mas uma delas é a comunidade. Em Mano, o bairro japonês com alto nível de confiança, um terremoto catalisou a cooperação. Na área de Mikura, com nível menor de confiança, as coisas desmoronaram. Em tempos de adversidade, as pessoas solitárias costumam ficar ainda mais solitárias, e seu trauma se transforma em pré-decepção. Quando – assim como Emile – a pessoa recebe apoio, tem mais chance de crescer em meio às dificuldades.[26]

Em 2019, com a cicatriz de uma cirurgia na base do crânio, Emile falou com amigos e colegas sobre seus filhos, que logo ficariam sem pai. "O trauma pode ter efeitos ruins ou incríveis nas crianças", disse, "e tudo depende do ambiente em que elas estão." Ele e Stephanie se concentraram em criar um lar em que seus filhos pudessem crescer através da dor. Cada criança tinha reagido de modo diferente à notícia da doença de Emile. A filha de 6 anos, Clara, entrou num armário de roupas de cama, subiu numa prateleira e fechou a porta. O filho de 4 anos, Atticus, começou a falar obsessivamente sobre a morte – em que ordem as pessoas da família iriam morrer e o que ele faria quando fosse o último vivo.

Stephanie e Emile reagiram a tudo isso como o pai dele, Bill, teria reagido: com atenção não invasiva. Emile pegou tábuas, martelo e pregos, e junto com Clara construiu um cantinho no armário, com degraus, um corrimão, uma lanterna e os bichinhos de pelúcia prediletos dela. "Em vez de a prateleira se tornar um retiro para ficar longe de mim", escreveu ele, "tornou-se um refúgio para ficar longe disso [de todo o estresse da doença]." Quando Atticus disse o que faria quando Emile morresse, Stephanie perguntou se podia se juntar a ele, e os dois fizeram um mapa juntos, indicando aonde iriam e como iriam homenageá-lo. Os pais encontraram cada filho no lugar onde eles estavam.[27] Se o trauma é passado de geração em geração, Emile e Stephanie estavam decididos a transmitir amor e força junto com ele.

Nem todos os filhos são abençoados com atenção não invasiva. Mas, mesmo para a maior parte das pessoas, o apego inseguro não é uma sentença de prisão perpétua. Se trabalharem na própria personalidade, e com a ajuda de novos relacionamentos, as pessoas inseguras podem alcançar o "apego merecido":[28] um senso de segurança e conexão que chega mais tarde na vida. É possível desenvolver do zero a confiança e a esperança.[29]

Para Megan, que estava sob o domínio da conspiração QAnon, a mudança chegou por meio de uma família escolhida. Depois do choque inicial, seu companheiro, Thomas, decidiu que permaneceria a seu lado. Ele jamais fingiu aceitar o QAnon, mas foi valente ao aceitar Megan. "Não acredito no que você acredita", dizia, "mas conheço o seu coração e te amo." O pai de Megan, Harold, também ficou junto da filha e demonstrou um comportamento semelhante.

Muitas pessoas se esforçaram tanto quanto Thomas e Harold para se conectar com familiares em dificuldade e mesmo assim os perderam para teorias da conspiração. Mas, para Megan, um momento difícil se transformou num ponto da virada. A partir da segurança de seus entes mais queridos, ela começou a reconstruir sua segurança.

O ceticismo com relação ao cinismo

Uma base segura em casa muda a forma como as pessoas sentem e pensam. O ceticismo pode parecer um exercício cerebral e a sabedoria, uma virtude solitária, mas as duas coisas vivem no espaço *entre* as pessoas. Assim como as crianças que Mary Ainsworth estudou, há quem possa se dar ao luxo de ser curioso quando se sente seguro. Em um de muitos estudos semelhantes, pessoas religiosas leram argumentos em favor do ateísmo e vice-versa. Os indivíduos com apego seguro eram mais abertos a informações que questionavam suas crenças do que os indivíduos com apego inseguro. Numa reviravolta, pesquisadores pediram que alguns participantes pensassem em ocasiões em que se sentiram seguros na infância, quando "não precisavam se preocupar com a hipótese de ser abandonados". Quem se lembrou de momentos reconfortantes se tornou mais aberto do que quem rememorava momentos difíceis da infância ou não pensava em nada.[30] Tal como os valores fundamentais que Geoff Cohen estuda, as conexões pessoais profundas nos dão espaço para abrir mão do pensamento rígido.

O cinismo pode se espalhar entre as pessoas, e o ceticismo também. Mesmo diante de uma discordância profunda, uma pessoa que demonstra abertura pode ajudar as outras a se sentir seguras[31] – e a abrir a própria mente. Thomas tentou isso com Megan. "Estou disposto a considerar a possibilidade de estar enxergando as coisas do modo errado", disse a ela. "Você também está disposta a isso?" Ele concordou em ouvir as melhores provas dela em favor do QAnon durante uma hora por semana, desafiando-a a fazer a melhor defesa possível de suas crenças. Megan adorou o acordo, com a certeza de que faria Thomas "despertar". Mas, enquanto analisava o material, alguma coisa pareceu diferente. Antes ela lia tudo com avidez, sabendo que iria compartilhar "insights" com seus colegas do QAnon, como um clube de leitura para pessoas iguais a ela. Mas ali, enquanto lia, sentia Thomas – e o ceticismo dele – influenciá-la. "Isso me deu motivação para analisar as coisas mais profundamente", lembra ela, "em vez de simplesmente ser influenciada por teorias sensacionalistas."[32]

Megan se tornou cética *em relação* a seu próprio cinismo. Sempre havia duvidado dos políticos; por que não tratar o QAnon do mesmo modo? Quando fez isso, a lógica da conspiração logo desmoronou. O QAnon garantia que os políticos e as estrelas de Hollywood em breve seriam presos, mas esse dia nunca chegava. As conversas sobre tráfico de crianças eram rapidamente substituídas por papos sobre fraudes eleitorais, a invasão chinesa aos Estados Unidos e uma escassez de alimentos que aconteceria no futuro próximo, como se a comunidade estivesse inventando notícias aleatórias. "Eu caía em muitas histórias", lembra ela, "e não foi necessário muito esforço para enxergar os furos. Eu só precisava de motivação para procurar essas falhas." Por fim, num dia de dezembro, ela acordou e já não acreditava em mais nada daquilo. Abandonou silenciosamente o QAnon e começou a consertar a própria vida.

MEU CINISMO JUVENIL começou a se desfazer na época da faculdade em Nova York. Uma nova namorada (hoje minha esposa há doze anos) virou de cabeça para baixo minhas suposições sobre relacionamentos. Landon se mostrou extremamente desinteressada pela performance que eu apresentava para todo mundo e extremamente presente quando eu era menos divertido. Semanas depois do início do relacionamento, minha avó morreu. Eu estava em Washington, D.C., quando a notícia chegou. Minha família mora em Boston, de modo que, para chegar lá, eu precisaria viajar de ônibus pelo Corredor Nordeste. Landon se encontrou comigo na metade do caminho, na Penn Station, em Nova York. Nós nos sentamos junto ao balcão de uma lanchonete 24 horas, e ela perguntou sobre a vida da minha avó. Eu estava consternado e nada atraente – deixando vazar emoções que em geral teria escondido. Mas em momento algum o calor humano constante e fácil de Landon vacilou. Ao lado dela, senti a calma que me parecera inalcançável durante a maior parte da vida.

Esse momento não fez meu interruptor do apego virar de imediato. Nos meses seguintes, as inseguranças brotaram de mim e ameaçaram afastar Landon. Mas eu estava decidido: dessa vez seria diferente. Assim, como metade da população de Manhattan, comecei a fazer terapia. Minha psicóloga sondou as crenças ansiosas dentro de mim como um médico apalpando órgãos por cima da pele. Por que eu achava que as pessoas iriam embora assim que eu deixasse de ser interessante? Ela me desafiou a defender meu cinismo como eu defenderia uma hipótese científica: com dados. E, se eu não tivesse dados (em geral não tinha), ela me encorajava a obtê-los. O que aconteceria se eu baixasse a guarda uma vez, duas vezes ou até na maior parte do tempo?

Minha conexão cada vez mais profunda com Landon me deu segurança para fazer esses experimentos, substituindo aos poucos o cinismo pelo ceticismo esperançoso. Estranhamente, isso deve ter me feito parecer *mais* cínico para as pessoas ao meu redor. No passado, eu havia trabalhado duro para agradar todo mundo com uma positividade rígida. Um conhecido tinha me apelidado de "Cara Risonho". Não era um elogio. Para parecer mais autêntico, eu precisava me abrir sobre algo de que não gostava, sobre alguém em quem não confiava ou sobre meu mau humor do momento. Com isso, fiquei mais vulnerável, mas, pelo que pude perceber, ninguém me abandonou. Os dados eram claros. O Cara Risonho podia se aposentar. Aos poucos, com ajuda, reformulei minhas suposições. De acordo com um teste recente, meu apego em relação aos meus pais continua inseguro, mas sou seguro em meu relacionamento com Landon e em geral.

Como encontrar a sabedoria social

O ceticismo e o cinismo não são simplesmente diferentes. O primeiro pode ser um antídoto para o segundo.

Durante mais de um século o ceticismo tem sido usado como instrumento de cura na terapia cognitivo-comportamental (TCC). Os terapeutas que seguem essa linha se unem aos pacientes para questionar suas suposições, como fez minha psicóloga. Ao fazer *testes de realidade*, os pacientes identificam e expressam aquilo em que acreditam. Uma pessoa ansiosa pode achar que, lá no fundo, seus amigos a odeiam. Então terapeuta e paciente verificam se esses sentimentos estão apoiados em fatos. *Alguém* já disse que gosta do paciente? Já foi gentil com ele? Já o convidou para passarem algum tempo juntos? Em quase todos os casos, as evidências da vida real contradizem as suposições.[33]

O passo seguinte é agir como cientista, usando os *experimentos comportamentais* da TCC. Terapeuta e paciente chegam a uma conclusão sobre como o paciente pode testar suas crenças. Uma pessoa que acha que todo mundo a odeia pode convidar amigos para ir ao cinema. Se a ansiedade for bem fundamentada, ninguém vai aparecer. Se os amigos aparecerem, ele vai ter que repensar as suposições, como Megan e eu fizemos.

A depressão e a ansiedade nos envolvem em suposições negativas sobre nós mesmos. O cinismo faz isso com as crenças que temos uns sobre os outros. Ambas são enraizadas na dor e nos imobilizam. Mas por baixo dessa má notícia há uma notícia boa: para cultivar uma perspectiva mais positiva, ninguém precisa forçar um sorriso, mentir para si mesmo ou "fingir até conseguir". Se você é como a maioria das pessoas, seu ponto de partida em relação aos outros deve ser bem negativo. Pensando como cientista, talvez você consiga colher alguma esperança pelo caminho.

Ainda estou trabalhando no meu ceticismo esperançoso. Cenas do passado ecoam na minha mente, seguidas por surtos e crises de ansiedade. Deixo de ser eu mesmo por medo de ninguém aparecer caso eu me mostre como sou. É a volta do Cara Risonho.

Nesses momentos, me lembro do que eu diria a qualquer pessoa: o cinismo pode parecer uma estratégia de autodefesa, mas é tão seguro quanto uma prisão domiciliar. Quando os pensamentos incômodos chegam, uso o teste da realidade e os experimentos comportamentais para questioná-los. Há alguns anos, dois novos professores entraram para o meu departamento. Saímos para beber alguma coisa, e eles perguntaram sobre as minhas experiências. Em vez de deixar o Cara Risonho fazer um discurso sobre o melhor emprego do mundo, contei como Stanford é capaz de fazer qualquer um achar que não merece estar ali e que eu tinha certeza de que a faculdade havia cometido um erro ao me contratar. Ainda me lembro dos segundos de silêncio insuportável que se seguiram – e do alívio que brotou deles logo depois. Uma reunião feita por educação para nos conhecermos se transformou em horas de trocas autênticas. Esses colegas viraram amigos e até hoje nos encontramos regularmente para desabafar e apoiar uns aos outros.

Pouco a pouco fui me sentindo mais confiante para expressar dúvidas, ansiedades e frustrações. A ironia é que isso me ajudou a ter menos sentimentos angustiantes, aprofundando as conexões com os outros em vez de fazer uma encenação positiva para o mundo.

Substituir o cinismo por sabedoria é uma escalada emocional na qual nos afastamos da segurança e vamos em direção ao desconhecido, onde está o nosso futuro. Alguns locais, épocas e culturas tornam esse caminho mais difícil e íngreme do que outros.

3
Condições preexistentes

Andreas Leibbrandt não estava em busca de uma descoberta; só precisava de uma passagem de avião.[1] Queria fazer um doutorado em economia na Universidade de Zurique, e sua companheira era uma cientista brasileira. Leibbrandt queria conhecer a família dela, mas, como a maioria dos estudantes, não tinha dinheiro. Um modo de pagar pela viagem à América do Sul seria realizar alguma pesquisa por lá.

Leibbrandt vinha estudando como as organizações moldam seus trabalhadores. Quando estava na faculdade, sua companheira tinha observado um local de trabalho incomum: uma aldeia de pescadores às margens de uma lagoa no Nordeste do Brasil. Era a oportunidade perfeita para financiar a viagem, e eles a aproveitaram. Como muitos europeus, Leibbrandt esperava que a cultura brasileira fosse amistosa e comunitária, mas ficou surpreso com o que encontrou na lagoa. "Os homens trabalhavam de um jeito muito solitário", lembra. "Saíam às três da madrugada para lançar as redes e passavam o dia sozinhos em barquinhos." As ruas do povoado estavam cheias de lixo, o que não parecia incomodar ninguém. Os pescadores só se viam quando os barcos disputavam os melhores lugares.

A lagoa era um local de trabalho difícil e solitário. Como isso os afetava? Para responder a essa pergunta, Leibbrandt precisaria compará-lo com outra comunidade. O lago desaguava num rio. Ele viajou pela margem e cerca de 60 quilômetros depois encontrou o mar, onde havia uma segunda aldeia de pescadores. As comunidades na lagoa e à beira-mar eram semelhantes em tamanho, renda e religião, mas não na personalidade. Quando

Leibbrandt chegou à aldeia à beira-mar, dezenas de pessoas saíram de casa para lhe dar as boas-vindas. À noite, quando ele teve que ir embora para passar a noite na cidade, dois homens insistiram em acompanhá-lo no percurso de 15 quilômetros por uma estrada traiçoeira.

O que tornava esse segundo povoado tão mais amistoso do que o primeiro? Leibbrandt ficou sabendo que a pesca no mar exige barcos grandes e equipamento pesado. E, em consequência, trabalho em equipe. Os aldeões precisavam cooperar para ganhar a vida. De vez em quando algum deles era tomado pela ganância e partia sozinho em meio às ondas fortes. Às vezes essa pessoa não voltava.

Leibbrandt pediu aos pescadores de cada aldeia para fazer aquele jogo da confiança que você já conhece.[2] Como investidores, os pescadores do mar mandavam cerca de 40% do dinheiro para o outro jogador; os pescadores da lagoa mandavam menos de 30%. Como administradores, os pescadores do mar devolviam cerca de metade do que recebiam, de modo que os investidores ganhavam dividendos. Já os pescadores da lagoa devolviam menos de um terço, de modo que os investidores perdiam.

Os moradores desses povoados não começaram numa situação diferente uns dos outros. No início da carreira, os pescadores das duas comunidades tinham níveis de confiança semelhantes. Com o tempo, os locais de trabalho os modificaram. Quanto mais tempo a pessoa trabalhava na lagoa, mais cresciam suas suspeitas. Quanto mais tempo a pessoa trabalhava no mar, mais aberta e generosa se tornava. Junto ao mar, eles aprendiam a confiar e estavam certos ao fazer isso, pois ao contar uns com os outros saíam ganhando. Na lagoa, os pescadores aprenderam o cinismo. E também estavam certos, porque, ao confiar, saíam perdendo.

SE VOCÊ PLANTA UMA ORQUÍDEA no deserto e ela murcha, não pode dizer que ela foi acometida pela "doença da orquídea murcha".[3] Você olha o ambiente ao redor. Psicólogos como eu costumam pensar em uma pessoa de cada vez, mas os seres humanos são produtos do ambiente. Os pescadores brasileiros se tornaram versões diferentes de si mesmos para atender às exigências de seu mundo social. Dezenas de estudos descobriram que as pessoas ficam mais gentis ou mais cruéis com base em suas circunstâncias de vida.[4]

O cinismo costuma marcar presença nas famílias,[5] porém nossos genes desempenham um papel muito pequeno nessa situação. As pessoas não nascem cínicas, se tornam, e nossa sociedade está dando um empurrãozinho nelas. A vida moderna, em especial na cultura do Ocidente, está cheia de "condições preexistentes" que fazem nossos instintos se voltarem em direção à desconfiança e ao egoísmo. Nós construímos uma cidade da lagoa de proporções históricas. Mas, ao entender as forças que geram o cinismo, podemos ter pistas de como fazer o oposto, desenvolvendo aldeias à beira-mar, lugares repletos de camaradagem, onde a confiança pode ressurgir.

Desigualdade

Em 1980, a classe média nos Estados Unidos tinha cerca de 50% a mais de riquezas do que o 1% mais rico do país.[6] Em 2020, o 1% mais rico possuía mais do que toda a classe média. Uma tendência semelhante, ainda que menos pronunciada, fez a riqueza se acumular no topo em outros países. Com isso, milhões de pessoas ficaram à margem da economia.[7] Os americanos nascidos na década de 1940 tinham 90% de chance de ganhar mais do que os pais; para as crianças nascidas na década de 1980, essa chance caiu para 50%. Enquanto isso, os custos do ensino universitário e dos imóveis dispararam. Em 2022, 70% dos americanos relataram serem incapazes de pagar pelos imóveis e pela formação que seus pais tiveram. Para muitos, uma doença ou uma dificuldade inesperada bastam para significar a completa ruína financeira.

A confiança une as pessoas em equipes, cidades e países, mas a desigualdade dissolve esses laços. As pessoas em estados e nações mais desiguais costumam ser polarizadas, hostis, estressadas, solitárias, materialistas[8] e desconfiadas.[9] Isso não acontece porque as nações desiguais sejam menos ricas. Nos Estados Unidos, a confiança caiu durante a segunda metade do século XX, à medida que a prosperidade aumentava. Quando uma parte menor da população fica com uma fatia maior dos recursos, o cinismo costuma aumentar.[10]

As pessoas mais pobres têm todos os motivos para suspeitar de uma cultura que as deixa desamparadas. Mas nas áreas desiguais os ricos *também* confiam menos. Um dos motivos é que a desigualdade cria uma mentalidade de que, para alguém ganhar, outro precisa perder. Em situações assim, até os vencedores ficam tensos. As vantagens de que desfrutam podem ser arrancadas a qualquer momento, e muitas pessoas adorariam arrancá-las. Colegas, vizinhos e desconhecidos se tornam rivais.

Abuso da elite

Na Alemanha Oriental, depois da Segunda Guerra Mundial, o governo comunista criou o Ministério da Segurança do Estado, ou "Stasi", para monitorar a população e descobrir dissidentes. A Stasi contratou uma vasta rede de informantes. Seu açougueiro, seu colega de bar ou seu primo de segundo grau podia ser um espião mal pago, pronto para denunciar você diante da menor sugestão de rebelião. Isso destruiu a confiança das pessoas. Como descreve um cientista político, "a mera consciência de que a Stasi estava ali, vigiando, serviu para fragmentar a sociedade, impedindo discussões independentes em grupos grandes".[11]

Em 1989, o Muro de Berlim caiu e a Stasi desmoronou junto. Mas seu reinado deixou uma longa ressaca cívica.[12] Ainda hoje, moradores de cidades alemãs que já foram dominadas pela Stasi confiam menos, votam menos e ajudam desconhecidos com menor frequência do que as pessoas nas áreas em que a Stasi tinha menos poder. A polícia secreta não existe mais, porém seus fantasmas roubaram a paz de espírito das novas gerações.

A Stasi é um exemplo extremo de abuso governamental, mas em todo o mundo as pessoas estão perdendo a voz política. A organização apartidária Freedom House informa que a humanidade está passando por um declínio nas normas democráticas que já se estende por quinze anos. Segundo dados da organização, três quartos do mundo viviam sob um governo menos democrático que o anterior entre 2019 e 2020.[13] Os Estados Unidos também estão cada vez mais retirando os direitos das pessoas. Recentemente um cientista político calculou a "nota democrática" de cada estado americano com base em fatores que aumentam o poder dos eleitores (como deixar que as pessoas se registrem para votar pela internet) e que o reduzem (como o *gerrymandering*, prática de mudar a área dos distritos eleitorais de modo a dar vantagem injusta a um partido). Ele descobriu que as notas de democracia caíram durante o século XXI,[14] sobretudo em estados dominados por legisladores do Partido Republicano.

Quando as elites – indivíduos poderosos do governo e do mercado – abusam da confiança dos cidadãos, essa confiança desaparece. Em 2021, veículos de imprensa do Reino Unido informaram que o primeiro-ministro Boris Johson tinha realizado festas com bebedeiras enquanto os cidadãos britânicos estavam em *lockdown* por causa da Covid-19, impedidos de ir até ao enterro de parentes. Antes do escândalo, 57% dos cidadãos do Reino Unido achavam que os políticos do país "só pensavam neles mesmos".[15] Depois, esse número cresceu nove pontos, chegando a 66%. O crescimento anterior de nove pontos no cinismo dos britânicos havia demorado sete anos para acontecer; o que o precedeu tinha demorado 42 anos.

Pense em você mesmo há dez anos. Desde então sua confiança nas corporações e no governo diminuiu? Se respondeu "sim", faz parte de uma maioria grande e cansada. E você não tem culpa. Numa era com tantos escândalos em grandes empresas, é fácil presumir que só restam dois tipos de pessoa: os malandros e os otários.[16]

Isso não significa que o pensamento cínico seja útil. Os abusos da elite aumentam muitíssimo a pré-decepção – a suposição de que as pessoas vão nos prejudicar –, o que pode prejudicar as vítimas de novo. Com frequência isso se revela em questões de classe, raça e etnia, o que só aumenta a desigualdade. Em 2004, policiais do Milwaukee que estavam de folga espancaram brutalmente Frank Jude Jr., um homem negro desarmado. No ano seguinte, o número de telefonemas para a polícia despencou, sobretudo nos bairros de maioria negra. Pesquisadores avaliam que 22 mil chamadas de emergência deixaram de ser feitas na cidade por causa da agressão a Jude.[17] Os moradores negros de Milwaukee tinham muitos motivos para desconfiar da polícia, e isso os deixou mais indefesos contra o crime.

A pré-decepção também pode piorar as desigualdades no âmbito da saúde.[18] Quando surgiram as primeiras vacinas contra a Covid-19, milhões de pessoas se recusaram a tomá-las, muitas delas motivadas pela crença em teorias da conspiração. Mas no bairro de Fruitvale, em Oakland, uma comunidade composta sobretudo por imigrantes, os motivos da desconfiança eram outros. Pacientes negros e latinos já vinham recebendo um atendimento pior que os brancos fazia muito tempo, e as comunidades formadas por minorias tinham boas razões para acreditar que a medicina americana não era "para elas". Além disso, os moradores de Fruitvale temiam o governo. Quando a pandemia começou, fazia pouco tempo que o presidente havia prometido intensificar as ações de combate à imigração ilegal e criticara a prefeita de Oakland, Libby Schaaf, por oferecer abrigo a pessoas sem documentação. Muitos indivíduos ficaram com medo de que o chamado para a vacinação se transformasse em emboscadas para imigrantes.[19]

Em agosto de 2021, apenas 65% dos moradores de Fruitvale tinham sido vacinados,[20] enquanto na área mais abastada de Piedmont, a apenas 9 quilômetros de distância, a taxa de vacinação chegava a 80%. Um estudo com mais de mil moradores de Fruitvale descobriu que os latinos tinham probabilidade oito vezes maior de ter resultado positivo nos testes de PCR em comparação com pacientes brancos.[21] Em todo o país, a pandemia causou uma redução de três anos na expectativa de vida dos latinos – impacto muito maior do que os efeitos da Covid-19 nos cidadãos brancos. Os moradores de Fruitvale tinham bons motivos para desconfiar das autoridades, mas essa desconfiança cobrava seu preço.

Um mundo mercantilizado

A riqueza e a corrupção entre as elites podem aumentar o cinismo de todo mundo, mas as mudanças em nossa vida cotidiana também podem. Imagine que você fez para um amigo um favor que não era grande nem pequeno – como pegá-lo no aeroporto à meia-noite. Você esperaria que ele retribuísse a gentileza e reclamaria se ele não tomasse essa atitude? Se sim, talvez você tenha um *relacionamento de troca*, em que mantém o registro de tudo que um dá ao outro. Se, por outro lado, tem um *relacionamento comunal*, você dá, recebe e compartilha algo sem esperar algum favor.

Os relacionamentos de troca são mais comuns no livre mercado.[22] Nós confiamos que determinada pessoa nos dará o produto pelo qual pagamos ou honrará um contrato porque isso é do interesse dela. Como disse o economista Charles Schultze: "Os acordos baseados na lógica do mercado […] reduzem a necessidade de compaixão, patriotismo, amor fraterno e solidariedade cultural." Schultze pretendia que isso fosse uma propaganda das virtudes do mercado, mas sem querer acabou apontando um dos seus aspectos negativos. O comércio incentiva as pessoas a agir com gentileza, mas não dá para saber ao certo *por que* elas estão sendo gentis. Essa camisa pode realmente realçar seus olhos e aquela piada pode realmente fazer todo mundo morrer de rir, mas não conte com o vendedor nem com o garçom para saber se isso é verdade ou não.

Os mercados são movidos por interesse próprio[23] e, sob sua lógica, fica fácil ver interesses em todo lugar. No meu laboratório, descobrimos que pessoas que agem com gentileza na intenção de receber recompensas financeiras – como as que fazem doações para a caridade só para obter um desconto no imposto de renda – são *mais* egoístas do que as que não fazem nada. A troca é boa para os negócios, mas confunde as fronteiras do altruísmo.[24]

O melhor modo de escapar do comportamento transacional são os relacionamentos comunais, em que as pessoas param de registrar ganhos e perdas e estão disponíveis quando as outras precisam delas. E, se o dinheiro é o elemento básico da troca, é a kriptonita das relações comunais. Se você precisa pagar sua namorada para ir a um encontro com você, ela não é uma namorada, é uma acompanhante.[25] Se você cobra por um conselho, não está dando conselho, e sim oferecendo consultoria. A maioria dos amigos evita basear a relação de amizade em trocas monetárias, mas hoje enfrentamos um problema: começamos a contabilizar as outras coisas da vida como se fossem dinheiro. Você pode estar bem longe de uma loja, mas o número de passos que dá para chegar em casa, o tempo que medita e o número exato de pessoas que aprovam sua última postagem nas redes sociais são computados, comprados e vendidos.

A psiquiatra Anna Lembke diz que "sempre que contabilizamos alguma coisa ou lhe atribuímos um número, aumentamos o risco de nos viciarmos nela".[26] Os números sempre fizeram parte do âmbito comercial e agora também medem a saúde, a aprovação e a conexão. Chamamos isso de "invasão do mercado", algo que transformou não só o que buscamos, mas também *a maneira como* fazemos isso: cada vez mais querendo números em vez de experiências. A quantificação tem seus pontos positivos, mas pode produzir ansiedades novas e inéditas, sobretudo o medo de não estar à altura. Médicos especialistas em insônia relatam que as pessoas começaram a procurar ajuda não porque se *sentem* cansadas,[27] mas porque seus *smartwatches* indicam que a qualidade do sono delas não é a ideal.

A invasão do mercado muda o modo como nos relacionamos com nós mesmos e como percebemos uns aos outros. Logan Lane, uma estudante de ensino médio no Brooklyn, achava o mercado social sufocante. Ela ia para a escola de metrô todos os dias junto com dezenas de colegas de várias idades e turmas diferentes. "Era como uma passarela", recorda ela. "As redes sociais estavam em rota de choque com a vida real."[28] Os adolescentes ficavam de olho uns nos outros e em seus celulares, às vezes vendo as postagens feitas por colegas que estavam a um metro de distância.

A essa altura, Logan já era veterana das redes sociais. Tinha ganhado seu primeiro smartphone no sexto ano e criara uma conta no Instagram. Compartilhava selfies bem-humoradas junto com imagens de suas pinturas e trabalhos de tricô. Sua persona na internet era engraçadinha e irônica, como alguém que fizesse parte das redes sociais sem levar isso a sério. Mas sua vida contava uma história diferente. Logan ficava grudada no celular até pegar no sono. "Eu me via obrigada a postar toda foto boa que tirava e monitorava bem de perto as reações dos outros."

A maioria das colisões entre a vida na internet e fora dela não tem grandes consequências, mas algumas causam uma dor muito real. Quando as pessoas passam o tempo todo gravando a si mesmas e as outras, qualquer um pode ser um jornalista disfarçado e todo mundo é a matéria. Assim é difícil descobrir quem é autêntico e é fácil achar que as pessoas estão sempre representando um papel. Quando a pandemia começou e as aulas tiveram que ser on-line, Lane ficou livre para se jogar nas redes sociais. Com isso, a imagem que tinha dos outros se tornou mais sombria e sua autoestima despencou. "Eu estava sempre vendo coisas melhores do que as que eu tinha a oferecer, gente mais bonita, com mais talento artístico", relembra Lane. "Desenvolvi uma grande vergonha de quem eu não era."

Há mais de vinte anos as redes sociais fazem as pessoas se sentirem assim. O Facebook foi lançado em Harvard em 2004, e nos dois anos seguintes foi distribuído lentamente a milhares de faculdades antes do lançamento público em 2006. Recentemente pesquisadores fizeram uma viagem no tempo e analisaram registros universitários do período. Nos meses após a chegada do Facebook a determinado campus, os estudantes ficavam mais deprimidos, ansiosos, exaustos e relatavam uma incidência maior de transtornos alimentares. Passaram a buscar serviços de orientação psicológica com maior frequência e a tomar mais medicamentos psiquiátricos do que antes.[29]

Um dos culpados era a comparação social. Depois da chegada do Facebook, os estudantes viam seus colegas indo a festas, viajando nas férias e curtindo a vida. As redes sociais nos mostram os pontos altos de todo mundo e nos deixam menos satisfeitos com nosso emprego, nossa casa, nossos relacionamentos e nosso corpo. Mas, de modo mais amplo, o Facebook e outras plataformas quantificam a vida social. Ao contar likes, comentários e compartilhamentos, elas tornam mais fácil comparar, competir, ganhar e perder – e tornam mais difícil agir de modo comunal.

No início da década de 2010, as redes sociais foram celebradas como a reinvenção da comunidade global. Agora está claro que elas são mercados disfarçados de comunidades, incentivando uma forma de amizade transacional. Uma coluna no *The New York Times* em 2018 trazia um questionário para as pessoas quantificarem quão úteis eram seus amigos, encorajando-as a "identificar as pessoas que têm a pontuação mais alta na sua vida".[30] Estamos "mercantilizando" a própria conexão humana.

Se os mercados invadiram a amizade, eles usaram tratores para abrir caminho na vida amorosa. Na virada do século XXI, cerca de 5% dos parceiros se conheciam pela internet. Em 2017, eram quase 40%, superando todas as outras formas de marcar encontros.[31] Não há nada de errado em ficar observando perfis, mas aplicativos como o Tinder, com seu suprimento infinito e suas escolhas feitas numa fração de segundo, mudam o modo como nossa mente processa a atração. Os criadores do Tinder se inspiraram nas máquinas caça-níqueis.[32] O amor pode ser um jogo, mas na internet ele se torna um cassino, cada um calculando as próprias chances e fazendo suas apostas. Você pode só namorar pessoas que meçam mais de 1,80 metro, tenham barba e uma carreira estabelecida. Mas qual altura, quantidade de pelos faciais e nível de sucesso são ideais? Esmagados pelas opções, os usuários "vão aos shoppings de relacionamento", onde avaliam as estatísticas dos candidatos como alguém comparando TVs antes de fazer uma compra.[33] Além disso, começam a pensar em *si mesmos* desse modo, mudando a própria vida para aumentar suas chances.

Bilhões de pessoas vivem o sonho quantificado do Vale do Silício. Nos deram a chance de otimizar todas as facetas da vida, mas ninguém nos alertou sobre como todos esses dados podem alterar os relacionamentos. Enquanto isso, esses mesmos dados criaram uma riqueza impensável para as maiores empresas e as pessoas mais ricas do planeta. Somos um dos produtos mais lucrativos da história.

Transformando a confiança em padrão

A história não é um experimento científico. Não podemos reprisá-la mil vezes, ajustando o mundo como se fossem peças de dominó, para ver como diferentes arranjos alteram o modo como elas caem. Os cientistas podem não saber exatamente por que a confiança despencou nos últimos cinquenta anos, mas a desigualdade e os abusos da elite acompanham o cinismo no espaço e no tempo, e todas essas três coisas estão aumentando.

Nada disso significa que deveríamos querer voltar aos tempos áureos de antigamente. A mortalidade infantil, a fome e as mortes violentas diminuíram no decorrer dos séculos. A opressão e a injustiça ainda são muito presentes, mas muitas comunidades marginalizadas tinham uma vida pior poucas décadas atrás. Segundo o psicólogo Steven Pinker,[34] esta é a melhor época de toda a história humana para estar vivo e temos uma dívida de "gratidão cósmica" com o universo pelo progresso que veio antes de nós.

Talvez tenhamos. Mas os cidadãos do século XXI não têm como comparar a vida que levam com a Idade do Bronze. Por outro lado, eles *são capazes de ver* as tendências reais e perturbadoras do mundo de hoje. É compreensível que, em vez de gratidão cósmica, eles – e você – sintam um pavor mundano.

A desigualdade, o abuso das elites e a invasão do mercado nos deixam encurralados naquela "vila de pescadores na lagoa", a comunidade pesqueira competitiva que Andreas Leibbrandt estudou – só que em nível global. O que isso faz com a nossa mente? O sociólogo Émile Durkheim descreveu uma condição moderna chamada *anomia*: o rompimento dos valores e das expectativas sociais. A anomia é diferente da decepção que uma pessoa sente quando alguém a deixa na mão. É o sentimento de que a própria sociedade traiu você. Viver num mundo que parece mais transacional, injusto e egoísta a cada ano pode corroer a esperança; e, de fato, ambientes desiguais, corruptos e mercantilizados fazem a anomia aumentar.[35]

Mas as pessoas não se limitam a reagir à cultura; elas também a criam. Esse nível de mudança pode parecer distante, embora cada um de nós tenha influência direta sobre nossos microclimas sociais: escolas, famílias e bairros. Nesses lugares podemos criar aldeias à beira-mar em miniatura, onde a confiança é o padrão.

Em 1975 Bill Bruneau estava andando de bicicleta nas colinas de Menlo Park com o pequeno Emile quando encontraram a equipe de produção do filme de ficção científica *A montanha enfeitiçada*. Os dois se aproximaram e perceberam que a escola Península fazia parte do cenário do filme. Perambulando pelo terreno selvagem e arborizado do colégio, Bill soube que aquele era o lugar certo para seu filho. Ele não tinha como pagar a mensalidade, mas a escola oferecia bolsas para filhos de funcionários, e era só disso que Bill precisava. Todos os dias ele e Emile percorriam o trajeto de 8 quilômetros até a escola. De segunda a sexta-feira, Emile estudava. Nos fins de semana, pai e filho trabalhavam como faxineiros.[36]

Essa escola é uma comunidade incomum até para os padrões da Califórnia. Seu prédio principal é uma mansão do século XIX em estilo italiano, que já foi branca e agora ostenta um bege poeirento. Suas empenas e a varanda são esculpidas com padrões de trepadeiras e flores. O lugar parece um lar porque já foi um. A maioria das aulas acontece em chalés de um cômodo só cercados por uma floresta antiga. Na época de Emile, os alunos davam nome às suas árvores prediletas e subiam nelas. Seus colegas de turma trepavam num cedro com três andares de altura chamado "Flat-top" e lanchavam sentados em seus galhos amplos, com uma vista que se estendia até o outro lado da baía.

Quarenta anos depois, visitei a escola Península para encontrar pistas sobre a infância de Emile. Na primeira visita, pelo menos quatro crianças passaram por mim correndo descalças. Mais tarde fiquei sabendo que só metade dos alunos usa calçados ali dentro. De repente as esquisitices de Emile já não me pareciam tão esquisitas assim. A chuva de janeiro tinha deixado poças enormes entre os edifícios, e os alunos do ensino fundamental estavam construindo balsas para atravessá-las.

Esse caos amigável é proposital. Os alunos da Península têm aulas em grupos com idades variadas, nos quais uns orientam e apoiam os outros. As crianças organizam discussões desde bem pequenas porque, como me disse um professor, "aquele que está falando geralmente é quem está aprendendo". As notas têm pouca importância, evitando a ideia de que, para alguém ganhar, alguém precisa perder. Na época de Emile, as crianças inventavam a maioria dos esportes escolares, como o "pique-bailarina" e o "futebol com quatro gols". Como ele lembrou: "Esses jogos tinham muita cooperação e criatividade e pouca competição e convenção."[37]

A escola Península tornou-se uma extensão da política de atenção não invasiva de Bill e plantou a semente da pessoa que Emile seria. Seu senso de aventura e seu amor pela natureza cresceram – os colegas o chamavam de "macaquinho" por causa da velocidade com que subia nas árvores. Os professores alimentavam a autossuficiência dos alunos deixando-os fazer as próprias escolhas. Várias pesquisas apoiam essa filosofia. Quando os adultos (em especial os pais) confiam nos filhos, as crianças têm mais chance de confiar nos amigos, sentir menos estresse na escola e tirar notas melhores.[38]

De vez em quando, Linda, mãe de Emile, aparecia por lá procurando o filho. "Imagine", reflete Stephanie, mulher de Emile, "uma mulher sem-teto, desgrenhada e mentalmente instável entrando numa escola no meio do dia para falar com o filho que não está sob sua guarda. Imagine como qualquer escola reagiria nessa situação e como algumas poderiam fazer a criança sentir vergonha da mãe, impedir que mãe e filho se conectassem ou causar traumas."

Mas os professores optaram por receber Linda, criando um espaço em que ela e Emile pudessem estar juntos. Como vimos, a adversidade pode derrubar as pessoas ou estimular seu crescimento, dependendo de quem estiver ao lado delas. Para Emile, isso começou com Bill e Linda. A Península fez com que essa segurança crescesse e ficasse do tamanho de uma escola.

Os alunos da Península eram uma família e, como irmãos, brigavam. Quando Emile estava no primeiro ano, uma enorme caixa de areia entre as salas se tornou um campo de batalha no qual as crianças brigaram para decidir quais estruturas deveriam ser preservadas. Aqui, e em muitos conflitos que vieram em seguida, os professores confiavam nos alunos para mediar suas questões. E, com frequência, o pequeno Emile já dava uma boa ideia de quem seria no futuro, liderando o processo de paz.

Na década de 1950, funcionários e pais construíram uma elaborada casa na árvore, num imponente carvalho do pátio. A subida é intimidadora (perguntaram se eu queria subir e eu logo recusei), e muitas crianças a enxergam como um rito de passagem. Três décadas depois de chegar ao topo, Emile construiu uma casa na árvore parecida com essa em seu quintal. Quando ele morreu, a escola acrescentou uma rede de proteção sob a casa na árvore, em homenagem a ele. A rede pode ser escalada, encorajando as crianças a subir mais depressa, mais cedo e com maior frequência. Se elas escorregarem, a rede as mantém em segurança.

Os efeitos dessa escola repercutiram nitidamente na vida de Emile. Ele foi um homem que, por padrão, pensava no grupo, no comunal: oferecia tempo, energia e atenção com gosto. Ajudava as pessoas a se reerguerem quando caíam e sabia que elas fariam o mesmo por ele.

Esse espírito caracterizou o trabalho de Emile pela paz e também *a forma como* ele a buscava. A maior parte dos cientistas entra na profissão com a nobre missão de descobrir a verdade. No entanto, muitos cedem a impulsos menos nobres durante sua trajetória. Como profissão, a ciência é espantosamente desigual: milhares de estudantes se esforçam, se sacrificam e abrem caminho à unha na direção da terra prometida dos postos acadêmicos permanentes. Pouquíssimos chegam lá, e os que chegam costumam ser aqueles que tiveram sorte. (Eu com certeza tive.) O resultado é que muitos pesquisadores de bom coração acabam atraídos por equivalentes intelectuais da vila de pescadores à margem da lagoa. O sucesso é medido em termos comparativos; a vitória de um amigo ou colega significa menos oportunidades para você.

Uma cultura de competitividade agressiva é estressante para muitos e ruim para a ciência, incentivando os pesquisadores a guardar as informações para si mesmos e aumentar a importância do próprio trabalho. Desde o início, Emile desenvolveu seu Laboratório de Neurociência da Paz e do Conflito para ser diferente, uma comuna de nerds. Ele incentivava os alunos a compartilhar ideias e dar crédito aos outros. Os membros de sua equipe não lutavam para ser *os* especialistas naquilo que estudavam – eles queriam acrescentar seu tijolinho à parede do conhecimento. "Era revigorante", lembra Samantha Moore-Berg, uma das primeiras cientistas a se juntar ao laboratório. "A ciência não precisava ser uma competição e você não tinha que saber todas as respostas."

Essa abordagem pode ter custado alguns elogios a Emile, mas ao mesmo tempo mostrava às pessoas ao seu redor um novo modo de fazer ciência. Depois da morte dele, Moore-Berg se tornou a primeira pessoa a receber a bolsa Emile Bruneau Fellow for Peace and Conflict na Universidade da Pensilvânia. "A visão dele se tornou a minha visão", diz ela. "Eu sempre começo perguntando: 'Como podemos usar a ciência para fazer o bem, para criar impacto?' E quando fico em dúvida simplesmente pergunto: 'O que Emile faria?'"

Um manual para viver à beira-mar

Desde a infância Emile teve a sorte de sempre estar em "aldeias à beira-mar". Mais tarde, ele construiu microculturas que refletiam esses valores. Como poderíamos seguir seu exemplo e construir a nossa?

Parar de contar. A invasão do mercado nos estimula a contar e competir durante toda a vida, mas a ciência do bem-estar é clara: para prosperar, nós precisamos de experiências não quantificáveis, vividas apenas pelo que elas são.[39] Assim como um passatempo predileto, os laços comunais podem ser maravilhosamente inúteis. Num mundo mercantilizado, isso significa apagar de propósito o modo como nos conectamos, deixando de contabilizar nossos gestos e ações.

Se você integra um projeto escolar ou uma equipe profissional, é justo garantir que todo mundo faça a sua parte. Mas com quem você tem uma ligação profunda, deve resistir à vontade de marcar pontos e registrar quem fez o quê ou deixou de fazer. De vez em quando rasgue o livro-caixa. Isso é especialmente importante quando ajudamos as pessoas. Os atos de gentileza estão entre as maneiras mais rápidas e poderosas de aumentar o bem-estar. Os motivos por trás desses atos fazem diferença. No meu laboratório, descobrimos que indivíduos ficam mais felizes e menos estressados nos dias em que ajudam os amigos,[40] mas apenas *se* forem levados a isso pela compaixão.

Quando você faz um favor, é natural que se concentre naquilo que está dando – tempo, suor, atenção – e se pergunte quando virá a retribuição. Uma opção melhor, no entanto, é pensar em *por que* você está "se" ofertando: por causa de uma necessidade de um ente querido, pelo afeto que tem por essa pessoa, pela diferença que pode fazer na vida dela. A dedicação é um antídoto à mania de marcar pontos, um lado da humanidade que o cinismo não é capaz de abalar.

Em certos contextos é fácil não contar. Como fazer isso em retiros de meditação? Como contabilizar o amor de seu bicho de estimação por você? Mas em outras situações isso é quase impossível. Em 2021, Logan Lane ficou presa no mundo social quantificado do Instagram. Não precisava contar quantas pessoas gostavam dela – os aplicativos das redes sociais se incumbem dessa tarefa. Percebendo o preço que isso cobrava de seu bem-estar, Lane fez uma escolha impensável para a maioria dos adolescentes americanos: saiu de cena, desativando suas contas e trocando o iPhone por um celular dobrável antigo, da virada do século.

A solidão a engoliu. Os colegas de turma reclamavam que ela havia "desaparecido da face da Terra". Ao sumir das redes sociais, ela sentiu que estava apagando a si mesma. No entanto, algumas pessoas se mantiveram firmes ao seu lado. Lane começou a acordar mais cedo e a criar mais obras de arte. Alguns colegas não tinham vontade de passar tempo com ela fora da internet, mas será que eram realmente amigos? Outros faziam chamadas de vídeo em seu notebook ou – que horrível! – telefonavam. Lane percebeu diferenças nessas conexões. Eram lentas e deliberadas. Não deixavam registros públicos e não geravam "influência". Eram mais simples e mais fáceis de confiar. Os amigos leais, aqueles que permaneceram no dia a dia, estavam ali apenas pela amizade e por ela.

Durante um show ao ar livre, Lane encontrou um estudante que também tinha um celular antigo. Esse pequeno milagre fez nascer uma ideia. Lane criou o "Clube Ludita", um grupo de estudantes do ensino médio que fez o voto de rejeitar a tecnologia social. A cada semana, de 5 a 25 integrantes se encontravam no Prospect Park, no Brooklyn, para ler, bater papo e ficar à toa – longe do olhar onipresente do mundo digital. Suas conexões não são contadas, não são quantificadas – são livres.

Admiro o Clube Ludita e, como membro da sociabilidade mercantilizada, me sinto inferior a eles, porque sou viciado em telas desde que Lane ainda estava no jardim de infância – em especial a plataforma X, anteriormente conhecida como Twitter, na qual entrei em 2009. Minha desculpa é que ela oferece uma chance de aprender novas ciências e compartilhar meu trabalho. Na verdade, meu feed é uma mistura de acadêmicos se autopromovendo e atacando uns aos outros, pessoas encontrando formas criativas de se indignar e ciclos convulsivos de notícias. Eu também participo, observando ansiosamente o engajamento nas minhas postagens, às vezes apagando aquelas que as pessoas parecem ignorar.

Inspirado por Lane, desativei minha conta por duas semanas. Depois de clicar no botão – que é surpreendentemente difícil de encontrar – entrei em pânico, achando que havia apagado a conta de vez. Assim que entendi que não era o caso, comecei a sentir os efeitos. Nos momentos de tédio, eu tentava entrar no feed, tal qual o sujeito que acorda no sábado e vai para o escritório sem pensar. Os acontecimentos pareciam diferentes. Um oligarca russo morreu no que parecia ser uma trama do governo. Candidatos a presidente fizeram um debate. Fiquei pensando "O que será que o pessoal está achando disso tudo?" e me dei conta de que jamais saberia. Esse ciclo de notícias, e tantos outros, estaria encerrado quando eu voltasse.

Mas, de qualquer modo, eu não saberia o que o pessoal estava pensando. Meu feed funcionava como um noticiário, entretanto, eram sempre as mesmas poucas centenas de pessoas tentando gritar mais que as outras. Fora as "notícias que só existem no X": as controvérsias, os vilões da semana e as piadas internas que aparecem no meu feed. As pessoas metabolizariam esses acontecimentos sem mim. Pensando bem, em que essas histórias teriam me beneficiado? As brigas entre psicólogos me faziam perder o interesse pelo trabalho; os políticos de picuinha uns com os outros só me faziam ter uma opinião cada vez pior sobre o governo. O antigo Twitter me arrastava de uma crise para outra, como destroços sendo levados pela correnteza. Fora das redes, recuperei o poder sobre minha atenção.

Minhas interações também mudaram. Durante o jejum, Stanford nomeou um novo reitor. Em vez de postar sobre isso ou ler opiniões alheias, comecei a trocar mensagens de texto com alguns colegas. Foi uma discussão calma e franca, e fiquei com a impressão de que eles compartilharam seus pontos de vista de verdade, mais do que eu faria na internet. Um amigo lançou um álbum musical, deve ter postado sobre isso. Eu poderia ter acompanhado de longe, mas achei melhor telefonar. Ele me contou tudo sobre a experiência e percebeu que eu me importava, algo que jamais teria acontecido se eu simplesmente assistisse à vida dele pela tela do celular.

Ao fim das duas semanas, quando voltei às redes sociais, foi como comer um bolo seguido por meio maço de cigarros. Em vez do açúcar processado e da nicotina se espalhando pelo meu corpo, brigas, personagens e pseudonotícias familiares tomaram conta da minha mente. A maioria não era bem-vinda, como aquele tio chato que você esquece nos períodos entre as reuniões de família. Percebi como era maravilhoso *não* seguir aqueles fios. O medo de ficar por fora de tudo se transformou em alegria. E não estou sozinho nessa hipótese. Em 2018, pesquisadores pagaram a quase 3 mil pessoas para encerrar as contas no Facebook durante quatro semanas. A limpeza digital reduziu a depressão das pessoas entre 25% e 40%, resultado comparável com fazer terapia.⁴¹

De vez em quando ainda entro no X. Compartilho algumas ideias, passo poucos minutos lendo aquilo que outros escrevem ou recupero o que achava que havia perdido. Mas o domínio da plataforma sobre mim é bem diferente do que era antes, e me esforço para substituir a vida na internet por conexões regulares, não contabilizáveis. A cada vez que mando uma mensagem de texto ou telefono para alguém em vez de só olhar as publicações das pessoas, percebo como as conexões diretas nos proporcionam foco e silenciam o ruído interminável do mundo on-line.

Brincar juntos. Recentemente pesquisadores entrevistaram quase duzentos pais em Nova York. A pergunta era: em que gostariam que os filhos acreditassem? Um terço respondeu que os filhos iriam mais longe na vida se enxergassem o mundo como um lugar competitivo, não cooperativo, e mais da metade achava que seria bom que os filhos enxergassem o mundo como um lugar perigoso.⁴² Em outra pesquisa, 70% dos pais disseram que encorajam os filhos a desconfiar de estranhos. Uma mãe que em geral confia nas pessoas disse: "É loucura, mas precisamos ensinar nossos filhos a não ajudar [...] Assim, a primeira coisa que ensinei à minha filha foi ser cautelosa e só falar com conhecidos."⁴³

Esses pais tentam manter os filhos em segurança fazendo com que se sintam inseguros, uma estratégia eficaz até demais. Em 2012, apenas 18% dos alunos do ensino médio nos Estados Unidos acreditavam que a maioria das pessoas é confiável, tornando a Geração Z a mais desconfiada, segundo os registros.⁴⁴ Essa queda na confiança pode ter acontecido porque as pessoas estão ficando mais cínicas ou porque as mais velhas estão sendo substituídas por outras mais jovens, que aprendem o cinismo cedo.

Esse fato prejudica os jovens ao entrarem na vida adulta. O psicólogo Jer Clifton estuda as "crenças primitivas" das pessoas sobre a vida e o mundo. As crenças primitivas são surpreendentemente desconectadas das circunstâncias. Ricos nem sempre acham que o mundo é um lugar de fartura, e sobreviventes de grandes traumas nem sempre acham que o mundo é perigoso. Claro, o mundo é seguro *e* perigoso, cooperativo *e* competitivo.

Mas, para além de quem está certo, podemos perguntar como nossas crenças mudam quem somos. Num estudo com 5 mil pessoas de 48 profissões, Clifton descobriu que as pessoas que achavam que o mundo era perigoso e competitivo em vez de seguro e cooperativo tinham carreiras de menor sucesso e estavam menos satisfeitas com a própria vida.

Quando visitei a escola Península pela primeira vez, cheguei cedo e fiquei perambulando pelo bosque, imaginando que em pouco tempo alguém suspeitaria de um homem de meia-idade andando entre as árvores. Em vez disso, crianças e adultos acenavam e sorriam. Sem saber quem eu era, um funcionário me convidou a entrar. Em minutos eu estava conversando com o diretor da escola. Você pode achar que esse lugar é ingênuo até demais, mas na hora eu me perguntei por que o restante de nós está ensinando a pré-decepção aos filhos. Talvez isso os mantenha mais seguros, mas é quase certo que esse comportamento vai encolher o mundo deles e diminuir a confiança nos outros.

A Península resiste a essa visão de mundo, e qualquer um pode tomar a mesma atitude. Quando você inspira alguém, ou é responsável por essa pessoa, *cria* as condições preexistentes para ela. Isso vale especialmente para crianças. Pouco tempo atrás, analisei minha condição de pai. Minhas filhas e eu lemos livros e conversamos sobre como a maioria das pessoas é boa. Mas ao mesmo tempo elas ouvem minha mulher e eu reclamando dos políticos e das empresas. No caminho de carro para a escola, elas aprendem coisas horrorosas sobre os motoristas que me dão fechadas.

Um tempo atrás, comecei a ensinar as meninas a *saborear* – perceber as melhores partes da vida.[45] Nós temos "aulas" sobre tomar sorvete, ver o pôr do sol e soltar pipa. Em vez de devorar a casquinha, tomamos o sorvete devagar, comentando como é delicioso e como gostaríamos de nos lembrar dessa experiência. Após visitar a escola Península, percebi que não tínhamos um tempo para *saborear socialmente*, ou seja, diminuir o ritmo e apreciar a bondade humana no cotidiano.

Foi o que começamos a fazer. Agora, quando me pego falando mal de outras pessoas na frente das meninas, me esforço para dizer algo positivo logo em seguida. Quando reclamo do lixo num parque da cidade, conto a elas sobre os voluntários que limpam o lugar. Semana passada, estávamos no carro quando um veículo de construção parou na minha frente em uma rua movimentada, bloqueando minha passagem. Até que outro motorista acenou e, então, pude trocar de pista e seguir meu caminho. Em geral, essa pequena gentileza passaria batida na rotina matinal, mas aproveitei para dizer às minhas filhas que os estranhos podem dar, sim, passagem uns aos outros no trânsito.

Essas situações podem parecer triviais, e talvez sejam mesmo, mas as crianças são cientistas astutas e a linguagem adulta as ajuda a tirar conclusões sobre o mundo. Ao equilibrar os dados que transmito às minhas filhas, comecei a notar coisas diferentes e a procurar desconhecidos amistosos e cooperativos – e não foi difícil achá-los. Um hábito da fala se tornou um hábito da mente.

Confiar localmente. A conexão surge de modo natural em comunidades locais como a escola Península, e a mesma coisa acontece com a confiança. Uma pesquisa com mais de 25 mil participantes de 21 países concluiu que apenas 30% acreditavam que "a maioria das pessoas" era confiável, mas 65% informaram que as pessoas de sua área, ou de seu povoado, confiavam umas nas outras. A diferença foi mais notável em países cínicos. Apenas 6% dos filipinos, por exemplo, confiam nas pessoas em geral, porém mais da metade confia nos vizinhos.[46]

O cinismo não contamina a relação com a vizinhança, e essa "falha" pode ser usada para criar uma mudança positiva. No bairro de Fruitvale, em Oakland, uma conhecida organização sem fins lucrativos fez exatamente isso durante a pandemia da Covid-19. Há cinquenta anos o Unity Council vem atendendo o bairro, sobretudo moradores pobres. Ele constrói, mantém e administra comunidades residenciais, escolas, instalações de saúde e centros para idosos a preços acessíveis. Os prédios do Unity Council foram construídos perto da rua principal da cidade. Com isso, as crianças vão à escola perto de onde seus avós se reúnem para jogar xadrez e ter aulas de zumba. "As pessoas não sabem o que fazemos", diz Chris Iglesias, CEO do Unity, "mas confiam em nós."

Assim como o bairro de Mano, no Japão, se uniu para combater os incêndios, em Fruitvale o Unity Council mudou sua atuação na comunidade para combater a Covid-19. O grupo fechou uma parceria com a Universidade da Califórnia em São Francisco e a Clínica de la Raza, outra organização local, para treinar universitários "embaixadores da vacina". Esses jovens aprenderam a ciência por trás da pandemia e do tratamento da Covid-19 e iam de quarteirão em quarteirão com iPads, abordando pessoas nas calçadas e se oferecendo para marcar consultas para elas.

O Unity Council estima que a campanha tenha ajudado a vacinar 15 mil pessoas em 2021.[47] Em pouco tempo a comunidade se tornou mais segura, porque os cidadãos estavam prontos para acreditar nas pessoas em quem depositavam fé. Essa mesma estratégia pode combater o cinismo em outros lugares. Nos Estados Unidos, pesquisadores descobriram que, quando pessoas conservadoras veem políticos do Partido Republicano encorajando a vacinação contra a Covid-19 e confirmando que os resultados da eleição presidencial de 2020 foram verdadeiros, ficam mais propensas a se vacinar e confiam mais nos resultados eleitorais.[48]

Nos televisores e celulares, a corrupção, a desigualdade e o crime imperam. Mas os comerciantes, professores e amigos que vemos pessoalmente nos mostram uma versão mais gentil e menos desconfiada da humanidade. Com o foco certo, é possível desenvolver com eles comunidades de confiança e camaradagem – nossas próprias aldeias à beira-mar, que podem se expandir com o tempo.

4
O inferno não são os outros

Sem pesquisar, adivinhe a resposta para as seguintes perguntas:

1. Em 2009, o jornal *Toronto Star* fez um experimento social. Seus funcionários largaram vinte carteiras em diferentes lugares da cidade. Cada uma continha dinheiro e um cartão de visita. Quem a encontrasse poderia contatar o dono. Quantas carteiras foram devolvidas?[1]
2. Nos primeiros anos da pandemia (2020-2022), as pessoas doaram para a caridade, fizeram trabalho voluntário e ajudaram os estranhos mais, menos ou na mesma proporção, comparativamente com 2017 a 2019, anos pré-pandemia?

Antes de revelarmos as respostas para essas perguntas, vejamos por que elas são importantes. Durante milênios, os humanos compartilharam comida, abrigo e proteção. A cooperação desenvolveu nossa espécie, mas também nos deixou vulneráveis a trapaceiros, que tiram do grupo e não dão nada em troca.

No reino animal, muitos "enfeites" lindos são, de fato, armaduras. A pelagem branca de inverno da doninha, a pele colorida e venenosa de um sapo e os chifres do órix ajudam esses animais a não se transformarem em comida. Os maiores predadores da humanidade, porém, são as outras pessoas. Para reagir a isso, a evolução nos equipou com uma carapaça mental: a *detecção de trapaceiros*.[2] Procuramos naturalmente sinais de fraudes e mentiras. Essa é uma ótima estratégia de autodefesa, mas o que nos protege em pequenas doses pode se transformar em veneno em doses maiores. Hoje somos tão vigilantes sobre trapaceiros que superestimamos o número deles e ignoramos sinais da bondade humana. Os psicólogos chamam isso de *viés de negatividade*, e podemos testar o seu nível voltando às perguntas do início deste capítulo.

1. Em Toronto, 16 das 20 carteiras (80%) foram devolvidas. Num grande experimento posterior com mais de 17 mil carteiras "perdidas" em quarenta países, a maioria foi devolvida – com taxas de devolução chegando a 80% em vários países.
2. Em 2023, o *World Happiness Report* – pesquisa global que pergunta sobre as experiências e as ações das pessoas a cada ano – revelou que o trabalho voluntário, as doações para a caridade e a ajuda aos estranhos *aumentaram* bastante durante a pandemia.[3] Apesar de todos os horrores, a doença revelou um enorme reservatório de gentileza humana.

Você subestimou as pessoas? Se respondeu sim, não está sozinho. Por mais que os canadenses sejam educados, eles acreditavam que apenas 25% dos moradores de Toronto devolveriam as carteiras. E em 2023 fiz uma pesquisa com mil americanos, perguntando o que eles achavam que havia acontecido com a gentileza global durante a pandemia. A maioria afirmava que ela havia diminuído e apenas um quarto percebeu a vasta gentileza que se espalhou pelo mundo durante a Covid-19.[4] Esse mesmo tipo de erro está disseminado em todos os aspectos da vida. Pesquisadores descobriram que em geral as pessoas não percebem como as outras são caridosas, dignas de confiança e compassivas.[5] Os indivíduos que ajudam estão em todos os lugares; nós simplesmente não os vemos.

Alguns desses erros refletem como nossa mente está sintonizada. Em decorrência do viés de negatividade, as pessoas prestam mais atenção nas coisas ruins do que nas boas. De novo, isso faz sentido em termos evolucionários: é seguro ignorar um pôr do sol, mas não um tsunami. Como diz o psicólogo Fred Bryant: "Os problemas arrombam nossa porta, entram e nos encontram, ao passo que os prazeres e as alegrias não nos caçam nem nos obrigam a desfrutá-los. Eles esperam e às vezes se escondem."[6]

O viés de negatividade determina como vivenciamos o mundo e enxergamos uns aos outros.[7] As pessoas prestam mais atenção nos rostos não confiáveis do que nos confiáveis e se lembram de personagens suspeitos com mais clareza do que dos íntegros. Quando as pessoas leem sobre alguém que faz coisas tanto boas quanto ruins, julgam que ele é imoral, como se as ações mais indignas determinassem seu caráter.

Se pensarmos que as pessoas são mais inadequadas do que de fato são, teremos *certeza* de que elas são piores do que eram no passado. Recentemente psicólogos revisaram pesquisas feitas com quase 600 mil indivíduos em 59 países ao longo de sete décadas. Todos os estudos perguntavam como os participantes avaliavam a moral dos outros – o nível de gentileza, cooperação e justiça – naquele momento em comparação com o passado. A maioria deu respostas altamente negativas, afirmando que com o passar do tempo tinha havido uma queda de mais de 80% nas qualidades morais das pessoas. Essa percepção foi generalizada: moradores de áreas rurais e urbanas, liberais e conservadores, baby-boomers e indivíduos da Geração Z podem não concordar em muita coisa, mas acreditam que a humanidade está em declínio.[8] Os dados, porém, diferem. Uma metanálise recente investigou os índices de cooperatividade de mais de 60 mil pessoas entre 1956 e 2017 e descobriu que as pessoas cooperaram 9% a *mais* com o passar do tempo, não menos.[9] Mesmo assim, nossas percepções equivocadas se mantêm, fazendo-nos sentir saudade de um passado mais gentil e amistoso que nunca houve.

A vontade de nos protegermos de trapaceiros é natural e sensata, mas pode fugir do controle quando o cinismo nos leva a subestimar as virtudes das pessoas. Esse problema se inicia na mente, mas pode se agravar quando começamos a falar – e a fofocar – com os outros.

Um motor de fofocas mundial

Na década de 1990, antropólogos se posicionaram em bares, vagões de trem e refeitórios de universidades para entreouvir desconhecidos falando. Dois terços das conversas que ouviam eram sobre relacionamentos, experiências sociais ou outras pessoas. Isso quer dizer que a maioria do ar que exalamos ao falar está carregado de *fofocas*.[10] As fofocas têm má fama. Como diz um famoso provérbio: "Grandes mentes discutem ideias; mentes medianas discutem eventos; mentes pequenas discutem pessoas." Mas pesquisas sugerem que a fofoca não merece essa má reputação.

No segundo ano da faculdade fui morar com outros sete rapazes. O acordo era que cada um fizesse sua parte para a limpeza do lugar, e durante cerca de uma semana deu tudo certo, até que alguém começou a relaxar. Ninguém sabia por que os pratos se empilhavam na pia, porque todos se diziam inocentes. Assim, para não passarmos por otários, todos desistiram da limpeza. A comida estragava na bancada e começava a atrair insetos. A cozinha se transformou num desastre.

Sem saber, tínhamos tropeçado num problema de "bens públicos", em que há um embate entre egoísmo e cooperação. Os cientistas criam versões menos repugnantes dessa experiência na internet. Num jogo de bens públicos, quatro jogadores anônimos contribuem com dinheiro para um fundo comum, que em seguida é duplicado e dividido igualmente entre eles. Todo mundo se sai melhor se todos colaborarem, mas qualquer pessoa pode ganhar mais se não der nada e mesmo assim continuar a receber – uma forma de trapaça conhecida como "carona". Em diversos estudos, pelo menos alguns jogadores pegam carona. Outros, percebendo que não podem vencer os trapaceiros, se juntam a eles, até que a cooperação cai para zero – uma versão econômica da repugnância da minha cozinha na época da faculdade.

Isso pode acontecer até que as pessoas comecem a fofocar. Em outra versão do jogo, os jogadores podiam falar sobre quem colaborou e quem não colaborou e excluir os trapaceiros – votando para saírem da equipe virtual. Essa atitude mudava todo o jogo. Com medo da vergonha e da retaliação, as pessoas cooperavam com um valor maior e por mais tempo.[11]

Se a detecção de trapaceiros afia a mente, a fofoca afia as comunidades. Uma pessoa trapaceada pode não recuperar o dinheiro, mas pode espalhar a notícia e punir o vilão. Como tudo na vida, há um lado negativo: assim como a detecção de trapaceiros, a fofoca pode ser influenciada pelo viés de negatividade. No meu laboratório, grupos de quatro pessoas fizeram um jogo de bens públicos. Na sequência, cada jogador podia escrever uma anotação sobre alguém do grupo e passá-la a futuros jogadores. A maioria não pegava carona. Mas, quando um indivíduo fazia isso, as pessoas fofocavam sobre ele três vezes mais que sobre os jogadores honestos. Por sua vez, quem lia os bilhetes acreditava, equivocadamente, que a carona era muito mais frequente do que de fato era.[12]

Os seres humanos sentem fome de informações uns sobre os outros, mas a natureza nos faz ansiar por calorias sociais amargas. Comportamentos destrutivos atraem nossa atenção, e nós falamos sobre o que (ou quem) está presente em nossa mente, dando à fofoca um aspecto negativo. Esse jogo de telefone sem fio torna as pessoas mais cínicas. Ao tentar proteger a comunidade, os fofoqueiros transmitem a ideia errada sobre quem faz parte dela.

A fofoca começou como um "noticiário da aldeia", espalhando-se lentamente entre os indivíduos. Ainda fazemos isso, mas agora a fofoca é feita pelo megafone da mídia global. Tal como os fofoqueiros, repórteres costumam agir como se sua missão moral fosse pegar trapaceiros. O jornalista David Bornstein diz que muitas pessoas em seu ramo de atividade acreditam que "a sociedade melhorará quando mostrarmos onde ela está errada".[13] No século XX, repórteres investigativos revelaram condições desumanas em fábricas e centros de distribuição, os horrores dos linchamentos e da violência policial, além de abusos omitidos pela Igreja Católica.

Se por um lado as notícias ruins têm utilidade, por outro são lucrativas, porque alimentam o viés de negatividade. Um estudo com mais de 100 mil matérias no site Upworthy descobriu que *cada* palavra negativa numa manchete aumentava em 2% o número de visualizações.[14] Ao exagerar na linguagem alarmante, os portais de notícias podem conseguir um aumento no número de visitas. Nesse ponto, as empresas de mídia agem como empresas: oferecem o que as pessoas desejam. No século XXI, as manchetes vêm ganhando uma carga de emoções cada vez mais negativa, como repugnância, medo e raiva.[15] Até as canções azedaram. Entre 1970 e 2010, a menção à palavra "amor" na música popular caiu em 50%, enquanto o uso do termo "ódio" triplicou.[16]

A mídia atual se tornou uma máquina de cinismo e a cada ano fica mais precisa. Quando eu era criança, a televisão era uma Pangeia de más notícias: um território sinistro onde éramos informados a todo momento sobre a falta de combustível, explosões de ônibus espaciais e julgamentos de homicídios. Nas décadas de 1980 e 1990, os canais de TV a cabo conquistaram espectadores fiéis por explorar suas crenças preexistentes. A massa de terra firme se dividiu e com isso liberais e conservadores flutuaram em direção a continentes de informação menos substanciais, definidos por suas próprias queixas. Três décadas depois, as redes sociais nos transformaram em náufragos isolados, cada um em sua ilha. Clicamos em histórias que chamam atenção, e os algoritmos nos rodeiam com mais coisas que tememos e odiamos.[17]

Os meios de comunicação se aproveitam do viés de negatividade mesmo quando ele claramente nos guia na direção errada. Entre 1989 e 2020, o Instituto Gallup fez 27 pesquisas perguntando aos americanos se a criminalidade estava aumentando, diminuindo ou se mantendo no mesmo patamar nos Estados Unidos. À exceção de duas pesquisas, a maioria das pessoas respondeu que o número de crimes vinha aumentando.[18] No gráfico a seguir, eu capturo essa ideia por meio de uma linha preta que começa no 0 e foi subindo conforme a maioria dos americanos informava que a situação estava piorando, foi descendo quando eles afirmavam que o cenário estava melhorando e se manteve no mesmo nível horizontal quando eles respondiam que não tinha havido mudanças. As pessoas compartilham a ideia de que a nação está devorando a si mesma.

Não poderíamos estar mais errados. A linha cinza representa as estatísticas do FBI sobre o número de crimes violentos a cada 100 mil pessoas nos Estados Unidos. Ela também começa no 0 e sobe com o aumento da criminalidade e desce com a redução dos casos. Entre 1990 e 2020, a verdadeira taxa de criminalidade caiu em quase 50%.[19]

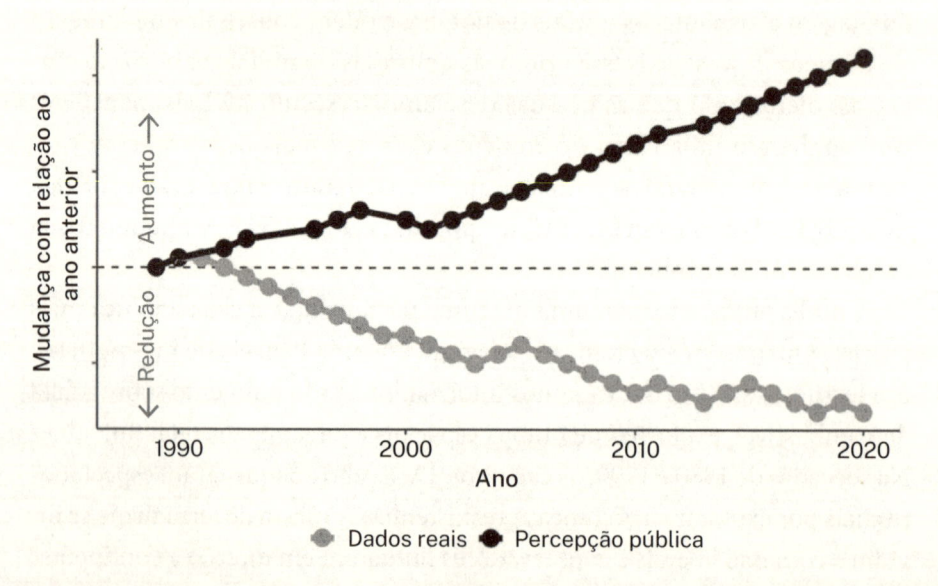

Hoje os americanos se sentem mais seguros do que décadas atrás, mas imaginam que o perigo está em cada esquina. A culpa não é de uma onda de crimes, e sim de uma onda de "onda de crimes".[20] O uso da expressão "onda de crimes" nos noticiários duplicou entre 2019 e 2021. As pessoas que assistem aos noticiários sempre são as que têm mais probabilidade de acreditar que a criminalidade está crescendo[21] – e ao mesmo tempo são as que têm mais chance de estar erradas. E isso não vale só para a criminalidade. Ainda que as pesquisas tenham apresentado resultados variados, boa parte sugere que o consumo de notícias impulsiona percepções cínicas – e incorretas – sobre economia, corrupção e divisão social.

A criminalidade é um problema muito real – assim como as mudanças climáticas, a pobreza e a opressão –, mas, quando os meios de comunicação se esforçam para causar esse impacto, drenam nossa energia. Uma pesquisa recente pediu às pessoas que completassem a seguinte frase: "O noticiário faz com que eu me sinta _____." As respostas, que incluíam "impotente", "agitado" e "desesperado", estavam relacionadas a política e identidade. David Bornstein compara os noticiários a uma sirene de ambulância tocando de poucos em poucos minutos. "Depois de algum tempo, você sente o som no corpo [...], fica se preparando para ele o tempo todo."[22] No passado as notícias surgiam uma vez a cada manhã nos jornais, uma vez a cada noite na TV. Agora elas nos seguem, gritando na nossa cara com o intuito de nos avisar de catástrofes frequentes. Ficamos cada vez mais chocados. Atualmente é difícil fazer algo que não seja esperar o próximo safanão.

Conversando com Bornstein, percebi como fui capturado por esse ciclo. Assim como tantas pessoas, eu me preparo antes de abrir um aplicativo ou um site de notícias, imaginando qual novo pesadelo tomará conta da minha mente. As histórias que mais me assombram têm a ver com as mudanças climáticas e a erosão da democracia, de modo que as redes sociais aprenderam a me mandar notícias sobre esses assuntos. Um iceberg do tamanho de Delaware se soltou da Antártida.[23] Os Estados Unidos fecharam quase 1.700 locais de votação desde 2013, muitos em áreas com grandes populações de grupos minorizados.[24]

Talvez seja meu dever me manter informado, mas essas histórias não me inspiram a agir – apenas me carregam como se fossem uma correnteza, passando pela ansiedade, pela raiva e por um profundo cinismo. Às vezes leio essas matérias até tarde da noite, incapaz de me desligar. Em outras ocasiões fico exaurido e permaneço longe do noticiário por dias. O mesmo acontece com 42% dos americanos, 46% dos britânicos e 54% dos brasileiros, que, numa pesquisa de 2022, informaram evitar ativamente os meios de comunicação.[25]

Equilibrando a maldade

O viés de negatividade e a fofoca trabalharam juntos para distorcer a visão que a humanidade tem de si, tal qual uma casa de espelhos de um parque de diversões que não tem nada de divertido. Enxergamos nossa espécie como sendo mais cruel, insensível e menos solidária do que realmente é. Certa vez o filósofo Jean-Paul Sartre escreveu: "O inferno são os outros." Mas talvez isso seja apenas nossa imaginação.

Uma pesquisa de 2021 descobriu que quase 80% das pessoas querem que os meios de comunicação parem de despejar más notícias sobre elas.[26] A exaustão dá a medida do que *realmente* desejamos: uma chance de testemunhar a bondade dos outros. Felizmente essas qualidades positivas estão em toda parte. Para acessar o melhor lado das pessoas não precisamos nos desligar dos problemas. Só temos que desenvolver hábitos mentais para equilibrar a atenção.

Trabian Shorters aprendeu esses hábitos vivendo-os na prática. Enquanto ele crescia, sua cidade natal, Pontiac, em Michigan, que já foi um orgulhoso e importante polo automobilístico, foi se degradando. Ele era negro e pobre, e talvez o mundo jamais fosse capaz de enxergá-lo como algo além disso. Mas na infância Shorters realizou testes que apontaram que ele era superdotado, por isso recebeu uma bolsa de estudos para ingressar na Escola Cranbrook, instituição particular de elite. A apenas dez minutos de carro de Pontiac, Cranbook, com seus caminhos arborizados e torres de pedra, fazia Shorters se sentir "fora do planeta".[27] Ali ele descobriu o amor pelos computadores que viria a definir sua carreira. Depois da faculdade, ele fundou uma empresa de tecnologia, em seguida mudou de rumo e saltou para o mundo das organizações sem fins lucrativos e de arrecadação de fundos.

Ao estudar códigos, Shorters aprendeu que, para hackear algo, "é preciso entender o sistema bem o bastante a ponto de levá-lo a fazer algo para o qual não foi programado". Quando mudou para o ramo da filantropia, deparou com um sistema inoperante, em parte por causa do modo como falava com as pessoas. As instituições de caridade arrecadam dinheiro enfatizando os pontos fracos de quem passa necessidade, como se o tempo todo estivesse sofrendo e esperando a salvação. Shorters chama isso de "enquadramento de déficit". Para interrompê-lo, bolou uma ferramenta conhecida como *enquadramento de ativos*.

Shorters dá o exemplo de crianças negras e latinas que frequentam escolas pobres. A mídia e as instituições de caridade descrevem essas crianças como "jovens em situação de risco", que vão inevitavelmente sair "da escola direto para a cadeia". A desigualdade educacional prejudica milhões de pessoas, mas o enquadramento de déficit só define as crianças pelo modo como são impactadas. "Acaba se tornando fácil culpar as pessoas que estão vivendo uma disparidade, como se elas fossem a causa do problema", reflete Shorters. A maioria dos "jovens em situação de risco" é de estudantes, e a maioria dos estudantes quer se formar. Shorters sugere mudar a linguagem que usamos para refletir isso, dizendo por exemplo: "Os estudantes que querem se formar enfrentam obstáculos quando suas escolas não têm recursos." Nesse enquadramento, o objetivo das crianças fica nítido. O enquadramento de ativos não ignora a injustiça, mas se recusa a reduzir as pessoas a vítimas impotentes.

O enquadramento de ativos combate o viés de negatividade e se conecta a outro instinto social: o de enxergar o bem que existe nos outros. Considere dois pais, Al e Amir. Al era um pai ausente. No passado, jamais demonstrou afeto ou interesse pelos filhos. Mas isso mudou, e agora ele é um pai atento e envolvido nas questões familiares. Amir pegou o caminho oposto: sempre foi um pai carinhoso e presente, mas agora não quer nada com os filhos.

Os dois agiram mal e agiram bem. Quem são eles, na verdade? Num estudo clássico, as pessoas liam várias histórias como as de Al e Amir, em que alguém mudava para melhor ou para pior. Em seguida, tinham que responder se a mudança refletia o "eu verdadeiro" do personagem.[28] Quando um homem mudava de pai ausente para ótimo pai, 65% dos leitores achavam que seu eu verdadeiro havia emergido. Quando ele ia na direção oposta, cerca de 70% acreditavam que seu eu verdadeiro havia desaparecido. Em outras palavras, as pessoas acreditam que, no fundo, os humanos são bons.

Emile teria concordado, mas a essa altura você não deveria se surpreender com o ponto de vista dele. A questão, porém, é que todo mundo também concorda. Até mesmo pessoas tremendamente cínicas apostam nessa teoria quando influenciadas pelo efeito do "eu verdadeiro bom";[29] ele aparece nos Estados Unidos, na Rússia, em Singapura e na Colômbia. E reverte o viés de negatividade. Como? Sobretudo quando nos sentimos ameaçados ou estressados, o lado ruim prende nossa atenção e nos coloca na defensiva. Por outro lado, quando diminuímos a velocidade e nos sentimos em segurança, a curiosidade cresce e o enquadramento de ativos surge naturalmente.

E é por isso que é importantíssimo pensar no ambiente local. Como vimos, as pessoas tendem a desconfiar da humanidade em geral, mas têm fé em quem conhecem e veem com regularidade. Em 25 de 27 pesquisas realizadas em três décadas, a maioria dos americanos respondeu que acreditava que o índice de criminalidade nacional havia piorado em relação ao ano anterior. Mas em 17 de 27 a maioria achava que a criminalidade em *sua área* tinha se mantido ou diminuído no mesmo período.[30] E, no estudo em que as pessoas afirmaram que a humanidade vinha numa derrocada moral, esses mesmos participantes disseram que seus colegas de trabalho, amigos e conhecidos eram tão gentis quanto nos anos anteriores.

A maioria das pessoas é viciada em más notícias, e os meios de comunicação vêm criando sabores poderosos e personalizados para atender às nossas necessidades. O simples fato de *saber* disso é útil. Em 2022, pesquisadores entregaram a cerca de seiscentos americanos um cardápio de manchetes para escolher. Algumas, como "Homem fica gravemente ferido após ser atacado com bola de boliche", eram centradas em acontecimentos únicos e horríveis – todos os ingredientes do sensacionalismo. Outras, como "Índices de criminalidade nos Estados Unidos continuam caindo", eram positivas, amplas e repletas de fatos. No entanto, os cínicos estavam mais dispostos a acreditar que a criminalidade corria solta, e quase 70% deles optaram por ler matérias negativas, que aprofundavam o medo que sentiam da criminalidade, prendendo-os num círculo vicioso.[31]

Mas esses mesmos pesquisadores descobriram uma escotilha de fuga. *Antes* de escolher uma matéria com a qual se informar, algumas pessoas liam um texto curto explicando que é "comum" buscar informações negativas e que os meios de comunicação selecionam as notícias para atrair nossa atenção e nosso dinheiro. A mensagem encorajava o ceticismo, e as pessoas que a liam tinham menos probabilidade de escolher reportagens negativas, sobretudo se fossem cínicas.

Não resta dúvida de que queremos ler notícias melhores. Mas alguém está contando essas histórias?

Fazendo enquadramento de ativos na mídia

Assim como inúmeros outros jornalistas, David Bornstein se sentia impotente diante das más notícias que dominam seu ramo de atividade. Isso mudou quando ele viajou a Bangladesh para escrever sobre o Banco Grameen ("Banco da Aldeia"). O banco nasceu de uma tragédia, quando uma grande fome assolou o país em 1974, matando mais de um milhão de pessoas. Muhammad Yunus, um professor de economia do sul de Bangladesh, visitou uma aldeia próxima e conheceu famílias à beira da fome. Muitas pessoas eram artesãs qualificadas e tinham um plano para sair da pobreza, só precisavam de um capital inicial que ninguém lhes emprestava. Yunus perguntou a um grupo de 42 aldeões de quanto dinheiro eles precisavam. Eles pediram 27 dólares – não cada um, e sim no total, na soma.

Naquele dia nasceu o Banco Grameen, que nas três décadas seguintes forneceu microcrédito para milhões de cidadãos de Bangladesh, quase todos mulheres. As regras do Grameen são o oposto das usadas pela maioria dos bancos. Em vez de exigir garantia, eles emprestam a pessoas que *não têm bens*. Outros economistas achavam que Yunus estava iludido e que os clientes fugiriam com o dinheiro, mas esse viés de negatividade estava equivocado. Noventa e nove por cento dos devedores pagam suas dívidas, número comparável com os dos empréstimos para pequenas empresas nos Estados Unidos.[32] Como diz Yunus, esse é o percentual das vezes que ele está certo ao acreditar nas pessoas e que outros banqueiros estão errados ao não ter esse mesmo comportamento.

Assim como Yunus, Bornstein não estava preparado para as pessoas atendidas pelo Grameen. "As únicas imagens que eu tinha dos aldeões de

Bangladesh", disse ele, "era de pessoas esperando que os fuzileiros navais americanos sobrevoassem o país e atirassem sacos de arroz no rescaldo de um ciclone."[33] Em vez disso, os aldeões que ele conheceu tinham "uma extraordinária capacidade de ação e estavam de fato indo em frente".

Bornstein ficou sem graça e se deu conta de que parte de seu preconceito vinha do próprio produto que seu ramo de atividade criava: a mídia com enquadramento de déficit. Assim como os "jovens em situação de risco" de Trabian Shorters, pessoas afetadas pela pobreza, pela criminalidade e por desastres veem suas vidas reduzidas pela notícia que as retrata de forma simplista e desamparada.[34]

Haveria um modo mais verdadeiro e tridimensional de dar notícias? Bornstein e sua colega Tina Rosenberg decidiram investigar. A partir de 2010, a coluna deles no *The New York Times*, "Fixes", passou a falar sobre "desviantes positivos"[35] – pessoas e comunidades que realizavam um trabalho excepcional no enfrentamento de problemas sociais importantes. Em outras palavras, estavam fazendo enquadramento de ativos no noticiário. Vários anos depois foi criado um projeto semelhante por outro David, este mais improvável. Em 2016, David Byrne, vocalista da banda Talking Heads, estava desgastado pelo viés de negatividade. "Acordo de manhã, olho o jornal e digo 'Ah, não!'", escreveu ele. "Com frequência passo metade do dia deprimido."[36] Buscando um equilíbrio, "e possivelmente como uma espécie de terapia", ele começou a colecionar histórias mais positivas. Esse depósito pessoal de boas notícias ganhou corpo até se tornar a *Reasons to Be Cheerful* (Motivos para ficar animado), revista on-line que fala sobre pessoas que fazem mudanças positivas no mundo.

Quando você lê a coluna "Fixes" e a revista *Reasons to Be Cheerful*, começa a reconhecer padrões que fazem notícias com enquadramento de ativos serem diferentes das outras. Os principais meios de comunicação costumam se concentrar nas pessoas que estão no poder e no quanto elas estão dispostas a mantê-lo. As histórias com enquadramento de ativos costumam mostrar indivíduos do cotidiano, muitos deles de comunidades carentes, ajudando uns aos outros. Como diz Byrne: "A maioria das coisas boas é local." A coluna "Fixes" falou sobre o Women Overcoming Recidivism Through Hard Work (Mulheres que Superam a Reincidência com Trabalho Duro – WORTH, na sigla em inglês),[37] programa criado por detentas mais antigas numa prisão em Connecticut para ensinar as mais jovens a lidar com traumas e vícios e a montar currículos. A *Reasons to Be Cheerful* contou a história de um ucraniano estudante de medicina em Stanford que fundou o TeleHelp Ukraine,[38] serviço que oferece atendimento de saúde virtual gratuito para pessoas afetadas pela guerra no país.

Essas histórias – e centenas de outras – mostram aos leitores pessoas parecidas com eles próprios assumindo o controle como podem, onde podem. Em vez de sugar as pessoas para o cinismo, esses relatos oferecem uma janela para a possibilidade. Bornstein e Rosenberg chamam seu trabalho de "jornalismo de soluções". Não são matérias fofinhas sobre gatos que fazem esqui aquático, entregando pás para quem quiser enterrar a cabeça na areia. Os jornalistas de soluções encaram os problemas nacionais e globais e lançam luz sobre a dignidade e o poder dos cidadãos de realizar mudanças de baixo para cima. Soluções que funcionam em um lugar podem servir de base – uma pressão positiva – em muitos outros. Se uma cidade ou um estado consegue aumentar a quantidade de alunos inscritos em faculdades ou reduzir os índices de novos encarceramentos, os leitores podem se perguntar: "Por que o lugar onde eu moro não consegue?"

Os consumidores de notícias querem ler mais sobre assuntos positivos. Uma pesquisa de 2021 descobriu que, comparadas com as matérias "com foco nos problemas", os leitores achavam as matérias centradas em soluções mais animadoras, interessantes e revigorantes. Essas histórias tinham cerca de 10% a mais de chance de mudar a visão dos leitores sobre determinado tema e 28% a mais de chance de fazer o leitor confiar na fonte.

O jornalismo de soluções continua sendo uma pequena maré em um mar de sensacionalismo cínico, mas seu ímpeto vem crescendo. Bornstein e Rosenberg encerraram a coluna "Fixes" em 2021 para se concentrar em outro projeto, a Solutions Journalism Network (Rede de Jornalismo de Soluções – SJN, na sigla em inglês).[39] Desde 2013, a SJN capacitou quase 50 mil repórteres a escrever matérias com enquadramento de ativos. Além disso, eles têm o Solutions Story Tracker (Rastreador de Histórias de Soluções), banco de dados de coberturas baseadas em enquadramento de ativos para qualquer assunto imaginável. Se você está em busca de notícias animadoras, saiba que o depósito deles está lotado. Algumas histórias que você encontrará neste livro foram tiradas de lá.

Depois de falar com David Bornstein, decidi mudar meu relacionamento com o noticiário. Abandonar as redes sociais ajudou, mas os grandes veículos seguiam me bombardeando com matérias carregadas de viés de negatividade. Buscando um equilíbrio, passei a buscar fontes com enquadramento de ativos. Hoje a *Reasons to Be Cheerful* é minha página inicial. Começar o dia me informando sobre acontecimentos positivos no mundo é animador – o oposto da minha antiga experiência com o noticiário.

Isso não significa que eu ignore os problemas. Ainda leio os mesmos portais de notícias de antes e penso *Ah, não!*, exatamente como David Byrne. Mas agora dou alguns passos a mais. Ao ler uma história negativa lembro que, assim como a maioria dos seres humanos, tenho um viés que me faz valorizar os problemas e lembro que os meios de comunicação o usam para me fisgar. Isso traz à tona o ceticismo esperançoso. Será que existe outro lado da história ou pelo menos um motivo para ter esperança? Em seguida, exploro o mesmo assunto num site com enquadramento de ativos. Por exemplo, depois de ler um relato desanimador sobre mudanças climáticas, fiz uma busca no *Reasons to Be Cheerful* e fiquei sabendo sobre o "banco verde" de Connecticut,[40] que subsidia painéis solares e outros projetos verdes e estabeleceu as bases para um banco verde nacional em 2023. Após ler uma notícia sobre supressão de votos, entro no Solutions Story Tracker e leio sobre uma iniciativa eleitoral na Flórida que restaurou o direito a voto para cidadãos anteriormente encarcerados, iniciativa essa comandada por um ex-presidiário.[41]

Essas histórias não me fazem pensar que tudo *vai* ficar bem – não me fazem ter a falsa segurança proporcionada pelo otimismo –, mas me tiram do estupor que os noticiários podem trazer e me incutem esperança, pois sei que tudo *pode* melhorar e pessoas que trabalham duro estão ajudando o tempo todo.

Qualquer um é capaz de buscar notícias mais precisas e menos cínicas, mas não se pode esquecer que as histórias que *você* conta também influenciam os outros. As fofocas são nossa mídia primitiva, e provavelmente existem pessoas sintonizadas no que você tem a dizer. Tente equilibrar as conversas negativas com uma celebração de atos de gentileza e honestidade que você testemunhou. Seja a mídia que nutre o próximo.[42]

5
Escapando da armadilha do cinismo

*"Nós somos o que fingimos ser, por isso devemos
ter cuidado com o que fingimos ser."*
– Kurt Vonnegut

Em 1999, o *Boston Globe* publicou uma reportagem impactante sobre o departamento de bombeiros de Boston,[1] revelando desperdícios milionários e casos de corrupção. O chefe do departamento acabou renunciando, e seu substituto contratou consultores de gestão para cortar excessos e reorganizar as operações. Entre os alvos estavam os próprios bombeiros. Um relatório mostrou um número "alarmante" de lesões,[2] sugerindo que os bombeiros estariam abusando do sistema para tirar licenças indevidas. A detecção dos trapaceiros levou à criação de uma política: dali em diante os bombeiros lesionados no cumprimento do dever precisariam ir ao médico para provar que não estavam inventando fatos e, enquanto se restabeleciam, fariam serviço interno em vez de descansar.

Os bombeiros odiaram a mudança. Alguns *estavam* fingindo lesões, porém a maioria arriscava a vida para servir à população. Conforme informado no *Globe*, muitos "se orgulhavam de ser fortes o bastante para trabalhar mesmo cansados ou doentes".[3] Apesar disso, o alto-comando decidiu tratá-los como adolescentes matando aula. "Quando você está lesionado, não consegue trabalhar",[4] disse um bombeiro. Mesmo assim, eles estavam sendo obrigados a trabalhar com dor. Pior ainda: havia anos que os bombeiros não recebiam aumento de salário. Eles faziam piquetes nos eventos públicos da prefeitura, provocando "várias cenas feias".[5]

Após dois anos de embates, bombeiros e prefeitura chegaram a um acordo, incluindo uma nova política para a licença médica. Se antes os bombeiros podiam tirar quantas licenças médicas fossem necessárias, a partir de então cada bombeiro poderia tirar até quinze dias de licença por ano. O chefe prometeu investigar qualquer um que abusasse da política e tempos depois viria a cumprir a promessa.[6]

A mudança teve início em dezembro de 2001 e foi um grande fracasso.[7] Naquele ano, todo o departamento havia tirado por volta de 6.400 dias de licença médica. Em 2002, foram mais de 13 mil. Surtos misteriosos ocorreram no feriado de Quatro de Julho, no Dia do Trabalho e no Ano-Novo. A escassez de bombeiros levou ao fechamento de quartéis inteiros por dias. O número de bombeiros que tiraram exatamente quinze dias de licença médica aumentou em quase dez vezes. Acusados pela chefia de serem egoístas, os bombeiros assumiram esse papel.[8]

O VIÉS DE NEGATIVIDADE nos leva a pensar que as pessoas são piores do que são, e esses erros influenciam nossas ações. Para se manterem seguros num mundo egoísta, os cínicos costumam realizar *ataques preventivos*: vigiam, ameaçam ou prejudicam os outros. Empregados que imaginam que os colegas falam deles pelas costas têm mais probabilidade de xeretar os outros.[9] Pessoas que não acreditam em seus parceiros românticos tendem a cometer abusos emocionais.[10] Quem acha que os amigos não vão apoiá-lo em momentos de dificuldade desaparece quando os outros precisam dele.[11]

Nos esportes, a melhor defesa pode ser um bom ataque, mas na vida os ataques preventivos apenas fazem mal. São pequenos atos de guerra social, e, tal como aconteceu com os bombeiros de Boston, as pessoas reagem se tornando exatamente quem os cínicos esperam que elas sejam.

Profecias autorrealizáveis

Certa vez, Maya Angelou deu o seguinte conselho: "Quando as pessoas mostram quem são, acredite nelas." Mas o que as pessoas mostram a você depende de quem *você* é. Meus alunos parecem interessados em psicologia quando estou dando aula para eles. Eu poderia concluir que o mundo está cheio de futuros cientistas sociais, no entanto, o mais provável é que eles façam perguntas sobre o tema para mim e raramente falem do assunto com outras pessoas. Universitários costumam conversar comigo em tom sério e respeitoso – uma postura adequada para lidar com um professor –, mas eu não esperaria isso deles num sábado à noite.

As pessoas nos tomam como referencial com mais frequência do que imaginamos, padrão que a psicóloga Vanessa Bohns chama de "desatenção à influência".[12] Em suas pesquisas, ela pede aos participantes que façam pedidos a estranhos – por exemplo, para usar o celular deles ou para encontrar um endereço. Antes, porém, Bohns pede que os participantes tentem adivinhar quantas pessoas vão concordar em ajudar. Fica claro que eles são ótimos em convencer as pessoas, mas péssimos em perceber o próprio poder. Os participantes estimaram que menos de 30% dos estranhos atenderiam aos pedidos, mas na realidade mais de 50% concordaram em emprestar o celular.[13] Em outro estudo, as pessoas pediam que estranhos destruíssem um livro de biblioteca.[14] De novo, elas imaginaram que menos de um terço concordaria. E, de novo, mais da metade concordou. Subestimamos o impacto que temos na disposição dos outros tanto para ajudar quanto para causar prejuízo.

As histórias que contamos a nós mesmos sobre as pessoas mudam o modo como as tratamos, o que, por sua vez, pode mudar o rumo da vida delas. Professores que acham um aluno inteligente investirão mais tempo nele, e ele terá mais probabilidade de prosperar. Chefes que protegem um funcionário aumentam a chance de sucesso dele. Amigos, colegas e vizinhos se tornam as pessoas que nós fingimos que são.

Voltemos ao "jogo da confiança" do Capítulo 1. Nele, você era o investidor e tinha que decidir que parte de um prêmio de 10 dólares mandaria para um administrador. Qualquer quantia que você mandasse seria triplicada e o administrador poderia devolver quanto dinheiro quisesse. Tente se lembrar de quanto você mandou como investidor.

Agora coloque-se no outro papel, de administrador. Um estranho na internet escolhe quanto dinheiro investirá em você. Imagine que ele tenha mandado apenas 1 dos 10 dólares – ou seja, por algum motivo ele decide não confiar em você. Como você se sentiria? O que faria? E como reagiria se ele mandasse 9 dólares, demonstrando alto nível de confiança?

A confiança de uma pessoa determina a reação da outra. Em dados coletados com mais de 23 mil pessoas em 35 países, pesquisadores descobriram que, quando os investidores mandavam mais dinheiro, os administradores devolviam mais[15] – em valor total, mas também em porcentagem. O investidor médio mandava 5 dólares, que, ao serem triplicados, deixavam o administrador com 15. O administrador médio devolvia 40% disso, ou 6 dólares, e o investidor ficava com 11, ou seja, um lucro de 1 dólar. Se um investidor mandasse 6 dólares, o administrador terminava com 18 e mandava de volta cerca de 50%, ou 9 dólares. Com isso, o investidor tinha um lucro de 3 dólares. Em outras palavras, 1 dólar confiado a mais rendia um retorno de 300% (do aumento final de 1 para 3 dólares de lucro do investidor). Por outro lado, quanto mais pão-duro era um investidor, menos dinheiro era devolvido pelo administrador.

Por quê? Os investidores cínicos imaginam que o administrador vai fugir com o dinheiro deles, por isso não mandam muito. Ao fazer isso, eles *emitem* um sinal alto e claro: "Não acredito em você."[16] Em resposta, o administrador se sente traído e irritado, e só tem um modo de dar o troco: fugir com o dinheiro do investidor. Mas, em vez disso, quando o investidor confia no administrador, manda uma mensagem diferente: "Eu *acredito* em você."[17] O administrador se sente honrado e retribui o favor. O economista chama isso de "confiança conquistada": quando elevamos nossas expectativas, é mais provável que os outros correspondam.

Essas profecias autorrealizáveis fazem parte de todos os aspectos da nossa vida.[18] Quando você é pego espionando um colega de trabalho, saiba que é bastante provável que esse colega fale mal de você pelas costas. Quando um namorado ciumento acusa a outra pessoa de traição, ela perde o interesse no relacionamento.[19] Quando um indivíduo acha que os amigos não o respeitam, torna-se sarcástico e irônico, o que aumenta a chance de os amigos passarem a desrespeitá-lo.[20]

Os cínicos contam uma história cheia de vilões e acabam tendo que vivê-la. Os ataques preventivos também minam nossa capacidade de descobrir quem as pessoas *seriam* se as tratássemos melhor. Quando o cínico desdenha ou suspeita de uma pessoa e ela reage mal, ele conclui que estava certo desde sempre.[21] É como um investigador que planta provas contra alguém para prendê-lo.

Foi isso que aconteceu com os bombeiros de Boston. Depois dos ataques preventivos do chefe, os bombeiros reagiram passando a tirar mais dias de licença médica. A imprensa percebeu o efeito, mas não a causa. Um colunista do *Boston Globe* reclamou: "É um axioma básico da vida que, qualquer que seja o sistema, as pessoas vão encontrar um jeito de abusar dele [...] Os bombeiros mostraram que seu suposto orgulho não os torna imunes a esse impulso."[22]

Mas é o contrário: não é que as pessoas sempre encontrem um modo de tirar proveito dos sistemas. Elas contra-atacam quando os sistemas e os outros abusam delas. É assim que o cinismo nos prende em ciclos eternos de raiva e agressividade, em que cada um jura que foi o outro que começou. A boa notícia é que, se os ataques preventivos podem criar uma profecia autorrealizável, ao fazermos escolhas diferentes podemos inverter a realidade.

Confiança como poder

Em 2002, um jovem agente do FBI chamado Robin Dreeke foi tomar uma cerveja com "Ivan", oficial de inteligência de uma ex-nação soviética que estava farto dos abusos de poder em sua agência. Dreeke gostava que seus contatos estivessem descontentes, porque seu trabalho era convencer agentes estrangeiros a desertar e espionar o próprio país em favor dos Estados Unidos. Ivan estava interessado – caso contrário os dois não estariam conversando. Mas, se ele desse mais um passo à frente, colocaria em risco a carreira, a família, a própria vida. Para complicar, Ivan não sabia para quem Dreeke trabalhava e com quem estaria colaborando se aceitasse espionar o próprio país.

Dreeke era um caçador de espiões improvável. Criado no interior do estado de Nova York por pais que trabalhavam em vários subempregos, ele cortava lenha e a arrastava através de um lago congelado para aquecer sua casa. Quando terminou o ensino médio, entrou para o Corpo de Fuzileiros Navais, onde um recrutador do FBI perguntou se ele estaria interessado em ajudar seu país de um modo diferente. No começo, o treinamento em contrainteligência pareceu um passeio pelas artes sombrias do subterfúgio e da trapaça. Na época, cada caçador de espiões usava as próprias armas. Alguns trabalhavam com volume, oferecendo milhões de dólares a dezenas de fontes possíveis. Outros usavam o ardil ou a chantagem para encurralar espiões.

Em pouco tempo, Dreeke percebeu as limitações dessas táticas. Perdeu uma fonte por se comunicar mal com ela, trabalhando com foco em si mesmo, e não na pessoa. "Eu estava sendo tímido", lembra Dreeke, e isso não funcionava. Assim, ele decidiu estudar com um dos maiores agentes do FBI, um "mestre Jedi" que, sozinho, tinha conseguido mais de uma dúzia de fontes valiosas. Seu método não era tentar fisgar os espiões como se fossem peixes; em vez disso, conversava com eles como se fossem amigos – sendo radicalmente transparente com relação a quem era e como podiam trabalhar juntos. Aprendia o máximo possível sobre as necessidades de suas fontes e perguntava com sinceridade o que poderia fazer para ajudá-las.

Dreeke usou essa tática com Ivan. Antes que as bebidas chegassem, comentou em tom casual: "O problema dos oficiais de inteligência russos é que eles não percebem que todo mundo sabe que eles são da GRU (a maior agência de inteligência da Rússia)." Esse era um sinal codificado que a maioria dos agentes conseguiria interpretar: Dreeke não estava revelando explicitamente que era agente do FBI, mas deixou claro que conhecia o mundo da espionagem. Com isso, colocou as cartas na mesa, e Ivan logo soube o que estava em jogo e não foi embora de imediato, o que Dreeke considerou um bom sinal.

Dreeke começou fazendo perguntas sobre como poderia ajudar Ivan. Em vez de oferecer suborno, conectou Ivan com algumas oportunidades de consultoria e falou sobre opções educacionais para o filho dele nos Estados Unidos. Os dois desenvolveram um relacionamento durante meses, depois anos, e com isso os Estados Unidos tiveram acesso a muitas informações vitais. A confiança não era uma fraqueza, e sim um ponto forte que ajudou Dreeke a alcançar seus objetivos.

Três décadas antes, Robert Axelrod, cientista político da Universidade de Michigan, descobriu um princípio semelhante de modo totalmente diferente. Axelrod era obcecado por uma pergunta antiga e irritante sobre a vida: se as criaturas precisam guerrear umas contra as outras para sobreviver, como evoluímos para trabalhar em cooperação? Axelrod não podia recriar o mundo antigo, então decidiu simulá-lo por meio de um torneio virtual. Os jogadores formavam pares no "dilema do prisioneiro", jogo em que cada um decide se vai cooperar ou trapacear. Se os dois jogadores cooperarem, ganham mais pontos que se os dois trapacearem. Mas o jogador pode ganhar ainda mais se trapacear enquanto o parceiro coopera – como um prisioneiro que se livra dedurando o comparsa.

Os participantes do torneio de Axelrod não eram pessoas, e sim antigos programas de inteligência artificial. Matemáticos, economistas e psicólogos de todo o mundo enviaram "competidores": linhas de código especificando como seu agente jogaria. Alguns eram relativamente ingênuos, cooperando mesmo quando o parceiro não fazia isso. Outros só trapaceavam. Axelrod deu liberdade aos participantes. Cada um jogava várias partidas do dilema do prisioneiro com todos os outros jogadores. Os que terminavam com mais pontos se "reproduziam", criando mais jogadores iguais a eles, como um animal passando seus genes adiante. Em seguida, os membros da nova geração jogavam uns com os outros. E o processo se repetia. O torneio de Axelrod era um microcosmo da evolução.

A maioria dos programas tinha várias linhas de código: regras dentro de regras e planos de contingência. A maior parte se mostrou menos inteligente do que aparentava ser. O programa vitorioso, chamado Tit for Tat (Olho por Olho), era o mais simples. Começava cooperando. Em seguida, fazia tudo que o outro jogador havia feito pela última vez. Se você trapaceava com ele, ele trapacearia com você na rodada seguinte. Se você cooperasse com ele, ele cooperaria de volta.

Tit for Tat era um cético perfeito, primeiro aprendendo sobre o parceiro e então agindo com base em sua descoberta. Ele usava uma defesa fantástica contra os trapaceiros e desenvolvia alianças com programas mais gentis. Mas tinha um calcanhar de aquiles. Se o parceiro trapaceasse uma vez, ele trapaceava de volta, e os dois jogadores terminavam trapaceando sempre, presos numa estratégia de perda para ambos os lados. A solução, que venceu torneios seguintes, foi o Generous Tit for Tat (Olho por Olho Generoso), ou GTFT.[23] O GTFT agia de modo recíproco na maior parte das vezes, mas com um detalhe: de vez em quando cooperava mesmo quando o outro parceiro trapaceava. Com isso, dava ao parceiro chances de redenção. Acrescentava uma pitada de esperança a seu ceticismo. Isso tirava o GTFT e seus parceiros da armadilha da trapaça.

Perplexo, Axelrod escreveu: "É surpreendente. Uma única característica distingue as entidades que marcam relativamente mais pontos das que marcam relativamente poucos pontos. E essa característica é *ser legal*."[24] A essa altura, você não deveria se surpreender com isso. O GTFT não era amistoso só por ser amistoso. Sua gentileza era uma excelente tática, que lhe permitia prosperar e se multiplicar.

Isso não significa que devemos confiar em todo mundo o tempo todo. No torneio, se os agentes só tivessem disputado uma partida uns com os outros, os trapaceiros venceriam sempre. O GTFT venceu porque os agentes precisavam trabalhar juntos repetidamente. Trapacear uma vez podia fazer um jogador ganhar alguns pontos no início, mas com o tempo essa estratégia seria mais custosa, porque o parceiro começaria a trapacear também. Sobre isso, Axelrod escreve: "Para que a cooperação se torne estável, o futuro deve lançar uma sombra grande o bastante."[25]

Em outras palavras, a confiança é mais poderosa nos relacionamentos longos. Por outro lado, é neles que a desconfiança é mais venenosa, e Dreeke testemunhou isso no mundo da espionagem. Um caçador de espiões podia trapacear para obter informações, mas quando era descoberto perdia a fonte. Segundo Dreeke, a manipulação "é uma arma que, uma hora ou outra, se torna um tiro pela culatra".

Você pode ignorar os e-mails do príncipe que está lhe prometendo uma fortuna e o influenciador que diz que vai lhe ensinar um truque para viver de renda ou ter a pele perfeita. Pode chutar para escanteio a pessoa que se aproveitou de você repetidamente. Mas, se está tentando criar ou reforçar uma conexão, saiba que confiança não é credulidade. É uma forma de poder, que desenvolve conexões, cria oportunidades e muda as pessoas para melhor.

É difícil se lembrar disso nos momentos de cinismo. Todos nós já nos arriscamos por alguém e tivemos o tapete puxado. A pré-decepção é um estado de espírito, a crença de que todo mundo vai nos decepcionar. Com o tempo, isso nos leva a lançar ataques preventivos. Num primeiro momento, as duas táticas nos parecem seguras, mas depois elas nos levam a ter uma vida solitária e amarga. Para escapar disso, precisamos expandir o pensamento sobre como as pessoas funcionam.

Uma mentalidade de reciprocidade

Em 2021, após a morte de Emile, Stephanie encontrou uma anotação no celular dele delineando uma palestra sobre a neurociência do racismo. Os pontos a ser lembrados pareciam um poema em prosa sobre o cérebro:

- A mudança é um princípio organizador central da neurociência (e do budismo também).
- Não é que sejamos capazes de mudar; o cérebro é fundamentalmente projetado para isso.
- Minha equipe de pesquisa da pós-graduação descobriu que as sinapses – conexões entre os nervos e seus alvos – são extremamente dinâmicas, deixando claro que, no nível subcelular, o cérebro é feito para mudar.

Em outras palavras, biologicamente a única coisa que os humanos não podem fazer é *não* mudar. As qualidades que consideramos constantes na vida – personalidade, inteligência e valores – evoluem com o tempo, junto com o cérebro. Isso pode ser desconcertante ou empoderador. O barco da nossa vida está navegando. Você não vai conseguir pará-lo, mas pode guiá-lo.

O cínico que há em cada um de nós rotula os outros com base nas piores ações deles. Ou seja, acreditamos que um trapaceiro será sempre trapaceiro. Se você enxerga o mundo assim, pode acabar tratando novas pessoas como máquinas caça-níqueis, tentando descobrir quais darão prêmios e quais roubarão suas moedas. Mas, como vimos, as pessoas não mudam simplesmente, *nós* é que as mudamos através de nossas expectativas e ações.

Com grandes poderes vêm grandes responsabilidades, mas com *qualquer* poder vem *alguma* responsabilidade. Recentemente meu laboratório conduziu uma pesquisa para descobrir se ensinar as pessoas sobre o poder que elas têm as ajudaria a usá-lo com mais cuidado.[26] Metade dos participantes teve contato com textos que estimulariam uma atitude fixa sobre confiança: eles leram que, tal como as máquinas caça-níqueis, algumas pessoas vão dar lucro, outras não. A outra metade leu sobre a "mentalidade de reciprocidade", segundo a qual as pessoas têm mais chance de retribuir os investimentos quando alguém acredita nelas e de trapacear quando são tratadas como trapaceiras.

Após terem contato com uma dessas mentalidades, pedíamos às pessoas que contassem histórias de confiança que haviam acontecido na vida delas. As que aprendiam uma visão fixa do assunto se lembravam de ocasiões em que tinham sido prejudicadas. "Tive um relacionamento com uma pessoa que se mostrou indigna de confiança", escreveu uma. "Ela provavelmente não vai mudar. Não merece que eu mantenha a esperança."

As pessoas que aprendiam sobre a mentalidade de reciprocidade contaram histórias sobre como influenciaram as outras. Uma delas descreveu a seguinte situação com o filho: "Eu sempre disse que confiava nele e que ele poderia perder essa confiança ou não, e depois dessa conversa ele passou a se abrir muito mais comigo." Outra escreveu: "Decidi deixar meu namorado morar na minha casa, apesar de ter vivido grandes traumas antes, e agora estou no relacionamento mais saudável e feliz da minha vida."

A mentalidade de reciprocidade também mudava o que as pessoas faziam em seguida. Tendo uma chance de participar do jogo da confiança, elas investiam mais em desconhecidos. Isso era bom para os administradores, que se sentiam mais felizes, respeitados e próximos dos investidores que mantinham esse posicionamento. Também foi bem-vista por Axelrod: uma estratégia inteligente para o sucesso. Os administradores que recebiam quantias maiores pagavam mais aos investidores, numa demonstração clássica de confiança conquistada.

Em outras palavras, quando as pessoas entendiam o poder da confiança, passavam a usá-la, como Robin Dreeke e o GTFT. Assim, a mudança de crença mudou a realidade, aumentando os ganhos para ambos os lados. No laboratório, isso significava ganhar mais dinheiro num jogo de confiança. Em outros lugares, pode significar muito mais. Nas mãos certas, a mentalidade de reciprocidade pode ajudar as pessoas a desenvolver conexões mais fortes, um tijolinho de cada vez.

Saltos de fé

Quando Emile chegou à adolescência, Bill e sua nova mulher se mudaram com a família para Willits, pequeno povoado localizado no meio da floresta com menos de 5 mil moradores a 300 quilômetros de Stanford. Emile foi matriculado no sétimo ano e rapidamente percebeu como sua antiga escola, a Península, era especial. Em Willits, os professores eram mais controladores e os alunos avaliavam uns aos outros. Pela primeira vez, Emile se mostrou tímido e retraído. Para lidar com essas emoções, tornou-se fisicamente forte. Quando voltou à Península para visitar os velhos amigos, um deles ficou maravilhado, dizendo que "ele simplesmente apareceu fortão um dia".[27]

Emile praticou luta greco-romana, salto com vara e corrida de velocidade durante todo o ensino médio, e em Stanford entrou para o time de rúgbi. O rúgbi é um esporte de contato que tem três vezes mais riscos de provocar lesões do que o futebol americano.[28] Emile era um jogador feroz e um defensor voraz. Numa só partida, deu mais de dez trombadas fortes em sequência. Seu técnico, Franck Boivert, se lembra desse momento com incredulidade. "Ele estava se machucando e machucando outras pessoas, mas se sentia nas nuvens, na intensidade máxima."[29]

Apesar da brutalidade, o rúgbi é um jogo tremendamente cooperativo. No futebol americano, enquanto alguém corre com a bola, os colegas bloqueiam os rivais para tirá-los do caminho. O rúgbi, porém, proíbe os bloqueios; os companheiros de equipe correm atrás do jogador que está com a bola para que ele possa passá-la. Sobre isso, Emile escreveu: "Você não remove os obstáculos do caminho de seu companheiro, mas está presente quando for necessário."[30] A essa pessoa se dá o nome de "jogador de apoio", para que o companheiro de time saiba que ele está ali para o que der e vier.

Emile focava na natureza comunitária do jogo. Seu técnico, Boivert, também. Antes das partidas, reunia o grupo, e os atletas incentivavam uns aos outros. E foram fiéis durante toda a vida. Compareciam a casamentos dos colegas, tomavam conta dos filhos uns dos outros. Emile foi enterrado vestindo seu uniforme de rúgbi. Os jogadores foram uniformizados ao enterro, e os que não puderam comparecer tiraram fotos vestidos com seus uniformes e as enviaram de lugares ao redor do mundo em homenagem.

Boivert ensinava os atletas de Stanford a ter fé uns nos outros e demonstrava sua fé neles também. Em comparação com outras equipes, seus jogadores eram menores, menos experientes e mais estudiosos. Alguns técnicos poderiam ter feito microgerenciamento com eles, ensaiando cada ação e cada jogada, com receio de que os atletas fossem derrotados se não fizessem isso. Boivert usava a abordagem oposta: a da atenção não invasiva. Na prática, ele colocava o time para treinar situações de jogo e simplesmente o deixava jogar.

Isso tornava cada treino mais divertido, o que, para Boivert, é uma tática. "Se você não se diverte, seu nível de atenção cai", me diz ele. "Se você se diverte, fica sempre alerta."[31] Isso também sinalizava a confiança em seus jogadores. "Cada pessoa deve trazer sua resposta à situação que está enfrentando e tomar a própria iniciativa", diz Boivert. Ele seguia acreditando nos jogadores mesmo depois dos fracassos. Após uma derrota humilhante, surpreendeu os atletas com uma comemoração à base de queijo e vinho. Dono de uma confiança inabalável, Boivert conquistava a confiança dos jogadores e os elevava a patamares que pareciam inalcançáveis. O time viajou pelo mundo, derrotando homens mais fortes e clubes com maior reputação.

Depois de se formar na faculdade, Emile voltou a Stanford para ser treinador do time de rúgbi feminino e adorou a oportunidade. Assim como seu time da época de faculdade, as mulheres de Stanford eram pequenas, desorganizadas e não muito respeitadas pelas adversárias. Emile escreveu: "Talvez fosse mais preciso descrevê-las como um clube social com foco no rúgbi." Para melhorar seu desempenho, ele adotou a abordagem de Boivert: focar na espontaneidade e demonstrar grande confiança nas atletas.

Uma de suas estrelas foi Janet Lewis, que comandava o ataque da equipe e havia jogado em times com treinadores que davam ordens às atletas. "Eu sabia seguir receitas", lembra ela. Mas Emile se recusava a lhe dar instruções. Enquanto outros técnicos gritavam da lateral do campo, Emile assistia ao treino com atenção, mas se mantinha em silêncio. "Com isso, podíamos relaxar e jogar para encontrar nossos pontos fortes e aprender lições sobre o jogo por conta própria", explica Janet.[32]

Emile se manteve firme em seu método de atenção não invasiva à medida que as partidas foram ganhando importância. Nervosa no início da temporada, Janet, em dado momento, pediu a Emile que repassasse as estratégias. Como ela saberia quando fazer cada jogada? Ela queria receber instruções. Ele, porém, apenas aconselhou: "Simplesmente leia o campo." Ela ficou incrédula e pediu de novo, verbalizando a pergunta de outro modo. Mas ele repetiu a resposta. "A gente treinava para desenvolver meus instintos, mas ele queria que o plano de jogo viesse de mim", lembra ela.

Tal como Franck Boivert, Emile demonstrava confiança em suas atletas, e com isso elas desenvolveram fé em si mesmas. Sob o comando dele, o time foi campeão de um campeonato regional e se classificou para a competição nacional. No ano seguinte, elas conquistaram esse título, o primeiro de quatro campeonatos nacionais vencidos pelas mulheres de Stanford até hoje.

UMA VEZ ERNEST HEMINGWAY DISSE: "A melhor maneira de descobrir se você pode confiar numa pessoa é confiar nela." Ele tinha razão até certo ponto. A confiança não se limita a nos ensinar sobre as pessoas; ela provoca *mudanças*. E é um presente que as pessoas retribuem.

A mentalidade de reciprocidade é exatamente isso. Os *saltos de fé* são ações inspiradas por esse conhecimento – você escolhe apostar nas pessoas. Se por um lado os ataques preventivos extraem o pior dos outros, os saltos de fé trazem à tona o que eles têm de melhor – sobretudo quando as pessoas sentem que acreditamos nelas, como Emile sentiu com Boivert e Janet Lewis sentiu com Emile. A confiança é mais poderosa quando as pessoas a oferecem logo de cara; quando fazemos isso, estamos dando aos outros a chance de nos mostrar quem são.

Talvez expressar confiança excessiva pareça um ato irracional: você empresta o carro a alguém que acabou de conhecer; um gerente delega uma tarefa importante a um empregado novato; pessoas se conhecem pela internet e atravessam o país para se encontrar. Mas é exatamente essa qualidade impulsiva e desmedida que torna a confiança mais poderosa.[33] Em estudos de laboratório, as pessoas que investem nas outras "sem calcular"[34] – ou seja, logo após conhecê-las ou sem saber quais são as chances de retribuição – têm mais probabilidade de inspirar os outros a merecer essa confiança.

Isso não quer dizer que esse comportamento é natural. Nossa mente cínica passa o tempo todo nos fazendo lembrar de situações de traição. A confiança é poderosa mas também assustadora, em especial para quem já se deu mal. No entanto, existem saltos de fé de todos os tamanhos. Você pode começar com um saltinho, emprestando uma bicicleta ao amigo em vez do carro ou dando uma tarefa não tão importante ao empregado novato. Misturar essa confiança imediata com uma dose de ceticismo nos permite construir relacionamentos de forma sábia e calorosa. Foi assim que Robin Dreeke começou seu trabalho com Ivan. Foi assim que o GTFT venceu o torneio de Axelrod. Foi assim que o Banco Grameen iniciou seu apoio aos empreendedores em Bangladesh.

À medida que aumentamos o volume da confiança, coisas incríveis começam a acontecer. Uma demonstração de confiança pode até ter ajudado a impedir uma guerra. Em junho de 1963, oito meses após a Crise dos Mísseis de Cuba, os Estados Unidos e a União Soviética estavam fabricando armas nucleares sem parar, com medo de serem superados um pelo outro. Então, num discurso na American University, John F. Kennedy deu um passo radical: declarou a paz. Kennedy rejeitou o cinismo por trás da falta de esperança que um país demonstrava no outro.

> Primeiro vamos analisar nossa atitude em relação à paz. Muitos de nós achamos que ela é impossível. Muitos acham que ela é irreal. Mas essa é uma crença perigosa, derrotista. Leva à conclusão de que a guerra é inevitável, de que a humanidade está condenada, de que somos tomados por forças que não podemos controlar. Não precisamos aceitar essa visão. Nossos problemas são feitos pelo homem – portanto, podem ser resolvidos pelo homem.

Kennedy anunciou que os Estados Unidos parariam com os testes nucleares na atmosfera. Foi um gesto unilateral,[35] sem garantia de que os soviéticos iriam acompanhá-lo. Políticos de linha dura do Governo Kennedy o acusaram de demonstrar fraqueza. Mas Nikita Khrushchev, líder soviético, retribuiu o gesto. Em geral, os cidadãos soviéticos eram proibidos de ouvir quaisquer palavras americanas, mas o discurso de Kennedy foi retransmitido por todo o país. Em seguida, Khrushchev declarou que a União Soviética pararia de produzir bombardeiros nucleares.

A redução da tensão aconteceu um passo de cada vez: a proibição dos testes nucleares, a reabertura do comércio entre as nações e até conversas sobre a exploração conjunta do espaço. Foi um jogo de olho por olho generoso num palco global.[36] As duas nações confiaram em voz alta e deram pequenos saltos de fé, mas esses saltos foram crescendo até que – pelo menos durante um tempo – a sombra da guerra recuou.

Espiões, programas de computador, atletas de rúgbi e chefes de Estado não têm muito em comum, mas compartilham uma lição: o cinismo pode levar a profecias autorrealizáveis, mas a esperança também. Ao sentir – e usar – o poder da confiança, podemos transformar o círculo vicioso do cinismo em um círculo virtuoso.

PARTE 2

Redescobrindo uns aos outros

6
A água (social) está boa

Quando Atsushi Watanabe se deu conta, estava trancado no quarto havia quase seis meses. O Japão comemora o Umi no Hi, ou "Dia do Mar", em julho. Na véspera do Ano-Novo, Watanabe estava assistindo a uma plataforma de streaming on-line – a mesma a que assistia por horas e horas. Outro espectador comentou: "A última vez que vi o céu foi no Dia do Mar." Horrorizado, Watanabe percebeu que ele também e que tinha se tornado um *hikikomori*,[1] termo em japonês para pessoas que vivem em isolamento social completo.

Como ele havia chegado a esse ponto? Numa série de conversas por e-mail, Watanabe me contou sua história. Ele cresceu em Yokohama, cidade portuária 40 quilômetros ao sul de Tóquio. Era um lar caótico – Watanabe tinha brigas sérias com a irmã mais velha e recebia críticas ferozes do pai. Encontrava fuga na televisão e autoestima na arte. Desde pequeno demonstrava um dom para desenho e artesanato, e frequentou uma escola especializada no ensino médio, depois a Universidade de Artes de Tóquio.

Quando foi para a faculdade, Watanabe descobriu que o mundo das artes podia ser tão competitivo e injusto quanto qualquer outra profissão. Os jovens criativos sentiam pressão constante para inovar. Os mercados internacionais classificavam os artistas com base na qualidade e na popularidade.[2] Exposições, recortes de jornais e prêmios eram computados e comparados. O assédio era generalizado e fazia parte do status quo. Em vez da aldeia à beira-mar, Watanabe foi parar na vila de pescadores da lagoa. Antes ele havia sofrido um pouco de depressão e ansiedade, mas na universidade elas o atingiram com força total. Seu mundo parecia repleto de gente falsa, indiferente e gananciosa. Ele decidiu quebrar o celular e passou a ficar cada vez mais tempo dentro de casa, fechando-se em si mesmo. A decepção se consolidou, transformando-se em pré-decepção.

Watanabe voltou para a casa onde havia crescido, mas não encontrou conforto. Seu pai continuava se mostrando um homem austero e crítico, e sua mãe não parecia disposta a intervir, ou talvez incapaz de fazer isso. O ressentimento com relação aos dois foi crescendo. Em pouco tempo, o único lugar onde se sentia seguro era no próprio quarto. Por isso ficou ali, cercado por comida e garrafas cheias de urina, à medida que as semanas passavam.

Hikikomori é um termo que serve para descrever adultos que vivem em isolamento total durante pelo menos seis meses. Pesquisas japonesas sugerem que cerca de um em cada cem adultos japoneses vive assim,[3] mas esse fenômeno não se restringe ao Japão. Há casos na Espanha, em Omã e nos Estados Unidos,[4] e novas pesquisas sugerem que quase 1% dos adultos de muitos países vivem em isolamento quase total.[5] Os *hikikomori* sofrem de isolamento extremo, porém maneiras mais amenas de solidão vêm crescendo no mundo todo. Em 1990, apenas 3% dos homens americanos diziam não ter nenhum amigo íntimo. Em 2021, eram 15% – o quíntuplo de 1990 em apenas três décadas.[6] A tendência era quase igual entre as mulheres. A solidão na adolescência vem aumentando ainda mais rapidamente. Numa pesquisa realizada em 37 países, de 2012 a 2018, o percentual de adolescentes que informaram se sentir solitários quase dobrou.[7] E isso foi antes da pandemia.

A solidão intensifica a depressão, atrapalha o sono, acelera o envelhecimento celular e dificulta sair do estresse.[8] Por incrível que pareça, chega a piorar um resfriado. Num estudo, pesquisadores bombearam um spray com rinovírus – que provoca leves infecções respiratórias – diretamente no nariz das pessoas. Na semana seguinte, sempre que os participantes assoavam o nariz, um técnico de laboratório pesava o lenço. Resultado: pessoas solitárias pegavam resfriado com mais frequência e produziam mais catarro que as outras.[9] E, assim como os cínicos, os solitários costumam morrer mais cedo. Num megaestudo realizado com mais de 300 mil adultos, a solidão severa aumentava o risco de mortalidade tanto quanto fumar quinze cigarros por dia, beber em excesso ou não fazer exercícios físicos.[10] Ou seja, a ciência sugere que para idosos talvez seja melhor beber, fumar e curtir a noite com amigos e familiares do que tomar chá e fazer caminhadas sozinho.

A solidão é uma neurotoxina que vem se espalhando. Em 2023, Vivek Murthy, a maior autoridade de saúde dos Estados Unidos, emitiu um comunicado nacional sobre o que chama de "epidemia de solidão e isolamento", no qual fez um alerta: se não construirmos conexões sociais mais fortes, o país "pagará um preço cada vez mais alto na saúde individual e coletiva".[11]

Existem inúmeras causas para a solidão moderna, assim como existem muitos motivos para as pessoas se sentirem alienadas no trabalho e com ódio da política. Mas, como veremos nos próximos capítulos, o cinismo tem um papel subvalorizado em tudo isso, um fio invisível que une problemas grandes e variados. Felizmente, quando percebemos isso, podemos começar a desembolar esse fio.

Ataques de tubarões sociais

Cresci em Massachusetts, e em alguns sábados de verão minha mãe e minha avó me levavam a Cape Cod para um dia na praia. As mulheres ficavam na areia; eu nadava até onde dava, até as pessoas parecerem pontinhos minúsculos. Longe de todo mundo, eu passava as tardes atravessando as ondas. A água se agitava, e eu sentia uma paz absoluta. O mar foi meu refúgio durante um período difícil da minha infância.

Isto é, até o ataque de tubarão. Não aconteceu comigo, e sim a 16 mil quilômetros dali, onde um tubarão-branco partiu um australiano quase ao meio com os dentes. Por favor, fique tranquilo: o risco de morrer de ataque de tubarão é cinquenta vezes menor do que o de ser atingido por um raio. O problema foi que os detalhes horríveis da reportagem se alojaram em minha mente de 11 anos. A partir de então comecei a ter pesadelos em que caía de uma grande altura num oceano totalmente preto e de repente via olhos opacos surgindo por entre as ondas. Quando voltei à praia, vi uma barbatana em meio às ondas – pelo menos eu podia jurar que era uma barbatana. Depois disso, comecei a ficar mais perto da areia. Passados alguns meses, eu mal entrava na água.

Os ataques de tubarão imaginários acabaram com a minha alegria. Para muitos de nós, falar com outras pessoas pode ser assim. Em dezenas de estudos, pesquisadores compararam previsões sociais com a realidade.[12] Alguns participantes desses experimentos recebiam a instrução de *imaginar* interações com outras pessoas, enquanto outros *de fato* interagiam com pessoas e em seguida informavam como tinham se sentido. Em praticamente todos os casos, as expectativas eram piores do que a realidade. Moradores de Chicago e Londres diziam que puxar conversa com um passageiro de metrô ou ônibus podia ser pavoroso; menos de 25% disseram que tentariam fazer isso. Mas, quando os cientistas instruíam os viajantes a conversar com estranhos de qualquer modo, muitos diziam que aqueles tinham sido os melhores dez minutos de seu dia. Eles falavam sobre o tempo, descobriam interesses em comum e às vezes até acabavam virando amigos.

Estamos errados com relação aos estranhos e aos "não estranhos". As pessoas dizem que preferem conversar amenidades com recém-conhecidos, achando que "conversas sérias" sobre temas importantes e complexos são pesadas demais. Na verdade, porém, as conversas mais profundas fazem com que os dois interlocutores se sintam mais realizados. As pessoas acham que se pedirem um favor vão afastar o amigo, mas em geral o amigo gosta de ajudar.[13] Imaginamos que o outro receberá nossos elogios, nossa gratidão e nosso apoio com indiferença. Mas a verdade é que eles melhoram o humor das pessoas e nos aproximam mais.[14]

Os relacionamentos fracassam quando as pessoas não percebem quanto mal a linguagem pode fazer; os insultos lançados por um pai ou mãe, amigo ou amante penetram na pele como uma farpa. Mas quantos relacionamentos vão por água abaixo porque esquecemos o *bem* que as palavras podem fazer? Mantemos a conversa apenas sobre amenidades ou deixamos de mandar aquela mensagem de texto mais profunda na certeza de que é isso que todo mundo quer, mesmo quando poderíamos fazer um novo amigo ou salvar uma velha amizade. Seus pais podem ter lhe dito que, se você não tem nada de bom a dizer, é melhor não dizer nada. Mas podemos pensar em outra sugestão: se tiver algo de bom a dizer, diga.

Interagir com os outros é mais agradável e significativo do que a maioria das pessoas imagina. Essa é a boa notícia. A má notícia é que é difícil entender isso, em parte por causa do viés de negatividade. Quando nos imaginamos batendo papo com um estranho, nossa mente é tomada pelos piores cenários: rejeições, pausas constrangedoras, pessoas revirando os olhos e colocando os fones de volta nas orelhas. Imaginamos desastres mesmo quando nos visualizamos dizendo coisas que queremos dizer às pessoas que fazem parte da nossa vida. Assim são os ataques de tubarões sociais: perigos muito mais raros do que imaginamos, mas tão aterrorizantes que dominam nossa imaginação.

Sou introvertido e vivo essa tensão entre expectativa e realidade. Antes e depois das palestras prefiro ficar um tempo sozinho. Normalmente começo a suar frio quando esbarro com um conhecido, depois me preocupo achando que ele vai me ver suando, o que me faz suar ainda mais. Tento não cancelar planos, mas comemoro quando os outros fazem isso. Quando estou com as pessoas, porém, sinto algo diferente. Muitas vezes, antes de uma festa ou um jantar, me pego pensando que pagaria para ficar em casa, mas horas depois estou feliz por ter visto meus amigos.

Para mim, sair de casa é um pouco como malhar: parece medonho antes, mas é fantástico durante e depois. Em geral, os introvertidos pensam assim. Em vários estudos, pessoas foram instruídas a agir como se fossem extrovertidas (expansivas, falantes e assertivas) ou introvertidas (mais silenciosas e passivas) durante algumas horas do dia. As que agiam com extroversão diziam estar mais felizes, mesmo se fossem introvertidas por natureza.[15]

Os ataques de tubarões sociais podem ser reflexo de uma insegurança pessoal – talvez minhas piadas sejam pavorosas, eu tenha mau hálito ou seja um fardo para meus amigos –, mas em geral eles escondem a visão negativa dos outros. Os pais de Atsushi Watanabe o traíram, por isso ele enxergava traição em toda parte. Alan Teo, psiquiatra que estuda os *hikikomori*, descreve julgamentos semelhantes em outros pacientes. Segundo ele: "As pessoas acham que estão sendo enganadas. Elas têm uma suspeita e uma rejeição que parecem desproporcionais à realidade."[16]

Na área acadêmica o cinismo é mais sutil. Todo semestre dou aula de Introdução à Psicologia para centenas de alunos de Stanford, e o tempo que passo com eles me dá uma boa ideia da vida no campus. Em 2020, durante a pandemia, o curso passou a ser virtual. Em conversas pelo Zoom, os estudantes me diziam como estavam loucos para voltar para o campus e rever os amigos. Em 2021, eles voltaram, mas algo havia mudado. Os alojamentos pareciam mais silenciosos. Os estudantes reclamavam que era mais difícil conhecer pessoas ou até se conectar com colegas que conheciam antes da pandemia.

Fiquei imaginando se os alunos de graduação estariam tendo ideias equivocadas sobre os colegas e se isso estaria interferindo na vida social deles. Assim, em 2022 meu laboratório conduziu uma pesquisa com milhares de estudantes usando dois tipos de pergunta. O primeiro tipo era sobre eles mesmos. Até que ponto se importavam com os colegas, gostavam de ajudar os outros e queriam se conectar com alunos que não conheciam? O segundo era sobre as percepções que tinham a respeito de um aluno típico de Stanford.

Resultado: descobrimos que existia não uma Stanford, e sim duas. Uma era *real*, baseada nas respostas dos estudantes sobre eles mesmos. Era uma Stanford extraordinariamente calorosa, em que 85% dos estudantes queriam fazer novos amigos e 95% diziam que gostavam de ajudar colegas. A empatia era gigantesca. A segunda Stanford, porém, era um lugar frágil, arisco, localizado na mente dos estudantes. Eles acreditavam que, na média, seus colegas eram relativamente antipáticos, críticos e insensíveis.

Meus alunos não estão sozinhos. Já pesquisei sistemas escolares, entidades estatais e empresas multinacionais, e o resultado é quase sempre o mesmo. A pessoa média é empática e quer ajudar o próximo, mas *imagina* que a pessoa média é menos gentil, mais competitiva ou tóxica.

As pessoas estão erradas com relação às interações sociais porque subestimam umas às outras. Esse viés de negatividade também nos leva a agir – nesse caso, não com ataques preventivos, e sim com recuos preventivos. Com medo das pessoas antipáticas que habitam a mente, evitamos as pessoas reais. Em Stanford, quanto menos *achavam* que os colegas eram gentis, menos os estudantes se dispunham a revelar suas dificuldades aos amigos ou a puxar conversa com colegas de turma. Quanto menos se arriscavam, menos eram capazes de refletir para descobrir se seus temores eram reais e perceber como as pessoas a seu redor eram atenciosas e receptivas.

Jovens adultos de todo o mundo vêm tendo cada vez mais crises de ansiedade, depressão e transtornos alimentares e cometendo automutilação. Um dos culpados é o isolamento, que é reflexo de um cinismo subjacente: a ideia de que os outros não nos querem ou não precisam de nós.[17]

Diagnóstico errado, prescrição errada

O isolamento nos desgasta silenciosamente, mas, quando as pessoas sentem as consequências dele, costumam culpar outras coisas. Indivíduos solitários frequentemente vão a consultas médicas e emergências hospitalares reclamando de dores físicas.[18] A medicina se especializa nos corpos, não nas comunidades, por isso a maioria dos médicos receita comprimidos – ou não prescreve nada.

Muitas vezes nossa cultura prescreve ainda mais solidão. Pense no burnout (síndrome do esgotamento), descrito décadas atrás em enfermeiras que trabalhavam demais e ficavam emocionalmente exaustas. Ele assola pessoas cuja profissão é ligada ao cuidado com o próximo, como a medicina e o ensino, mas aos poucos começa a se espalhar por todas as outras áreas. Segundo estudos, entre 20% e 50% dos universitários relatam ter algum nível de burnout, e entre 5% e 10% dos pais informam burnout grave relativo aos cuidados com os filhos. Na pandemia, os sintomas cresceram entre os trabalhadores essenciais, os pais e a população em geral.[19]

Muitas pessoas não percebem que começaram a ficar esgotadas e não conseguem se lembrar de como eram antes do início do processo. Ainda assim, cada vez mais pessoas vêm encontrando uma grande solução: o foco no *autocuidado*, em atividades que as distanciem de seus problemas. No início da pandemia, as buscas por "autocuidado" no Google mais do que duplicaram. Empresas, escolas e hospitais passaram a dar dias para seus funcionários relaxarem. E mesmo antes desse crescimento, a indústria do autocuidado havia alcançado receitas anuais de mais de 10 bilhões de dólares.[20]

Maratonar seriados, comer bombons e tomar banhos de espuma são coisas fantásticas (sobretudo junto com quem amamos), mas às vezes o autocuidado é uma resposta para a pergunta errada. Uma das primeiras pessoas a entender como funciona o burnout, Christina Maslach explica que o problema tem várias dimensões. Pessoas esgotadas sentem coisas que não querem, como inquietação e irritabilidade. Também perdem coisas que a maioria de nós *deseja* ter, como um sentimento de propósito. E pessoas esgotadas ficam mais cínicas, sintonizadas no egoísmo dos outros.[21] Quando você não tem mais nada para dar, todo mundo parece querer alguma coisa.

Exaustão, inquietação, falta de sentimento de propósito e cinismo são sintomas do burnout, mas têm causas diferentes. Trabalhar demais provoca exaustão; um ambiente de trabalho tóxico estimula o cinismo. São coisas diferentes com soluções diferentes. O autocuidado protege contra a inquietação e a exaustão,[22] mas não traz de volta o sentimento de propósito. Um modo melhor de fazer isso é se dispor a ajudar o próximo. Quando as pessoas dedicam tempo, dinheiro e energia aos outros, sentem-se reabastecidas.[23] Pesquisas descobriram que voluntários que aconselham estranhos que estão passando por problemas se sentem menos deprimidos,[24] e estudantes se sentem menos solitários nos dias em que ajudam um colega. Num estudo recente com trabalhadores da área da saúde, o *único* fator que reduzia o cinismo era a compaixão pelo outro, e não o autocuidado.[25]

Ajudar o próximo é um presente que damos a nós mesmos. Mas repito: as pessoas tendem a ignorar as boas notícias,[26] prevendo, de maneira equivocada, que estariam mais felizes gastando tempo e energia com elas mesmas. Achamos que os outros são mais egoístas do que são de verdade e projetamos esse mesmo cinismo no espelho. Isso nos leva a cometer equívocos sociais. Num estudo deprimente, porém revelador, universitários informavam semanalmente como se sentiam sobre si mesmos e sobre seus objetivos sociais. Quanto mais ansiedade e depressão sentiam, mais se concentravam em si. Quanto mais se concentravam em si, mais se sentiam deprimidos.[27]

A maioria dos médicos não sabe diagnosticar essa desconexão, tampouco a maioria das pessoas. Resultado: definhamos sozinhos e concluímos que o melhor remédio é ficarmos sozinhos de maneira mais agradável. E as empresas ficam felizes em nos oferecer produtos caros exatamente para isso. Num momento em que estamos precisando da comunidade, somos encurralados pelo mercado e arrastados para longe dos outros.

Acabamos de sair de uma pandemia, e milhões de pessoas – sobretudo das gerações mais novas – esperam trabalhar de casa pelo restante da vida. Recentemente o Seamless, um aplicativo de entrega de comida, espalhou anúncios no metrô de Nova York com a frase: "Existem mais de 8 milhões de pessoas em Nova York, e nós ajudamos você a evitar todas elas."

A solidão vem ganhando força, merecidamente, pois proporciona espaço para a criatividade e a paz. Por outro lado, a prosperidade costuma estar lá fora, com as outras pessoas. Ficar sozinho parece fácil, mas depois de um tempo dificulta a vida em comunidade. A inércia toma conta de nós; os tubarões sociais ficam maiores e ganham mais dentes.

Escapando da solidão

Após passar mais de sete meses em isolamento total, Watanabe começou a achar que nunca mais sairia do quarto. Então, de repente, a escolha deixou de ser dele: seu pai contratou uma empresa especializada em arrancar os *hikikomori* de suas casas e colocá-los em instituições para pessoas com problemas mentais. Quando soube disso, Watanabe teve um acesso de fúria, arrombou a porta e invadiu a sala de estar. Deparou com a mesinha de centro da sala atulhada de livros que nunca tinha visto. Ao folheá-los, percebeu que sua mãe tinha comprado manuais para as pessoas da família aprenderem como ajudar os *hikikomori*. "Ela estava tentando, do seu jeito, conhecer a minha mente", lembra ele.

Diante dessa demonstração de amor, as defesas de Atsushi desmoronaram. Quando sua mãe chegou em casa, os dois conversaram por horas, finalmente se abrindo e falando da dor, dos fracassos e de como resgatar a relação. Por várias vezes Atsushi sentiu a garganta seca por causa da falta de uso. Ainda passariam meses para ele voltar ao mundo exterior, mas a conversa provocou uma mudança. "Naquele dia, o cativeiro do meu coração começou a ruir", diz ele.

Assim como Megan, que tinha acreditado no QAnon, Watanabe foi libertado pela segurança de um relacionamento, que lhe deu a base para se libertar ainda mais. Não seria fácil. A mente e o corpo de Watanabe tinham mudado durante o isolamento. Suas roupas não cabiam mais; ele passava a noite acordado. Com o apoio da mãe, internou-se numa clínica onde ficou três meses, praticando ioga e cerâmica e recuperando a saúde.

Na clínica, um médico o apresentou ao Naikan, forma de autorreflexão baseada no budismo japonês. Naikan significa "ver a si mesmo" e nasce da ideia de que a mente nos engana, nos levando a cometer injustiças em nosso julgamento. Para evitar isso, os praticantes participam de uma avaliação cuidadosa de seus relacionamentos através de perguntas como "O que eu recebi de outras pessoas hoje?" e "O que eu ofereci a outras pessoas hoje?"

Muitos de nós ignoramos o que as pessoas fazem por nós e nos concentramos em nosso sofrimento. Temos ótima memória para o mal que nos fazem e uma amnésia seletiva para o mal que fazemos. Assim como o teste de realidade – a prática terapêutica de questionar nossas crenças –, o Naikan substitui as suposições negativas pelo ceticismo esperançoso.[28]

Se antes Watanabe, que se descrevia como uma pessoa que "achava que tudo era oito ou oitenta", considerava que sua família e sua cultura eram rígidas e intolerantes, ele aprendeu com o Naikan a considerar outras perspectivas. Sentiu não apenas a própria dor, mas a da sua mãe. Testemunhou não só como o mundo da arte podia ser injusto, mas também o trabalho que muitas pessoas faziam para melhorá-lo. "Minha dificuldade para viver praticamente desapareceu", reflete.

O teste de realidade revolucionou o bem-estar de Watanabe. Em Stanford, estamos usando essa abordagem para lutar contra os ataques de tubarões sociais. Em 2022, lançamos uma campanha publicitária cujo público-alvo eram os estudantes de graduação da instituição. O produto eram os graduandos. Sabíamos que o estudante médio estava equivocado em sua visão do estudante médio – e tínhamos dados sobre como eles eram de fato. Assim, conduzimos uma série de conversas em todo o campus, mostrando os estudantes a eles mesmos, explicando que a maioria dos colegas era curiosa e gentil.

Os erros de percepção como os que vimos em Stanford estão em toda parte, o que significa que o ceticismo e os dados podem ajudar pessoas de todos os lugares a repensar suas suposições. No entanto, o único modo de "testar a água social" é mergulhando nela, e, apesar dos nossos temores, em geral ela está boa. Recentemente psicólogos convidaram mais de trezentas pessoas para participar de uma "caça ao tesouro de conversas".[29] Durante uma semana elas foram desafiadas a conversar com desconhecidos de todos os tipos. Por exemplo, com alguém que tinha um cabelo chamativo, estava usando echarpe ou tinha aparência de artista. Antes de começar a caçada, os jogadores avaliaram que precisariam *tentar* falar em média com dois desconhecidos para completar cada desafio. Em outras palavras, imaginaram que 50% das pessoas os rejeitariam. Mas no meio do experimento suas expectativas mudaram, e eles passaram a prever que cerca de 80% das pessoas quereriam bater papo. A coleta de dados no mundo real os fez perceber como os outros estão abertos.

Esses saltos de fé servem para recalibrar a mente. Será que podem combater a solidão? No Reino Unido, médicos começaram uma prática conhecida como "prescrição social". Depois de tratar das dores físicas do paciente, eles perguntam sobre seus relacionamentos e oferecem "consertos" para o que está faltando. Um médico, por exemplo, poderia "receitar" a um ciclista ávido entrar para um clube de ciclismo. Leitores vorazes poderiam ser orientados a fazer trabalho voluntário numa biblioteca local.

No início da pandemia, o Serviço Nacional de Saúde britânico (NHS) alocou mais de 10 milhões de libras para expandir as prescrições sociais. São necessárias mais pesquisas para entender os efeitos dessa medida, mas as evidências iniciais são promissoras. As pessoas que receberam prescrições sociais relatam maior senso de conexão, sentido e bem-estar.[30] Talvez você esteja se perguntando se isso sobrecarrega os médicos – além de medicina agora eles precisam fazer serviço social? Na verdade, esses programas parecem aumentar a eficácia dos tratamentos medicamentosos. Um estudo descobriu que as prescrições sociais reduziram a solidão dos pacientes,[31] o que fez diminuir o número de idas aos serviços de atendimento primário e de urgência em até 50%.

Em seu comunicado de 2023, a maior autoridade de saúde dos Estados Unidos insistiu que seu país deveria fazer o mesmo, treinando seus profissionais do setor para estimular o bem-estar social dos pacientes, incentivando a expansão dos grupos comunitários e cultivando uma "cultura de conexão" em que as pessoas pratiquem a gentileza com frequência. Esses objetivos são maravilhosos, mas se você não tem fé nas outras pessoas não vai simplesmente começar a tomar os "remédios sociais" de uma hora para outra.

EM GERAL, NÃO PERCEBEMOS o quanto as pessoas à volta querem conversar e como é satisfatório nos conectarmos com elas. Esse era o meu caso. Passei boa parte da vida louco para agradar os outros, o que me rendeu o apelido irônico de "Cara Risonho". Com o tempo isso mudou; me senti mais livre para ser eu mesmo e ficar sozinho. Mas dezesseis meses de isolamento na pandemia transformaram essa liberdade em evitação. Imaginei que quando voltasse ao mundo estaria doido para me reconectar com amigos antigos e fazer novas amizades. Em vez disso, comecei a ter a sensação de que manter interações sociais era como subir uma montanha que ficava mais íngreme. Meus instintos tinham mudado para uma timidez que não era característica minha. Os comentários simpáticos para desconhecidos passaram a ficar travados na minha garganta. Ao ver um conhecido do outro lado da rua, eu dava um passo na direção dele, hesitava, voltava e me escondia.

Passei anos encorajando as pessoas a enfrentar as águas sociais. Mas, por preguiça e medo, não estava seguindo meu próprio conselho. Assim, recentemente decidi conduzir um novo experimento, que chamei de *contagem de contatos*. A premissa era simples: durante dois dias, sempre que houvesse chance de bater papo com alguém, eu iria aproveitá-la. Faria anotações sobre cada conversa e no fim elaboraria um cômputo geral.

Escolhi uma viagem de trabalho à Carolina do Norte, que incluiu quatro voos, seis refeições e duas idas à academia. A tarefa parecia bastante fácil, até que cheguei à poltrona onde ficaria durante o voo de cinco horas de São Francisco a Washington, D.C. Nessas viagens costumo me proteger com fones com cancelamento de ruído, mas dessa vez os esqueci na mochila – foi como ir para a guerra usando pijama. O homem sentado ao meu lado parecia gentil, mas provavelmente queria ficar em paz. Na hora tive certeza de que eu seria *aquela* pessoa que tenta socializar no avião, ele esconderia o desinteresse com educação e a conversa imploderia em trezentos minutos de silêncio incômodo. Dava para sentir os tubarões sociais se aproximando.

Até que alguém passou e elogiou o suéter do homem. Era azul-claro e tinha estampa de margaridas – um suéter fantástico. Fiz coro ao comentário. "É a última vez que deixo a minha mulher escolher as roupas que vou usar", comentou ele. "Ela é chique demais!" E começamos. Ele era um muçulmano refugiado de Serra Leoa que tinha chegado ao Sul dos Estados Unidos, cursado administração e feito carreira em empresas grandes e pequenas. "Não sei se estou no sonho americano ou no pesadelo americano", comentou em dado momento. "Depende do americano", respondi. Em pouco tempo começamos a conversar sobre assuntos mais profundos. Falamos de paternidade – o filho dele, que tem autismo, o fez mudar suas prioridades – e sobre o lugar onde ele morava. Ele revelou que tinha enterrado o corpo da avó com as próprias mãos num buraco simples no chão, como reza a tradição no lugar de onde veio. Esse momento, disse ele, apagou qualquer vestígio de sua arrogância juvenil.

Após cerca de uma hora, fizemos uma pausa, pegamos nossos notebooks e ficamos sentados por 240 minutos num silêncio que não teve nada de estranho. O avião pousou e nos separamos após dizermos apenas nosso primeiro nome um ao outro. O ponto de partida do meu experimento foi como um foguete, me lançando numa semana de interações divertidas. Eu me sentava ao balcão de cada restaurante com um livro a tiracolo, mas ficava atento aos vizinhos, em busca de possíveis conexões. Num café, vi uma pessoa usando o mesmo relógio incomum que eu. Num restaurante francês, o barman e dois fregueses debatiam quais sobremesas eram as mais amadas no mundo.

Parti para a ação todas as vezes, tentando oito conversas no total. Com receio de estar me impondo, tendo um comportamento que alguém poderia considerar agressivo, deixei rampas de saída para todo mundo. Para não dar a impressão de que tinha segundas intenções, quando falava com mulheres fazia alguma menção à minha esposa. Mas no fim das contas a maioria dessas defesas se mostrou desnecessária. Ao término do experimento, classifiquei cinco conversas como agradáveis ou muito agradáveis, uma (meu primeiro colega de poltrona) como extremamente agradável e duas como neutras. Algumas foram superficiais, mas nenhuma foi ruim.

O que me chocou foi o quanto isso me chocou. Nos últimos doze anos, meu laboratório fez pesquisas com dezenas de milhares de pessoas dos Estados Unidos e de outros lugares. Eu *sei* que o ser humano médio é gentil e aberto. Dou aula sobre esses princípios. Mas esse conhecimento não estava gravado no fundo da minha alma.

Numa cultura obcecada por metrificar absolutamente tudo, "descontabilizar" pode restaurar nossa paz de espírito. Mas existem outras partes da vida que merecem mais atenção, inclusive os momentos positivos que compartilhamos. Nesses casos, manter um registro pode aumentar nossa percepção e nos ajudar a saborear as conexões sociais.

Um fim de semana em Charlotte não reverteu a timidez que surgiu em mim durante a pandemia, e provavelmente não é um experimento que vá mudar sua vida. Mas agora, quando hesito em me conectar com alguém, percebo que isso não tem nada a ver com o outro. Qualquer pessoa pode observar a si mesma e as próprias interações sociais. Se você ficar surpreso ao perceber como as pessoas são simpáticas, tente aprender com esse momento, para não se surpreender tanto na próxima vez.

O espantoso poder de cuidar dos outros

Depois de conversar com a mãe, Watanabe olhou para seu quarto com a nova perspectiva surreal de alguém de fora. A bagunça e a imundície diziam tudo sobre a mente do morador: "Eu nunca teria coragem de mostrar o quarto a alguém naquela condição." Para Watanabe, seu quarto era um lugar singular, carregado de vergonha. No entanto, mais de um milhão de japoneses também vivia em seus "casulos reversos", se isolando do mundo pouco a pouco.

Após encontrar sua máquina fotográfica no meio da bagunça, ele capturou imagens de si mesmo e do quarto. Era um ato de desafio. "Eu precisava virar os meses de isolamento do avesso, atribuir um novo significado a eles e transformá-los num contra-ataque", explicou-me.

Watanabe demorou quase dois anos para se reajustar ao mundo externo, mas nesse tempo sua arte renasceu. Em vez de fugir da experiência de *hikikomori*, ele analisou os contornos dela. Numa de suas primeiras obras de arte após voltar ao mundo, ele construiu uma casa minúscula de concreto em uma galeria e se trancou lá dentro. Durante sete dias, viveu num espaço do tamanho de um tatame usado por budistas para meditar. Ao final da semana, Watanabe saiu à luz, dessa vez para os flashes fotográficos. Seu trabalho, mais pessoal do que qualquer coisa que ele teria sonhado em compartilhar antes, enfim havia encontrado um público.

Tal como uma reação química, a arte pode transmutar uma experiência em outra. Nas mãos de Watanabe o isolamento passou de uma armadilha pessoal para um comentário social. A partir de então, ele começou a lançar luz sobre a dor dos outros, começando com sua mãe. Num projeto de vídeo criado seis anos depois do isolamento, os dois se sentam frente a frente, diante de uma mesa, com uma maquete da casa entre eles. Em alguns segundos, eles destroem a estrutura a marteladas, depois passam horas colando os cacos de volta enquanto falam do que a família passou.

Eles realizam o *kintsugi*, a tradição japonesa de honrar as imperfeições em objetos de cerâmica consertando-as de forma meticulosa. Isso me lembra a forma como as coisas acontecem na nossa vida. Fazemos besteira, parte da nossa vida se despedaça, transformando-se num quebra-cabeça criado por nós mesmos. A partir de então só nos resta juntar os cacos possíveis. Foi o que fizeram Watanabe e sua mãe. Hoje ele mora sozinho, mas ela o visita com frequência em seu ateliê, a vinte minutos da casa da família. O pai não sabe onde fica o ateliê.

Para outra mostra, Watanabe convidou *hikikomoris* de todo o Japão a compartilhar fotos de seus quartos. Dezenas atenderam ao pedido, e ele as arrumou numa galeria atrás de uma parede quebrada. Para ver as imagens, os espectadores precisavam espiar por entre as rachaduras, como voyeurs. Eram confrontados com uma realidade que desafiava os estereótipos. Nem todos os reclusos eram acumuladores, alcoólatras ou viciados em jogos de computador. Alguns mantinham seu espaço arrumado ou se cercavam de objetos religiosos. Cada quarto tinha sua própria voz. Juntos eles criavam um coro e uma comunidade de pessoas definidas pela solidão.

O vernissage atraiu muita imprensa e grande número de espectadores. Inesperadamente, alguns *hikikomoris* que tinham mandado fotos também compareceram, saindo de seus espaços pela primeira vez em meses ou anos.

Watanabe tinha completado o círculo: de pessoa oprimida pelo mundo da arte a alguém capaz de usar sua influência dentro dele, canalizando a criatividade para dar voz a pessoas vulneráveis. Hoje galerias e museus de todo o país encomendam obras de arte dele. É possível que essa transformação tenha estimulado sua cura, mas essa jamais foi a intenção dele. "Não considero minhas atividades criativas como autocuidado", me diz ele. "Acredito que ajudar as pessoas, cuidar delas, é o jeito certo de melhorar a sociedade. E, melhorando a sociedade, serei salvo."

AO FOCAR NA MUDANÇA SOCIAL, sem querer Watanabe alcança a verdadeira origem do "autocuidado". No século XIX, Peter Kropotkin, naturalista e príncipe russo (que mais tarde se tornaria anarquista e seria preso), viajou pela Sibéria observando a vida selvagem. Na tundra inóspita, os animais trabalhavam em equipe: os lobos caçavam em alcateias e os cavalos se uniam para se defender dos ataques. Os cervos buscavam novas pastagens juntos e os pássaros se amontoavam para manter o calor. Em seu livro *Apoio mútuo*, Kropotkin argumentou que a cooperação, e não a competição, era o vetor principal da vida. Para sobreviver em ambientes hostis, os animais precisavam cuidar uns dos outros.[32]

A sociedade relega seus marginalizados a paisagens hostis. Os "desertos alimentares" urbanos não oferecem nutrição adequada; pessoas com deficiência têm dificuldade de enfrentar a arquitetura e os espaços públicos inacessíveis. Mas, em vez de esperar que o mundo se torne mais acolhedor, muitas pessoas formam comunidades de ajuda mútua. Na década de 1960, o partido Panteras Negras lançou "programas de sobrevivência",[33] fornecendo medicamentos, alimentação saudável e ioga em bairros pobres. Essas atividades eram uma forma de oferecer cuidados e ao mesmo tempo protestar – afirmando a humanidade e a importância das pessoas negras contra uma cultura que negava esses valores.

Em *A Burst of Life*, de 1988, a escritora, professora e ativista Audre Lorde escreveu: "Cuidar de mim mesma não é autoindulgência, é autopreservação, e esse é um ato de guerra política."[34] Hoje você pode comprar canecas e cartazes com essa frase. Claro que o autocuidado é fundamental. Mas ao fazer as pessoas focarem no individual, e não no grupo, o complexo industrial do *autocuidado* faz com que o termo perca seu sentido original.[35]

Nas mãos de Lorde e outras pessoas, o autocuidado se baseia em comunidade e solidariedade; alinha-se com a natureza da vida que Kropotkin viu na Sibéria e com o que a psicologia e a ciência do cérebro nos ensinam sobre a humanidade – que não existe uma separação nítida entre uma pessoa e outra. Nossa espécie é entrelaçada, de modo que ao ajudar o outro estamos fazendo um bem a nós mesmos, e ao cuidar de nós mesmos estamos ajudando o outro.

Os programas de ajuda mútua são uma tradição antiga que permanece viva. Surgiram milhares deles durante a pandemia.[36] Com organização, as pessoas se ofereciam para fazer compras para vizinhos que tinham comprometimento imunológico, organizavam vaquinhas para ajudar desempregados, distribuíam cestas básicas. No Oeste dos Estados Unidos houve um aumento da taxa de suicídio entre os agricultores. As comunidades reagiram criando o Coffee Break Project (Projeto Pausa para o Café),[37] em que as pessoas entravam em contato com outras que podiam estar em dificuldades. O slogan do programa é "Você cuida dos seus vizinhos tão bem quanto da sua plantação ou do seu rebanho?".

A ajuda mútua poderia facilmente se tornar uma parte mais relevante da nossa vida. Empresas e escolas poderiam complementar as atividades de autocuidado com o "cuidado dos outros": oportunidades regulares e estruturadas de realizar atos de gentileza – por exemplo, organizar um dia por mês para empregados ou alunos fazerem trabalho voluntário juntos. Os líderes – em empresas, escolas, equipes e cidades – poderiam construir aldeias à beira-mar aonde quer que fossem. Mas, para muitas pessoas, isso implicaria uma grande mudança na forma de comandar, que, com frequência, reflete o cinismo desses indivíduos e faz com que ele se espalhe.

7

Desenvolvendo culturas de confiança

Em 30 de janeiro de 2014, a Bloomberg publicou um artigo intitulado "Por que você não quer ser o CEO da Microsoft".[1] Apesar do enorme sucesso, a empresa não foi capaz de capitalizar suas vantagens iniciais em e-readers, sistemas operacionais e smartphones. No ano 2000, valia mais de 500 bilhões de dólares, cerca de cem vezes mais que a Apple. Em 2012, a Microsoft havia perdido metade do seu valor,[2] enquanto a Apple tinha crescido e valia 541 bilhões. O iPhone sozinho gerava mais receita que todos os produtos da Microsoft somados.

Um Golias da tecnologia tinha sido atingido por empresas mais enxutas e famintas. Os fracassos públicos da Microsoft resultavam de um problema mais específico. Sua cultura estava se afogando em desconfiança, facadas pelas costas e obsessão por lucro a curto prazo, deixando a visão de longo prazo para segundo plano. O engenheiro e cartunista Manu Cornet capturou isso num "organograma" que retratava as divisões da empresa apontando armas umas para as outras.

O problema era grande, mas não era novo nem se restringia à Microsoft. O *cinismo organizacional*[3] – sentimento de que nossa comunidade é gananciosa e egoísta – tomou conta de inúmeros locais de trabalho, destruindo o moral, o bem-estar e a produtividade. Muitos desses problemas refletem uma antiga percepção equivocada sobre o que leva empresas, equipes ou escolas a prosperar.

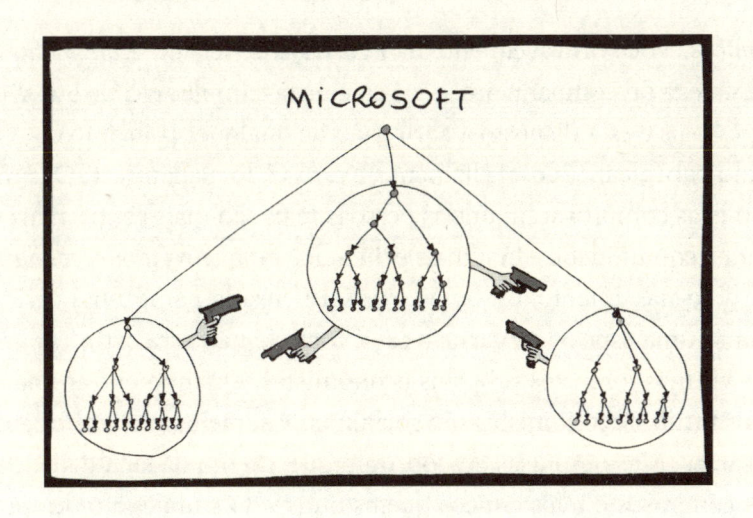

O *Homo economicus* chega para trabalhar

Em seu auge, a General Electric (GE) tinha o apelido de "Generous Electric" (Generosa Electric), uma confirmação de sua consciência corporativa e da parte gigantesca de sua receita dedicada aos salários e benefícios dos empregados – dez vezes mais do que entregava aos acionistas. Os diretores da GE não consideravam que a distribuição dos lucros entre seus funcionários era um luxo, mas sim uma necessidade. Como disse um executivo, "um empregado capaz de planejar seu futuro econômico é o ativo mais valioso de um empregador".[4] A ideia era que trabalhadores que se sentissem seguros investiriam tempo e energia, tentariam inovar em suas empresas.

Pelo menos parte da generosidade da GE tinha sido imposta. No rescaldo da Grande Depressão, o governo americano impôs regulações para impedir os excessos corporativos. Os sindicatos tinham se fortalecido e pressionavam as empresas a ser leais com os funcionários. Mas em 1981 os políticos estavam perdendo as rédeas. Foi quando surgiu em cena Jack Welch, novo CEO da GE. A visão de Welch faria com que ele fosse considerado o "gestor do século" duas décadas mais tarde. E o que ele viu? O *Homo economicus*.[5]

Um século antes de Welch, o economista britânico John Neville Keynes reclamou que sua área de estudo classificava as pessoas como criaturas "cujas atividades são determinadas apenas pelo desejo de obter riqueza" – não como humanos, e sim como outra espécie, que ele chamou de *Homo economicus*. Você provavelmente não gostaria de ter um *economicus* como amigo, colega ou companheiro. Ele é calculista e implacável na busca de ganhos pessoais e está disposto a abrir mão de qualquer princípio ou relacionamento para alcançá-los. Felizmente, é raro vê-lo na natureza. Os próprios economistas comprovaram que as pessoas reais são mais gentis, mais voltadas para a comunidade e têm mais princípios do que o *Homo economicus*.[6]

Desde o nascimento, o *economicus* foi pensado como uma caricatura, não como uma espécie de carne e osso. Mas ele não será extinto. Suas primeiras vítimas foram os próprios economistas. Quando entram na faculdade, os futuros economistas são socialmente semelhantes a estudantes de outras áreas. Mas pesquisas descobriram que, no fim da faculdade, eles são menos generosos e mais cínicos que os outros. O simples ato de aprender sobre o *Homo economicus* os faz acreditar no egoísmo – e depois viver de acordo com esses princípios.[7]

Muitos acadêmicos e gurus de liderança não entenderam a piada de Keynes. Afirmaram que o *economicus* era um gênio e que a cobiça era um caminho rápido para o sucesso. Essa visão se alinhava com uma pseudociência popular na época de Keynes, o "darwinismo social", linha de pensamento defendida por filósofos e escritores segundo a qual a Teoria da Evolução de Darwin explicava como os membros da sociedade humana estão em guerra uns com os outros pela sobrevivência. A questão era que o próprio Darwin não era um darwinista social, e qualquer análise séria desbancaria essa teoria, mas ela atraiu os super-ricos (assim como os eugenistas e o Partido Nazista). Pessoas que consumiam os recursos da nação podiam usar o darwinismo social para se justificar. A desigualdade extrema não era um fracasso moral, e sim um sinal dos dons biológicos de algumas pessoas. O magnata John D. Rockefeller capturou esse entusiasmo dizendo: "O crescimento de uma grande empresa é a sobrevivência do mais apto. [...] É simplesmente a concretização de uma lei da natureza e de uma lei de Deus."[8] A tocha do darwinismo social foi passada adiante ao longo do século XX, dos magnatas do aço aos gestores dos fundos de hedge. No filme *Wall Street*: *poder e cobiça*, o investidor amoral Gordon Gekko, interpretado por Michael Douglas, atualiza Rockefeller para a década de 1980 proclamando: "A ganância é certa. A ganância funciona. A ganância esclarece, atravessa e captura a essência do espírito evolucionário."

Um grande número de Gekkos da vida real se inspirou nesse raciocínio, e muitas pessoas e empresas se viram aptas a maximizar o lucro acima de tudo. A ideia era: se a natureza nos desenvolveu para a competição interminável, por que negar isso? As escolas de administração bebem dessa água, encorajando os líderes a tratar seu pessoal como matilhas de *economicus*. Isso significava soltá-los, com dentes e garras à mostra, e deixá-los atacar quem quisessem – inclusive uns aos outros. Segundo um professor de administração, os estudantes aprendiam que "as empresas precisam competir não apenas com os concorrentes, mas também com os fornecedores, os empregados e os reguladores".[9]

Poucos líderes adotaram essa postura como Jack Welch. Assim que chegou ao poder, ele acabou com a generosidade da GE e passou a usar a rivalidade para motivar os funcionários. Nascia ali uma "campanha contra a lealdade", em que os empregados eram vistos como passivos da empresa, e não como ativos. E, tal como fazia com os custos, Welch os cortou, realizando demissões em massa anuais e substituindo empregados antigos por terceirizados que não tinham benefícios nem segurança no emprego. Uma de suas táticas prediletas era a de *rank and yank* (classificar e arrancar), em que cada gerente era obrigado a dividir suas equipes em funcionários de alto, médio e baixo desempenho. Os que se destacavam eram recompensados. Os retardatários eram dispensados, numa estratégia fundamentada no darwinismo social. O rebanho poderia correr mais depressa e chegar mais longe ao eliminar seus membros mais fracos.

Essa filosofia destruía as conexões no trabalho, mas, durante um tempo, aumentava os lucros. Vendo isso, gerações de líderes louvaram Welch e seguiram seus passos. Recém-saído da faculdade, Steve Ballmer dividiu um escritório com Jeff Immelt, que viria a ser o sucessor de Welch na GE. Ballmer assumiu a Microsoft em 2000 e adotou as práticas de Welch, implementando o *rank and yank* e impondo restrições rígidas aos empregados. Mesmo as decisões mais simples exigiam várias aprovações.

Originalmente criadas para controlar os trabalhadores, essas políticas os deixaram mais lentos. Em 2010, o gerente de produção Mark Turkel iniciou um projeto na Microsoft, enquanto um prédio de doze andares começava a ser construído do outro lado da rua. Ao longo do tempo, Turkel foi negociando com as inúmeras divisões da empresa, e as reuniões foram se acumulando. Ele perdeu meses tentando cair nas graças de supervisores, chefes e chefes de chefes. Até que, certo dia, durante mais uma de tantas reuniões, Turkel olhou pela janela e viu que o prédio do outro lado da rua havia ficado pronto, enquanto o projeto ainda não tinha um fim à vista.

Sob o comando de Ballmer, a Microsoft entrou em guerra com outros gigantes da tecnologia.[10] Com isso, muitos de seus produtos não eram permitidos nos iPhones. Em vez de admitir que a Apple tinha ganhado a guerra dos celulares, a Microsoft fez um último esforço para competir, adquirindo a Nokia em 2013.[11] Resultado: anos perdidos e um prejuízo de bilhões para a Microsoft.

Welch, Ballmer e inúmeros outros CEOs atuais agem como se suas organizações fossem cheias de pessoas descompromissadas, egoístas e calculistas. Pesquisas revelam que o cinismo dos líderes penetra tanto os estímulos quanto os castigos que eles usam como motivação. Nas organizações cínicas, os trabalhadores são recompensados pelo desempenho individual mesmo que sejam péssimos colegas de trabalho – uma "cultura do gênio" que destrói a confiança.[12] Além disso, gestores cínicos presumem que os trabalhadores egoístas tentarão escapar impunes de tudo que puderem, sem se responsabilizar por nada. Para impedir isso, usam ataques preventivos, monitorando, ameaçando e persuadindo as pessoas a trabalhar.[13]

Há muito tempo fábricas, centrais de atendimento e cubículos têm sido vigiados por chefes que suspeitam de tudo. Oito das dez maiores empresas privadas dos Estados Unidos rastreiam a produtividade dos funcionários, frequentemente em tempo real, às vezes usando métodos que beiram o absurdo. A capelã de um centro de tratamento paliativo em Mineápolis informou que em 2020 sua empresa começou a dar "pontos de produtividade".[14] Visitar um paciente prestes a morrer rendia 1 ponto; comparecer a um enterro valia 1,75.

Durante a pandemia, milhões de empregados passaram a trabalhar remotamente, tentando realizar o serviço enquanto administravam o caos inicial da Covid-19. As empresas grandes poderiam ter confiado em seus profissionais, acreditando que eles alcançariam os objetivos a tempo. No entanto, cerca de 60% optaram pela escolha oposta, usando aplicativos para espiar o que os funcionários faziam. Os empregados eram pagos por minuto de "tempo ativo" – enquanto usavam o computador, uma câmera detectava seus rostos. Após ir ao banheiro, uma advogada precisava posar na frente de seu notebook em três ângulos para provar que estava de volta ao trabalho.[15]

Ao comparar e monitorar, os chefes colocavam seus empregados em guerra uns com os outros, ao mesmo tempo que demonstravam não confiar neles. E, à medida que essas práticas ganhavam popularidade, as condições do mundo corporativo se exacerbavam: em 1965, os CEOs dos Estados Unidos ganhavam 21 vezes mais do que um empregado médio. Em 2020, eles ganhavam 350 vezes mais. Num mundo cheio de *economicus*, esse aumento faz sentido. No nosso, precisamos nos perguntar: qual é o custo disso?

O alto preço da desconfiança

Na Microsoft, a desconfiança teve um custo elevado. Sob o comando de Ballmer, o moral despencou, e a capacidade de inovação também. Um dos principais culpados foi a tática do *rank and yank*. A cada seis meses, os gerentes fechavam as persianas nas salas de reuniões e colavam post-its num quadro-branco para decidir o destino de seus empregados. Por mais talentosas que fossem suas equipes, a maioria dos chefes precisava indicar alguns funcionários com desempenho inferior, e eles eram cortados.

Os efeitos se reproduziram em cascata por toda a empresa. Engenheiros talentosos se distanciavam uns dos outros, preferindo estar no topo de uma equipe medíocre a estar no meio de uma equipe excepcional. Num mundo de soma zero, para sobreviver não era preciso ser excelente. Para fugir de um tigre, os empregados só precisavam ser mais rápidos que seu colega mais lento – ou fazê-lo tropeçar. Como explicou um engenheiro: "As pessoas responsáveis pelo desenvolvimento de funcionalidades sabotam escancaradamente os esforços de outras pessoas. Uma das lições mais valiosas que aprendi foi parecer ser educado enquanto escondia informações, para evitar que meus colegas ficassem à minha frente nas avaliações."[16] Os funcionários também criavam boatos uns sobre os outros, o que o gerente de produção, Mark Turkel, chamou de "administração por assassinato de caráter". Na Alemanha Oriental, os espiões podiam estar na loja, na calçada ou até na sua casa. Na Microsoft, eles ficavam perto do bebedouro.

As colaborações se desfizeram e os funcionários começaram a brigar para receber crédito. As pessoas permaneciam em suas zonas de conforto para evitar o fracasso.[17] Para maximizar o valor para os acionistas, as equipes buscavam o lucro a curto prazo em vez de tendências que poderiam dar resultado em anos ou décadas. A Microsoft se tornou uma multinacional frágil e burocrática.

Os funcionários de organizações cínicas sofrem mais burnout e são menos satisfeitos com seus empregos. Batem de frente com mais frequência e guardam o conhecimento para si. O cinismo dos líderes infecta rapidamente os empregados. O "Barômetro da confiança" de Edelman descobriu em 2022 que, quando os empregados sentiam a confiança dos chefes, confiavam de volta em 90% das vezes. Quando não sentiam essa confiança, menos de metade tinha fé no gestor direto e só um quarto tinha fé no CEO. E, assim como as vidas cínicas, os empregos cínicos costumam ser mais curtos, tendo em vista que os profissionais procuram sair deles o quanto antes.[18]

Você pode achar que toda essa dor é o preço a se pagar pela vitória. O darwinista social Andrew Carnegie defendia essa ideia. A luta interminável "às vezes pode ser difícil para o indivíduo", lamentou ele, mas "é o melhor para a raça, porque garante a sobrevivência do mais apto". O problema é que as organizações cínicas acabam sendo notavelmente ineptas.

Numa corrida para naturalizar a ganância, os darwinistas sociais ignoram o que Peter Kropotkin e outros cientistas descobriram: os animais sobrevivem trabalhando juntos, e não uns contra os outros. As criaturas hipersociais, como os seres humanos, levam essa visão a outro nível. As comunidades formam suas culturas próprias e competem umas com as outras, como superorganismos em combate. Quanto mais intensa for a luta entre grupos, mais os indivíduos precisarão se unir. Em tempos de guerra, povos e nações odeiam o outro lado e se unem. Dezenas de estudos realizados em mais de quarenta países descobriram que a guerra intensifica a generosidade dentro dos grupos,[19] quando soldados e vizinhos arriscam a vida uns pelos outros.[20]

O conflito não precisa ser violento para unir cada um dos lados. Nos esportes, no trabalho e na vida, quanto mais um grupo coopera, melhor se sai contra os adversários. Bill Bradley, ex-atleta da NBA que se tornou senador dos Estados Unidos, explicou bem essa ideia, refletindo que "o sucesso do grupo garante o sucesso do indivíduo, mas o contrário não é verdadeiro". O *rank and yank*, a vigilância e o microgerenciamento são táticas que destroem essas vantagens. O cinismo organizacional também custa muito dinheiro. Profissionais e empresas que confiam uns nos outros desenvolvem parcerias longas e mutuamente benéficas. O cinismo, porém, substitui isso pela dúvida e pelo atrito. Os acordos informais dão lugar a contratos complexos, e advogados são muito bem pagos para proteger todo mundo de todo mundo. Os gastos resultantes disso, conhecidos como "custos de transação", rapidamente alcançam valores exorbitantes.[21]

Ao criar um mundo de *economicus* obcecados por resultados financeiros, as organizações cínicas perdem sua humanidade – e os resultados financeiros vão junto. Ao chutar, esfolar e degolar seus colegas, você pode chegar ao topo de uma comunidade com essas características, mas, quando fizer isso, pode descobrir que outra empresa, equipe ou comunidade perto de você vinha colaborando o tempo todo. Os poucos que sobrevivem a tanto cinismo raramente alcançam os resultados de quem trabalha em união.

Cultivando cínicos

Poucas pessoas têm o instinto natural de atacar os outros pelas costas e de participar de joguinhos políticos no trabalho. Os primeiros empregados da Microsoft se lembravam de uma empresa diferente: engenheiros com camisas floridas. Uma atmosfera alegre. Mas, ao tratar os trabalhadores como pessoas egoístas e indignas de confiança, a Microsoft, a GE e inúmeras outras empresas extraíram delas o que tinham de pior.

Em Boston, os bombeiros tiraram mais licenças médicas após serem acusados de fraude. Na década de 2010, os gerentes da Wells Fargo obrigavam os empregados a competir uns com os outros a fim de bater metas de venda irreais. Eles reagiram abrindo centenas de milhares de contas bancárias falsas e gerando cartões de crédito fraudulentos, o que resultou em quase 200 milhões de dólares em multas para a empresa. Um empregado descreveu a artimanha que usou para enganar uma idosa e fazê-la abrir uma conta da qual ela não precisava como "o momento mais baixo da minha vida".[22] Em *The HP Way* (O jeito da HP), David Packard escreve sobre o tempo em que esteve na GE, quando a empresa trancava equipamentos para impedir roubos. "Diante dessa demonstração óbvia de desconfiança", escreve Packard, "muitos empregados decidiram provar que a medida era justificada, roubando ferramentas e peças sempre que podiam."

Agora que a desconfiança se tornou digital, a retaliação também ficou. A todo momento vêm surgindo soluções para ajudar os trabalhadores a enganar os programas de espionagem das empresas. "Sacudidores de mouse", como minirrobôs aspiradores, movimentam o mouse da pessoa a intervalos aleatórios, enganando programas espiões para fazê-los pensar que você está trabalhando. Um desses aparelhos tem milhares de comentários com cinco estrelas na Amazon, inclusive a seguinte pérola: "Se o seu chefe é um idiota inútil que adora fazer microgerenciamento e não sabe que presença não é o mesmo que produtividade, este é o equipamento perfeito. Se você é um desses chefes e está lendo esta resenha, saiba que ninguém gosta de você." Abaixo dela, o site da Amazon informa que "389 pessoas acharam [essa avaliação] útil".

O *economicus* nasceu como uma piada. Maus líderes deram vida a ele, piorando a vida de todos. Esse padrão assola o trabalho moderno, mas não para – nem começa – aí. A primeira organização na qual a maioria das pessoas entra não é uma empresa, é a escola. E muitas salas de aula funcionam com um nível de cinismo que faria Jack Welch ruborizar.

LAJUAN WHITE NÃO PODIA MAIS MORAR no quarteirão onde havia crescido. Diretora de uma escola do ensino médio no Brooklyn, viu os preços do aluguel aumentarem devagar, depois dispararem, alcançando valores muito acima do que a maioria dos educadores podia pagar. Em 2015, ela se cansou e pediu transferência para Syracuse. Foi alocada numa escola do ensino fundamental, mas três dias depois foi redirecionada para a Escola Lincoln, de ensino médio.

Seu novo cargo daria medo até num educador veterano. A Escola Lincoln tinha a quinta maior taxa de suspensões do estado. Estava entre as escolas "persistentemente perigosas" do estado de Nova York,[23] definição dada para as instituições que têm mais de três incidentes graves de violência a cada cem estudantes por ano. Em apenas seis anos, a Escola Lincoln tinha mastigado e cuspido cinco diretores. Visto de fora, o prédio de tijolos parecia uma escola qualquer, mas que horrores esperavam White lá dentro? Ela não sabia.

Uma semana depois de assumir o cargo, ela continuava sem saber. Alguns alunos eram maus uns com os outros. Alguns nunca compareciam às aulas. Mas eram pré-adolescentes, não ameaças à sociedade. Um quarto deles tinha necessidades de aprendizagem especial e muitos tinham chegado aos Estados Unidos como refugiados. O que White percebeu claramente foi "uma cultura do castigo". Os professores já esperavam que os alunos fariam bobagem e estavam sempre prontos para usar sua melhor arma de contra-ataque: os "Relatórios de Incidentes Violentos ou de Indisciplina" (VADIR, na sigla em inglês – a pronúncia é "vêider", associada a Darth Vader, nome do vilão de *Star Wars*).[24]

Os professores usavam esse sistema para documentar agressões físicas, tráfico de drogas e posse de armas. Outras categorias de VADIR, como o bullying, eram mais turvas. Um comentário grosseiro podia ser apenas grosseiro mesmo ou podia ser relatável, dependendo da avaliação dos professores – que em geral dependia do aluno que eles estavam julgando. Os alunos negros e brancos eram suspensos em níveis parecidos para delitos inquestionáveis (por exemplo, levar uma faca para a escola), mas os negros eram mais punidos por infrações subjetivas, como "desrespeito".[25] Fazer o relatório de uma indisciplina era o modo mais rápido de não ter que lidar com ela. Assim, era o recurso predileto de muitos professores, que com isso desenvolviam um olhar aguçado para o "lado sombrio" dos alunos.

Syracuse é uma cidade nitidamente mais pobre do que as vizinhas – muitos professores da Escola Lincoln a haviam escolhido por causa disso, com o objetivo de combater a desigualdade educacional. Eram idealistas, mas a cultura do castigo trouxe à tona seu lado mais cínico. "Quando os adultos estão dominados pelas emoções", me disse White, "acabam descrevendo o jovem da pior forma possível no relatório." Essa desconfiança se espalha para os alunos, o que é natural. Quando os estudantes recebem castigos excessivos – ou veem amigos sofrerem maus-tratos –, sua fé na escola se esvai e eles passam a ter um comportamento ainda pior. Como escreve um cientista, crianças e jovens inseridos numa cultura de castigo "têm comportamentos mais desafiadores para reafirmar sua liberdade e demonstram cinismo em relação às instituições".[26] Na Escola Lincoln, os alunos se tornaram exatamente o que os professores temiam.

Liderando o *Homo collaborator*

A charge da guerra interna da Microsoft incomodou Satya Nadella, que tinha assumido o cargo de CEO apenas cinco dias após sair uma matéria na Bloomberg dizendo que ninguém queria aquele emprego. Entretanto, o que incomodou Nadella mais do que a própria charge "foi que nosso pessoal simplesmente a aceitou".[27] Assim, como líder, ele decidiu reestruturar a cultura da empresa partindo de uma visão diferente. Ballmer havia comandado a Microsoft como se os empregados fossem *Homo economicus*. Nadella presumiu o oposto: que a Microsoft estava cheia de *Homo collaborator*, uma espécie que desejava criar unida.

Junto com sua diretora de RH, Kathleen Hogan, Nadella criou um ambiente para o *collaborator*. O *rank and yank* foi aposentado, e os novos líderes introduziram um sistema de avaliação mais integrado. Os funcionários seriam avaliados de acordo com seu desempenho individual[28] e também por sua capacidade de apoiar os colegas. Isso não era apenas um jeito bonzinho de recompensar os trabalhadores; era uma medida sensata. Quando os resultados das pessoas estão conectados, é mais provável que elas unam forças. Os pesquisadores chamam isso de "interdependência de tarefas", que é o oposto da soma zero, pois aumenta a confiança entre os colegas, une as pessoas.[29] Também torna o trabalho mais eficiente, à medida que as pessoas compartilham o conhecimento e trabalham em sincronia na direção de objetivos em comum.

Nadella tratava até empresas rivais como *collaborator*. Num gesto que seria impensável anos antes, subiu ao palco numa conferência do setor, enfiou a mão no bolso e pegou um iPhone – equipado pela primeira vez com o Office, o Outlook e outros produtos da Microsoft. Em essência, Nadella estava abrindo mão da corrida tecnológica de celulares, mas permitindo que as duas empresas saíssem ganhando, por dar aos consumidores o que eles queriam. "Muitas vezes a parceria é vista como um jogo de soma zero", escreveu ele. Dentro e fora da Microsoft, porém, Nadella buscou oportunidades de fazer o bolo crescer e aproveitar os instintos colaborativos.

Na nova Microsoft, a administração rígida deu lugar a enormes *hackatons*, maratonas de programação que encorajam o compartilhamento de novas ideias. A liderança deu mais espaço às pessoas – e as ouviu com mais atenção. No início da pandemia, Hogan iniciou uma série de pesquisas para entender as experiências dos empregados. A mensagem que retornou foi clara: as pessoas estavam no meio de um furacão, tendo que cuidar dos filhos, lidar com a doença e resolver problemas imprevisíveis que apareciam a todo momento. Elas precisavam de flexibilidade e apoio. Em resposta, a Microsoft anunciou que os empregados podiam trabalhar de casa a longo prazo, aumentou os benefícios relativos à saúde mental e passou a dar doze semanas de licença-paternidade.[30] Ao mesmo tempo, Hogan investiu no treinamento de liderança para ajudar os executivos a se manterem solidários e conectados. Deu certo: em 2020, mais de 90% dos empregados da Microsoft confiavam em seus gestores. E, em 2021, Hogan foi eleita Executiva de RH do Ano.[31]

A liderança da Microsoft confiou primeiro para receber confiança depois – mas não foi só isso que ela ganhou. As *hackatons* aumentaram a agilidade de pensamento dos funcionários. Novas ideias ganharam força. Os engenheiros exploraram a computação em nuvem e a inteligência artificial, e a empresa fez grandes investimentos na OpenAI, criadora do ChatGPT. Em poucos anos, o valor de mercado da Microsoft aumentou em quase dez vezes. Em vez de vantagem competitiva, Nadella descobriu uma vantagem cooperativa que toma forma quando os líderes têm fé no seu pessoal.

A ESCOLA LINCOLN NÃO PODERIA ser mais diferente da elegante sede da Microsoft, em Washington, mas a filosofia que LaJuan White implantou ali se parece com a de Nadella. A cultura do castigo presume o pior por parte dos alunos. Em vez disso, White começou fazendo perguntas. Por que os alunos estavam se comportando mal? O que eles estavam vivendo?

Para descobrir o que acontecia, ela começou a visitar casas de alunos. No início, as famílias se mostraram confusas, depois agradecidas pela atenção dada aos filhos. Ao conectar família e escola, White cultivou um tipo de autoridade mais pessoal. "Eu conhecia muitos pais pelo nome", lembra ela. "Se uma menina fizesse bobagem, eu podia dizer: 'Não me faça ligar para o seu pai!'"

Além disso, ela viu em primeira mão o que os alunos estavam enfrentando. Na casa de um "encrenqueiro", uma janela quebrada tinha sido coberta com um plástico fino que balançava ao ritmo da brisa gelada. O lugar estava infestado de insetos. Ficou claro que o aluno era o chefe da casa e que a escola era o único lugar onde ele podia ser criança. "Isso muda completamente a nossa visão",[32] diz White. "Em vez de perguntar 'O que você fez de errado?', eu pergunto 'De que você precisa? Está com fome? Precisa de tempo para resolver algum problema?' Os alunos que buscam atenção do modo menos convencional são os que mais precisam de amor."

Em seguida, White começou a reformar a cultura do castigo na Escola Lincoln. Para se orientar, buscou a filosofia da justiça restaurativa. Quando alguém é injustiçado, a justiça punitiva diz que é preciso encontrar o culpado e fazê-lo pagar. Na justiça restaurativa, perguntamos quem foi prejudicado e de que forma podemos acabar com a dor dessa pessoa. White diz: "Se você comete um erro e eu suspendo você, qual é o aprendizado? Em vez disso, queremos saber como as duas partes podem alcançar a cura."

Os professores não quiseram aceitar a mudança de método. Se não pudessem punir os alunos, as salas de aula virariam uma confusão. Sentiram-se microgerenciados, sem poder e inseguros. White foi xingada "mais de uma vez" e todos os dias, antes de entrar no carro, dava uma olhada nos pneus, para ver se algum adulto descontente tinha ido até lá furá-los. Mas não recuou. Estabeleceu um diálogo com os professores, ouviu as preocupações deles e os convidou a criar um novo plano junto com ela.

O resultado foi uma receita de disciplina restaurativa, que a Escola Lincoln batizou de "hierarquia da sala de aula".[33] Se um aluno errava, o professor o reorientava. Se isso não desse jeito, chamava o jovem para uma conversa pessoal e perguntava o motivo da explosão. Em seguida, o aluno passava dez minutos refletindo. Se essa estratégia também fracassasse, o professor podia tirar o aluno da sala ou mandá-lo para casa. O novo sistema exigia mais do adulto. Jen Harris, orientadora educacional na Escola Lincoln, disse: "Eu preciso resolver sozinha os problemas de disciplina. Nenhum professor pode ir à sala do gestor e pedir: 'Faça alguma coisa com esse aluno.' Porque nesse caso eu vou dizer: 'O que você fez em termos restaurativos? Você desenvolveu um relacionamento com o aluno?'"[34]

Com essa mudança de abordagem, os professores começaram a pensar de modo diferente. Um jovem baguenceiro estava mais para um parceiro com o qual o professor devia trabalhar do que para um perigo a ser eliminado. Pesquisas revelam que quando os professores demonstram fé nos alunos – sobretudo durante dificuldades e conflitos –, eles agem de forma recíproca e têm menos probabilidade de voltar a errar.[35] Foi o que aconteceu na Escola Lincoln. White viu garotos "difíceis" se abraçarem nos corredores e valentões fazerem as pazes com suas vítimas. O número de suspensões caiu mais de 15% no primeiro ano de White. A escola se livrou rapidamente do rótulo de "persistentemente perigosa" e desde então não voltou a tê-lo.

A liderança contra o cinismo

Os líderes estabelecem as condições preexistentes em que as pessoas vivem, aprendem e trabalham. A cultura do castigo faz as crianças acreditarem que não há esperança ou salvação para elas. A administração ao estilo Jack Welch mostra aos empregados que eles são *economicus* e não deveriam se dar ao trabalho de tentar ser outra coisa. Mas podemos fazer melhor. LaJuan White adotou um mantra simples: tratar seus alunos como as pessoas que queremos que eles sejam, e não as pessoas que tememos. Nadella acabou com o cinismo na Microsoft e alcançou uma vantagem cooperativa.

Você não precisa comandar uma escola ou uma empresa bilionária para ser como eles. Emile desenvolveu seu Laboratório de Neurociência da Paz e do Conflito para o *Homo collaborator*, e uma de suas premissas era de que os cientistas devem compartilhar o crédito pelo achado do grupo em vez de tentar brilhar mais que os outros. Eu gostaria de poder dizer o mesmo. Em 2012, Stanford me ofereceu um belo escritório e verba para iniciar meu laboratório de pesquisa; era um sonho realizado após quase uma década de treinamento. Em pouco tempo, porém, percebi que não era habilitado para o cargo. Estava me sentindo um atleta amador convocado para ser o técnico de um time profissional. O jogo era o mesmo, mas exigia um conjunto de habilidades totalmente distinto. Os cargos de professor assistente também são temporários; você tem alguns anos para fazer o melhor trabalho científico possível antes de se candidatar a uma cátedra na universidade. Então as pessoas mais realizadas de sua área de atuação precisam decidir se você deve ser demitido ou não.

Esse processo não casou bem com a minha ansiedade, e o resultado fez mal às pessoas ao meu redor. Eu me sentia pressionado a produzir, e pela primeira vez não podia fazer isso sozinho. Meu futuro dependia de pessoas que eu tinha contratado semanas antes. Reagi pressionando muito os jovens cientistas no meu laboratório, a todo momento checando o que eles faziam e verbalizando minha decepção quando não alcançavam meus padrões pouco realistas. Era como se eu estivesse usando um manual de liderança cínica, e em pouco tempo o tiro saiu pela culatra: uma integrante do laboratório pediu uma reunião urgente comigo. Em lágrimas, disse que o trabalho estava estressante demais, que aquilo não era saudável e que iria embora se a situação não mudasse.

Cada detalhe dessa conversa permanece gravado na minha mente. Quase doze anos depois, fico corado de vergonha ao me lembrar dela. Veja que ironia amarga: um cientista que pesquisa a empatia havia criado uma cultura de trabalho tóxica. Hoje sou grato por aquela integrante do laboratório ter tido coragem de desafiar um novo chefe. O feedback me acordou como um balde de água gelada, e percebi que precisava mudar o estilo de gestão. A partir dali, assumi o compromisso de trabalhar em parceria com as pessoas, confiar que elas alcançariam os objetivos à sua maneira.

Embora eu ainda não tivesse ouvido essa expressão, a "atenção não invasiva" – o estilo de Bill Bruneau como pai – se tornou minha estrela-guia como líder. No início de cada reunião, em vez de perguntar aos estudantes o que eles tinham feito, eu perguntava de que precisavam. Fazia o máximo para atender às suas solicitações, observando de perto quando eles pediam e deixando-os explorar quando preferiam esse outro curso de ação. Criamos um "manual do laboratório" com nossos valores, tendo a cooperação no centro. Todo o laboratório participou da revisão do manual; assim, todos eram donos do processo, e isso criou uma compreensão mais clara do que esperávamos uns dos outros.

Essas mudanças me acalmaram e melhoraram o clima no laboratório. Decidi que, mesmo se esse novo estilo custasse minha cátedra, isso seria melhor do que consegui-la sendo um mau chefe. Mas aconteceu o oposto: os saltos de fé que dei com meus estudantes foram recompensados na forma de uma ciência inovadora e cuidadosa. Em meio a uma cultura mais livre, os integrantes do laboratório passaram a trabalhar mais em parceria, gerando ideias que nenhum deles poderia ter tido sozinho. A vantagem cooperativa chegou à nossa pequena comunidade e ali permaneceu.

Mais recentemente tentei compartilhar essas lições. Na empresa de programação SAP, expliquei a jovens gestores de quatro continentes os efeitos corrosivos do cinismo e como eles podiam usar o enquadramento de ativos e os saltos de fé. Sugeri que, quando vissem um funcionário em dificuldade, repensassem as tarefas dele para trazer à tona seus pontos fortes. Por outro lado, quando fossem aumentar o nível de responsabilidade de um funcionário, sugeri que "confiassem em voz alta", deixando claro que tinham fé na pessoa. Muitos desses gestores eram novos. Como havia acontecido comigo em meu começo em Stanford, alguns só se sentiam seguros quando microgerenciavam suas equipes. Mas, um por um, eles desaprenderam esses hábitos e passaram a liderar com confiança. Em resposta, suas equipes ficaram mais produtivas, e as avaliações de seus funcionários melhoraram duas vezes mais rápido do que as dos funcionários de gestores que não participaram do programa.[36]

Qualquer líder é capaz de aprender o "anticinismo", e os que não fazem isso podem ficar rapidamente para trás. Durante os dois primeiros anos da pandemia, muitas pessoas pediram demissão, enquanto outras praticaram o "quiet quitting" (também conhecido como "demissão silenciosa", em que funcionários fazem só o mínimo possível no trabalho). Muitos líderes ficaram irritados e confusos com essas tendências, mas não deveriam. A campanha de sabotagem à lealdade nasceu no topo décadas atrás, com métodos de trabalho que incentivavam uma gestão suspeita e exploratória. Esses movimentos são apenas uma reação que foi adiada por muito tempo.

A reconstrução de culturas de confiança exigirá mudanças estruturais, como a redução das desigualdades no local de trabalho e a restauração da segurança no emprego. Mas essas medidas precisam ser acompanhadas por uma reforma psicológica, com os líderes passando a acreditar mais nas pessoas que têm menos. De sua parte, os funcionários estão começando a exigir mais. Nos Estados Unidos, até pouco tempo atrás o número de empregados sindicalizados vinha caindo (em 1980, 20% dos empregados do país eram sindicalizados; em 2021, apenas 10%). Mas esse pêndulo parece estar balançando na direção contrária. Funcionários de empresas como Amazon e Starbucks começaram grandes campanhas de sindicalização. Em 2023, roteiristas e atores no ramo do entretenimento entraram em greve,[37] assim como membros do sindicato das indústrias automobilística, aeroespacial e agrícola. Centenas de milhares de americanos largaram o emprego, e essa é outra maré que tem ganhado força. Também em 2023, uma pesquisa descobriu que mais de dois terços dos americanos são a favor dos sindicatos. Em 2009, eram menos da metade.[38]

Durante a pandemia, os trabalhadores perceberam sua força. Um chefe que não esteja disposto a mudar suas práticas cínicas veria os funcionários irem embora para organizações que os valorizam, para lugares que confiam e acreditam neles.

8
A falha nas nossas linhas de falha

Em 1983, a União Soviética quase iniciou a Terceira Guerra Mundial por medo de que seu rival já tivesse feito isso. A Operação RYaN tinha sido lançada dois anos antes (a sigla significa *Raketno Yadernoe Napadenie*, "ataque por míssil nuclear", em russo). Foi a maior operação de inteligência soviética durante a Guerra Fria, mas era inteiramente baseada em premissas falsas.

A Operação RYaN foi criada por Yuri Andropov, diretor da KGB. Andropov fora embaixador soviético na Hungria em 1956, quando os húngaros se uniram num levante nacional. Após garantir aos líderes húngaros que não invadiria o país, Andropov os traiu, reprimindo a revolta com violência. Tanques soviéticos dispararam contra prédios civis,[1] matando milhares de pessoas. Andropov passou a ser visto como uma figura de terror na história húngara. A experiência também deixou cicatrizes em Andropov, que assistiu à execução de seus soldados por forças da resistência húngara em praça pública.

Ao se dar conta de como era fácil ameaçar o poder soviético, Andropov passou o resto da vida paranoico com o colapso desse poder. Na década de 1980, voltou essa obsessão contra os Estados Unidos, certo de que o país estava planejando um ataque nuclear. Assim, ordenou que dezenas de oficiais analisassem centenas de possíveis pistas. As tropas americanas estavam se reunindo em lugares incomuns? Os estacionamentos do Pentágono ficavam lotados à noite? Os bancos de sangue estavam coletando mais doações do que de costume? Os agentes de Andropov foram instruídos a "relatar informações alarmantes, mesmo que eles mesmos duvidassem delas".

O resultado foi uma confusão de pistas falsas que – quando vistas do ângulo certo – pintavam um quadro de guerra iminente. A KGB começou a achar que o único modo de não ser pega desprevenida pelo inimigo era pegar os adversários desprevenidos primeiro. Se um agente duplo não tivesse alertado o Ocidente sobre o Projeto RYaN,[2] esse ataque preventivo poderia ter levado ao fim da humanidade.

Andropov partiu do pressuposto de que os Estados Unidos queriam entrar em guerra e criou provas para justificar sua teoria. Nos últimos tempos, muitos americanos têm sido dominados por temores semelhantes, mas hoje o bicho-papão não é uma superpotência mundial, e sim outros cidadãos. Os Oath Keepers (Guardiões do Juramento) são uma milícia de extrema direita que quer tomar o poder. Eles são aterrorizantes, sobretudo considerando que muitos são soldados e policiais. Mas suas reuniões e seus fóruns de discussão deixam claro que eles também *estão* aterrorizados – têm certeza absoluta de que serão capturados pelas forças policiais de um Estado secreto. Em junho de 2020, quando os protestos tomaram conta dos Estados Unidos em decorrência do assassinato de George Floyd por policiais, o líder dos Oath Keepers, Stewart Rhodes, instruiu seu pessoal a ficar em alerta máximo. "Não vamos brincar com isso", anunciou. "Nós entramos numa guerra civil."[3]

O medo de Rhodes não serve de desculpa para os crimes que cometeu. Em 2023, ele foi condenado a dezoito anos de prisão por seus atos durante o ataque de 6 de janeiro de 2021. A maioria dos americanos não é violenta ou paranoica como os Oath Keepers, mas muitos compartilham a convicção de que a guerra está próxima. Em 2022, uma pesquisa apontou que 69% de eleitores dos partidos Democrata e Republicano acreditavam que as leis nacionais estão sob ameaça.[4] Os conflitos estão aumentando nos Estados Unidos e em outros países, por vários motivos, inclusive o *cinismo tribal*: a crença de que as pessoas do outro lado são idiotas, más ou as duas coisas.

O demônio que não conhecemos

Imagine uma pessoa mediana cujas crenças políticas são opostas às suas. Como ela é? Onde mora? No que trabalha? Diverte-se com o quê? O que você acha que ela pensa sobre temas polêmicos, como imigração, aborto e controle de armas? Ela apoiaria a violência para fazer valer esses pontos de vista? O que essa pessoa pensaria de você?

Na mesma época em que os americanos perderam a confiança uns nos outros, cresceu o desprezo por pessoas de quem discordavam. Em 1980, os republicanos e democratas dos Estados Unidos sentiam muita simpatia por seu próprio partido (daqui em diante vamos chamá-los de "companheiros") e eram neutros com relação ao outro (vamos chamá-los de "rivais"). Em 2020, os partidários sentiam mais aversão pelo outro lado do que simpatia pelo próprio.[5]

As pessoas temem e odeiam os rivais – e os evitam cada vez mais. Na década de 1970, os Estados Unidos tinham estados que votavam em um partido ou no outro, como agora. Dentro desses estados, porém, muitos condados tinham eleitores mistos, com votação equilibrada. Desde então, os americanos passaram a se afastar dos rivais a ponto de os condados serem tão segregados politicamente quanto eram durante a Guerra Civil.[6]

À medida que interagimos menos com rivais, perdemos o conhecimento real sobre eles, mas isso não significa que paramos de pensar neles. O vácuo de informação é preenchido pela mídia e pela nossa imaginação. Como já vimos, essas duas forças são dominadas pelo viés de negatividade e nos levam a ser cínicos.

Vamos voltar ao rival político "médio" que você imaginou. Dezenas de estudos pediram aos americanos que respondessem a perguntas, e eles deram respostas incorretas de praticamente todas as maneiras que os cientistas podem medir. Mesmo fora da política, temos a ideia errada com relação à vida dos outros.[7] Os democratas acham que 44% dos republicanos ganham mais de 250 mil dólares por ano. Na verdade, apenas 2% ganham isso. Os republicanos acham que 43% dos democratas fazem parte de algum sindicato, mas na verdade são apenas 10%. Os republicanos que gostam de gatos acham que os democratas preferem cachorros, e os republicanos que gostam de cachorros[8] acham que os democratas gostam de gatos.

Tanto democratas quanto republicanos também imaginam que os rivais são mais *extremistas* do que realmente são, um padrão que os pesquisadores chamam de "falsa polarização".[9] Em temas como imigração e aborto, as pessoas acham que o rival médio é mais extremista do que 80% das pessoas do outro partido. Ou seja, acreditamos que a pessoa média do outro lado é uma extremista. E quanto mais específicas as perguntas, mais as pessoas se equivocam.[10] Os democratas acham que apenas 35% dos republicanos concordariam que "os americanos têm a responsabilidade de aprender com o passado e consertar seus erros", mas o número real é 93%. Os republicanos acham que apenas 40% dos democratas acreditam que "a Constituição deve ser preservada e respeitada". Na verdade, 80% acreditam nisso.

A falsa polarização mistura viés de negatividade e ideologia. Se eu acredito em alguma coisa, meu inimigo deve acreditar no oposto. Esses erros de percepção carregados de cinismo obscurecem toda uma paisagem de consenso nacional. Em 2019, Emile e seus colaboradores perguntaram aos americanos até que ponto a imigração deveria ser restrita, numa escala de 0 a 100, onde 0 significava que todas as fronteiras deveriam ser abertas e 100 significava que todas deveriam ser fechadas. Além disso, pediram que eles adivinhassem como um rival político médio responderia à mesma pergunta. Os pesquisadores descobriram duas paisagens.[11] A primeira, composta por pessoas reais, parecia um morro com dois picos: os democratas queriam mais abertura, os republicanos, menos, mas havia muita sobreposição no meio. A segunda, composta pela percepção das pessoas, era parecida com dois morros separados, cada um povoado por opiniões extremas e desconectadas.

POSIÇÕES REAIS SOBRE A IMIGRAÇÃO

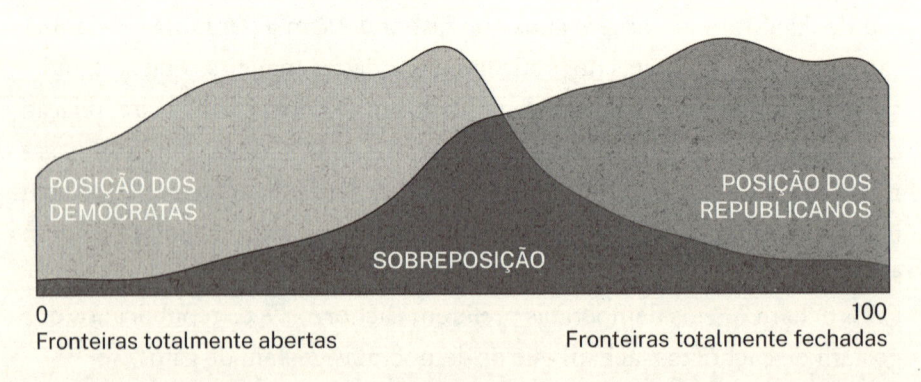

POSIÇÃO DOS DEMOCRATAS

POSIÇÃO DOS REPUBLICANOS

SOBREPOSIÇÃO

0 — Fronteiras totalmente abertas

100 — Fronteiras totalmente fechadas

PERCEPÇÃO DAS POSIÇÕES SOBRE A IMIGRAÇÃO

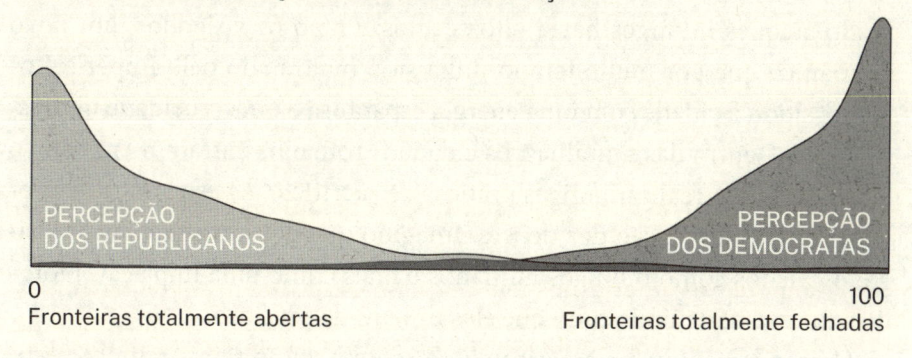

PERCEPÇÃO DOS REPUBLICANOS

PERCEPÇÃO DOS DEMOCRATAS

0
Fronteiras totalmente abertas

100
Fronteiras totalmente fechadas

Essa imagem diz muito sobre o momento que vivemos. No fundo, existe muita concordância entre os americanos, não só a respeito da imigração. Uma pesquisa de 2021 com mais de 80 mil pessoas identificou quase 150 temas em que republicanos e democratas concordavam.[12] Em vários deles, mais de dois terços de *ambas* as partes tinham a mesma opinião. Entre esses temas estavam proibir o financiamento de campanhas por empresas; dar oportunidades de adquirir a cidadania aos imigrantes que chegavam aos Estados Unidos ainda crianças; e oferecer incentivos fiscais para estimular a energia limpa. No entanto, na imaginação dos americanos, os valores compartilhados foram erodidos e hoje são ilhas minúsculas, quase invisíveis acima da superfície da água.

Não sabemos quem são as pessoas que estão do outro lado, no que acreditam nem até que ponto são pacíficas. Recentemente cientistas de 26 países perguntaram às pessoas como elas se sentiam com relação aos rivais políticos e o que achavam que os rivais pensavam *delas*. Tanto conservadores quanto liberais sentiam aversão pelo outro lado. Mas, em quase todos os países, as pessoas superestimavam enormemente o quanto o outro lado sentia aversão por elas. Além disso, os americanos acham que os rivais estão se preparando para a violência. Em 2020, pesquisadores perguntaram a 1.500 pessoas se elas apoiariam a violência para ajudar a causa que defendiam. Cinco por cento dos democratas e 8% dos republicanos disseram que sim: uma minoria pequena, mas ainda assim assustadora. A questão, porém, é que cada grupo *achava* que mais de 30% do outro lado apoiavam a violência, imaginando que os rivais eram muito mais sedentos de sangue do que eram na realidade.[13]

No ano 410, Roma tinha 800 mil habitantes. Suas muralhas vinham evitando ataques inimigos havia oito séculos. Então os visigodos, um povo germânico que por muito tempo tinha sido maltratado pelo Império Romano, sitiou a cidade com uma energia espantosa e uma crueldade impressionante. Dentro das muralhas, os cidadãos romanos entraram em pânico e pensaram em realizar antigas práticas de sacrifício, na esperança de provocar uma intervenção dos deuses. Imagino que deviam enxergar os visigodos menos como inimigos humanos e mais como uma implacável força da natureza destruindo tudo que eles tinham de precioso.

Hoje em dia, muitos americanos se sentem como se as muralhas estivessem sendo derrubadas. Claro, *existem* muitos perigos políticos reais nos Estados Unidos e em outros lugares. Mas um modo garantido de piorá-los é presumir que nossos rivais são visigodos e permitir que eles cheguem à mesma conclusão sobre nós.

Uma guerra que ninguém deseja

Há cerca de vinte anos, cientistas formaram pares de desconhecidos e pediram que um desse um tapa na mão do outro. A tarefa da segunda pessoa era bater de volta com a mesma força. Então a primeira pessoa imitava a batida da segunda, e assim por diante. Se elas fossem precisas, a força dos golpes permaneceria constante. Em vez disso, cada uma *sentia* que tinha sido golpeada com mais força do que na realidade e, tentando agir com reciprocidade, aumentava a força. Na média, cada tapa era 40% mais forte do que o anterior. Em poucas rodadas, as pessoas estavam batendo nas outras com o dobro da força do início.[14]

Num mundo polarizado, o viés de negatividade distorce o pensamento político e os ataques preventivos moldam nossas ações. Pesquisadores descobriram que as pessoas que imaginam rivais cheios de ódio têm mais probabilidade de concordar que seu partido deveria "fazer todo o possível para prejudicar o outro, mesmo que o país sofra com isso a curto prazo". O mesmo vale para a violência. Os indivíduos que achavam – incorretamente – que o outro lado queria guerra eram mais favoráveis ao uso de violência três meses depois.

A verdade é que a grande maioria das pessoas prefere a paz, mas, quando imaginamos que o outro lado quer sangue, começamos a levantar as defesas. Cada lado procura provas que confirmem o medo, como Operações RYaN concomitantes. E nesse momento não faltam informações equivocadas, como as que Stewart Rhodes dava aos Oath Keepers. Em 2022, o escritor Malcolm Nance publicou *They Want to Kill Americans* (Eles querem matar americanos), um livro sobre milícias conservadoras. Todos deveríamos nos preocupar com grupos terroristas domésticos, mas, carregado de pré-decepção, Nance criou generalizações para toda a direita dos Estados Unidos. "O apoiador médio de Trump acredita que deveria estar se preparando para a guerra civil," disse em uma entrevista.[15]

Rhodes e Nance estão errados, mas seus sonhos febris combinam com nosso cinismo, por isso, mesmo equivocados, eles nos influenciam. Ambos são o que a jornalista Amanda Ripley chama de "empreendedores do conflito":[16] pessoas que estimulam a divisão social com objetivos próprios. Executivos da mídia e influenciadores ganham a vida apresentando os rivais políticos como visigodos dos tempos modernos.[17]

Uma das táticas mais usadas pelos empreendedores do conflito é a generalização: eles apresentam rivais extremados como se representassem um grupo inteiro. Malcolm Nance quer que vejamos o apoiador médio de Trump como um Stewart Rhodes, e Rhodes quer que vejamos o democrata médio como um radical.

Na internet, qualquer pessoa pode entrar nessa guerra cultural, retaliando contra inimigos reais e imaginários, e, assim como os empreendedores do conflito profissionais, somos recompensados por isso. Pesquisadores analisaram mais de 12 milhões de tuítes sobre temas políticos de 2017 para cá. Postagens incluindo palavras de conflito – como "luta", "guerra" e "punição" – viralizaram mais do que as neutras. Em seguida, os mesmos pesquisadores mandaram mensagens para milhares de pessoas que haviam feito esses tuítes e perguntaram como estavam se sentindo. Até pessoas que se sentiam relativamente calmas fingiam estar furiosas em suas postagens.[18]

Em algumas plataformas, pessoas lindas usam filtros para parecer ainda mais belas. No X, pessoas extremistas se esforçam para parecer ainda mais extremistas. Com isso, o restante das pessoas acaba tendo uma visão deturpada e cínica da população em geral.

A maioria das pessoas não odeia as outras, mas odeia a divisão que existe entre grupos rivais. No meu laboratório, descobrimos que mais de 80% dos republicanos e democratas dizem que a polarização é um grande problema para o país e que os americanos prefeririam que houvesse mais cooperação entre os partidos.[19] No entanto, muitos sentem que precisam incendiar, atacar e rebaixar os rivais para se defender. Na tentativa de igualar o nível de agressão do outro, subimos o tom, e os tapinhas rapidamente se transformam em tapas fortes e socos.

Isso acaba com o senso de possibilidade das pessoas. Nosso lado pode ganhar ou perder, mas hoje é cada vez mais forte o sentimento de que *tudo* está perdido e de que nosso projeto nacional fracassou. Isso vale especialmente para os eleitores jovens. Numa pesquisa de 2021, apenas 7% dos americanos entre 18 e 29 anos disseram que seu país tinha uma "democracia saudável". Quase o dobro disso, 13%, disse que era uma "democracia fracassada".[20] Em Israel e Chipre – dois países que passam por longos conflitos –, pesquisadores perguntaram a mais de 100 mil pessoas se algum dia a paz prevaleceria. Quanto mais jovem era a pessoa, menos esperança expressava.[21]

Os jovens americanos cresceram à sombra do Onze de Setembro. No ensino fundamental, seus professores os ensinavam a se proteger de ataques por armas de fogo. No ensino médio, os estudantes aprenderam que a natureza iria acabar antes que eles chegassem à velhice. Os jovens israelenses e cipriotas jamais viveram tempos de paz. O niilismo é uma reação perfeitamente compreensível a essas circunstâncias, mas impede qualquer outra possibilidade.

Em pouco tempo, essa atitude assume as características do cinismo. A desesperança política parece inteligente, e a ideia de que as nações *são capazes* de viver em harmonia começa a parecer simplória e até perigosa. O irônico é que essas visões cínicas sobre os rivais são claramente ingênuas. Mas, conforme ganha força, a desesperança beneficia as elites políticas mais duvidosas. Enquanto acharmos que os lados não são capazes de fazer trocas produtivas, as elites não precisarão trabalhar nesse sentido. Enquanto brigarmos por identidades partidárias, as grandes dificuldades do povo permanecerão ignoradas.

Desfazendo percepções equivocadas

Nossa sensação é de que as guerras culturais existem desde sempre, mas no passado a situação já foi muito melhor – e já foi muito pior. O ódio cresceu, mas pode diminuir rapidamente. A grande maioria dos americanos deseja isso, mas um número cada vez menor tem essa esperança. Se isso mudasse, poderíamos fazer mais para que houvesse a redução do ódio.

Na nossa vida pessoal, o acesso a dados mais precisos pode nos tornar mais esperançosos e evitar que enxerguemos o panorama de forma equivocada. Essa mesma estratégia poderia funcionar diante de um conflito grave e profundo?

Andrés Casas não achava isso, mas mesmo assim decidiu tentar. Casas cresceu em Bogotá, Colômbia, numa área privilegiada da cidade, mas a poucos quilômetros da pobreza e da brutalidade.[22] As FARC estavam em guerra contra o governo colombiano desde a década de 1960. Sequestros, estupros e torturas aconteciam de modo desenfreado.[23] Em cinco décadas de violência, mais de 200 mil colombianos perderam a vida e mais de 5 milhões precisaram se mudar. As áreas controladas pelas FARC não recebiam apoio do governo, o que deixava as pessoas sem serviços básicos e estimulava muitas delas a entrar para o tráfico de drogas.

Na adolescência, Casas encontrou refúgio no punk rock hard core. Com um som pesado, grupos como Bad Brains e Youth of Today pregavam um estilo de vida igualitário e budista. Sob a influência deles, Casas se dedicou à mudança social por meio da ciência. Formou-se em filosofia e ciência política e se aventurou por várias outras áreas de atuação.[24] Após anos sentado atrás de uma mesa, suas ideias pareciam prontas para serem testadas no mundo real.

Em 2013, uma universidade convidou Casas para fazer pesquisas no departamento de Antioquia, na região noroeste do país. Duas décadas antes, a capital da região, Medellín, era a cidade mais perigosa do mundo,[25] assolada pelas drogas e pela guerra entre as FARC e os paramilitares do governo. Os civis ficavam no fogo cruzado, cercados por uma violência impensável e constante. Mas, na época da visita de Casas, a taxa de homicídios havia caído, no que ficou conhecido como "o Milagre de Medellín". Ele queria entender como o milagre havia acontecido e como replicá-lo em outros lugares.

Casas criou um laboratório móvel, usando pesquisas e experimentos como o jogo da confiança para descobrir o que os antioquianos pensavam uns dos outros, mas imediatamente ficou claro que essas ferramentas eram inadequadas. Os membros dos cartéis, muitos dos quais faziam parte do tráfico de drogas desde a infância, tinham códigos sociais totalmente diferentes dos das outras pessoas. Ambos os lados estavam imersos num trauma coletivo, que produziu o que Casas chama de "paralisia mental". A violência havia tirado das pessoas a possibilidade de acreditar, fazendo com que a paz parecesse impossível. Como descreveu um ex-combatente das FARC: "Guerra é guerra, nunca acaba. Estamos sempre esperando o teto cair na nossa cabeça."[26] De repente, as ideias acadêmicas de Casas pareciam risíveis, irrelevantes. "Eu me sentia limitado diante do sofrimento real", lembra ele.

No entanto, em meio a toda aquela destruição, novas possibilidades estavam emergindo. Em 2010, Juan Manuel Santos foi eleito presidente da Colômbia com uma postura oposta à de seu antecessor, que combatia as FARC de maneira agressiva. Num de seus primeiros discursos, Santos disse que a "porta para o diálogo" com os guerrilheiros não "estava trancada" – um salto de fé pequeno, mas poderoso.

Em pouco tempo, as FARC e o governo começaram a conversar sobre possibilidades, e em 2012 uma negociação de paz estava acontecendo a todo vapor. O processo foi tênue e hesitante, interrompido por surtos de violência e muitas crises. Mas em 2016 os dois lados chegaram a um acordo de paz. O governo se ofereceu para estabelecer as FARC como um partido político legal. Os combatentes seriam processados por um tribunal especial, mas receberiam sentenças menores caso confessassem seus crimes. As FARC prometeram se desarmar e pagar compensações às vítimas.

O fim da violência estava à vista. Mas primeiro o país precisaria apoiar essas medidas num referendo nacional. Isso não aconteceu. Os colombianos votaram contra o acordo de paz por uma margem minúscula, de 50,2% a 49,8%. Depois de um longo pesadelo coletivo, metade da população votou por não ter acordo. Casas, junto com milhões de outras pessoas, ficou perplexo, mas concluiu que, para ajudar seu país, precisava entender a mente dos cidadãos, o que o levou a começar um mestrado em psicologia na Universidade da Pensilvânia. Lá, por acaso, teve uma conversa com um professor local: Emile Bruneau.

Os dois marcaram uma reunião para falar sobre pesquisas. Planejada para durar quinze minutos, a conversa durou mais de uma hora e meia. Quando o país de Casas foi citado, Emile perguntou: "Por que os colombianos votaram contra a paz?" Casas não tinha uma explicação simples, mas apresentou um fato intrigante: os colombianos das áreas rurais, mais próximas do conflito, votaram pela paz em grande número, mas as pessoas isoladas da violência em geral votaram contra a paz. Ao saber desse dado, Emile sentiu uma oportunidade e fez uma oferta a Casas: "Venha trabalhar no meu laboratório, mas o compromisso inicial será obter uma compreensão adequada do que aconteceu na Colômbia, para só depois fazer alguma coisa a respeito."

Não muito tempo depois, Emile e Casas embarcaram num voo para a Colômbia, planejando seguir a abordagem de Emile: primeiro o diagnóstico científico, depois o tratamento. Nos meses anteriores ao referendo, a campanha pelo "Não" – contra o acordo de paz – produziu uma guerra-relâmpago na mídia, semeando o medo entre os colombianos. A mensagem, repetida em todos os televisores, celulares e tablets, era de que todos os membros das FARC eram assassinos sem coração e que jamais poderiam se juntar de novo à sociedade. Entre os anúncios havia charges representando os membros das FARC como monstros raivosos atacando o povo colombiano.

Entre o público-alvo da campanha do "Não" estava a mãe de Casas. Funcionária pública dedicada, uma de suas tarefas era prestar auxílio a vítimas deslocadas e torturadas pelas FARC. Após escutar um número interminável de histórias brutais, ela passou a desprezar as FARC e não queria saber das ideias utópicas de paz do filho. A regra da família era: "Nunca falar sobre política."

A campanha pelo "Não" estava errada pelo menos de um modo claro. Os ex-membros das FARC *estavam* se reintegrando pacificamente nas comunidades, mas isso acontecia nas áreas rurais, longe das cidades. A maioria dos colombianos jamais havia encontrado um membro das FARC. Um modo de corrigir essas percepções equivocadas era apresentar ex-membros das FARC ao público. Diversas pesquisas revelaram que, quando as pessoas interagem com estranhos, alguns de seus preconceitos perdem força. Na Colômbia, esse tipo de contato jamais poderia acontecer em grande escala. Mas, se a campanha contra a paz usava a mídia para alimentar o medo, talvez um tipo diferente de mídia pudesse alimentar a esperança.

O irmão de Andrés Casas, Juan, é cineasta e concordou em se juntar ao esforço. Assim, Emile e os irmãos Casas viajaram para um campo de desmobilização das FARC para entrevistar ex-guerrilheiros. Enquanto percorriam de ônibus as colinas de Antioquia, as reflexões de Emile foram capturadas pela câmera: "Tenho a sensação de que o que os ex-membros das FARC pensam não bate com o que os colombianos acham que eles pensam, e essa é a premissa deste experimento. Não sei se tenho razão, por isso estou meio ansioso."[27] Ele tinha outros motivos para se preocupar. A Universidade da Pensilvânia não podia pagar diretamente aos entrevistados, por isso Emile estava financiando o projeto do próprio bolso. "Espero que a polícia não bata à minha porta", disse ele a um colega.[28]

O primeiro teste da equipe não demorou a aparecer. Os jovens colombianos que faziam parte da equipe de filmagem de Juan tinham sido bombardeados pela mesma mídia do restante do país e levaram a pré-decepção para o campo: imaginavam que os membros das FARC fossem terroristas subumanos e traficantes de drogas. As entrevistas despedaçaram essas ideias. Ex-líderes das FARC, combatentes e enfermeiros compartilharam seus traumas, arrependimentos e esperanças. A maioria era de camponeses que viviam na pobreza. Na infância, muitos tinham visto avós, pais e irmãos serem assassinados por paramilitares do governo. Os membros das FARC eram vilões na história do país, mas também eram vítimas. Acima de tudo, quase todos os entrevistados por Emile e Casas queriam a paz.

A equipe de filmagem também foi a primeira plateia do projeto; Emile e os irmãos Casas perguntaram o que eles achavam. "Estou realmente confuso e duvidando de todas as coisas que aprendi", disse uma jovem, "porque, se você conhece essas pessoas e a versão delas sobre a guerra [...] no lugar deles teríamos feito o mesmo para lutar por nossas famílias." Outra, com a voz embargada, respondeu: "Não sei como descrever o que estou sentindo, mas agradeço por poder estar aqui."

A equipe também entrevistou vizinhos do campo. Ao contrário da maioria dos colombianos, eles conviviam com ex-membros das FARC e sabiam que esse contato podia ser pacífico. Juan Casas editou as tomadas criando vídeos de cinco minutos que mostravam a humanidade dos ex-membros das FARC e a reintegração que acontecia em Antioquia. Em seguida, a equipe realizou um experimento: mostrou esses vídeos a centenas de colombianos e mostrou vídeos não relacionados ao conflito a centenas de outros colombianos. Aqueles gravados por Emile e equipe eram um medicamento pela paz, e os outros eram placebos. Depois de as pessoas assistirem a um ou ao outro, Casas, Emile e seus colaboradores indagavam os espectadores sobre o que achavam das FARC e da possibilidade de paz.

A diferença foi drástica. Os colombianos que assistiram aos vídeos de membros das FARC ficaram céticos com relação à narrativa desesperançada amplamente difundida. Eram mais propensos a acreditar que os ex-membros das FARC desejavam a paz, em comparação com aqueles que assistiam aos vídeos "placebos". Além disso, eram mais inclinados a apoiar a reintegração. E o desejo de paz se manteve com os participantes que viram os vídeos dos ex-combatentes mesmo três meses depois.[29] Para Andrés Casas, a prova mais forte veio de sua mãe. Semanas antes da morte dela, ele explicou o projeto em que estava trabalhando, e, depois de assistir ao vídeo, ela disse: "Agora entendo por que você está fazendo isso." Durante anos, ela não se mostrou aberta a sequer conversar sobre as FARC com Andrés, mas o vídeo a fez mudar de ideia. O desamparo que ele havia sentido por anos se dissolveu.

Essas entrevistas substituíram o viés de negatividade por uma narrativa mais esperançosa e humana – o oposto do que a mídia costuma oferecer. Desfez percepções equivocadas sobre rivais em meio a conflitos e crueldades. A paz na Colômbia não tem sido constante. Ainda hoje há um ou outro conflito armado no território, e em 2021 o número de pessoas que precisaram abandonar suas casas triplicou em relação a 2020.[30] Ainda existe uma necessidade urgente de paz, e os irmãos Casas seguem criando experiências de mídia para apoiar a reconciliação. Uma informação dá esperança a Andrés: a maioria das pessoas que ele entrevistou há anos queria a paz. Esse número aumentou de lá para cá.

Quando soube a respeito do trabalho de Emile na Colômbia, fiquei comovido, mas ao mesmo tempo desconfortável. Em geral, pessoas em dificuldades não precisam ou não querem que salvadores – sobretudo homens brancos dos Estados Unidos – resolvam seus problemas. Falei disso com Casas, que entendeu meu ponto de vista, mas fez uma defesa enfática de Emile. Apesar de ter entrado para o laboratório como estudante, Casas sempre foi tratado como igual. Emile fizera questão de que a pesquisa se baseasse na experiência de Casas como colombiano. "Ele não queria um assistente, e sim um parceiro", me conta Casas.

Nos acampamentos, as credenciais de Emile também não importavam. "Ele era só um cara", diz Andrés, "e não um gringo ou um professor." Num filme lançado posteriormente por Casas e seu irmão, Emile coloca essa humildade em palavras: "Acho que, como alguém de fora, não é minha função dar conselhos, dizer às pessoas o que pensar. Só quero compartilhar o que sei sobre a mente humana e sua capacidade de mudar."

No entanto, o que Casas cita com mais frequência são as conexões incríveis que Emile construiu com alguns ex-membros das FARC entrevistados. Uma jovem que vinha relutando em contar sua história decidiu finalmente falar com Emile e no fim chocou todo o grupo com uma interpretação afinadíssima de "Hallelujah", de Leonard Cohen. Um ex-soldado imponente se conectou com Emile quando descobriu que os dois amavam luta greco-romana, e a partir daí contou sua história, trazendo à tona emoções que talvez não tivesse compartilhado durante anos. Casas se maravilhava com esses momentos, dizendo: "Ele fazia as pessoas se abrirem."

Tempos depois assisti a uma parte da entrevista de Emile com o ex-soldado. O que me espanta não é o sentimento que ele extrai de um homem que havia sido perigoso, e sim a emoção que dá e o modo como permite que essas conversas o mudem. "Você me dá esperança", diz Emile, em lágrimas, "não só aqui, mas pela humanidade."[31]

Após adoecer, Emile insistiu em voltar à Colômbia. Com a cirurgia, seu crânio estava tão frágil que ele precisava usar um capacete médico. "A mulher dele provavelmente queria me matar", diz Casas.[32] Seria a última viagem de Emile para fora dos Estados Unidos – uma viagem que tinha tudo a ver com ele, trabalhando pela paz. Emile encontrou inspiração na história da Colômbia, e Casas continuou a missão: todo ano promove uma conferência internacional, a Neuropaz, em que cientistas discutem maneiras de promover a paz. O encontro é dedicado a Emile.

Para acabar com o medo e o ódio das pessoas, Emile e Casas não precisaram enganá-las – eles apenas contaram aos colombianos a verdade sobre o outro lado. Como Casas descreve: "Nós, colombianos, estamos à beira da paz. Essa pesquisa mostra que o melhor modo de alcançá-la é pensar melhor sobre os outros."³³ Essa estratégia funcionou em estudos posteriores nos Estados Unidos e em outros países.³⁴

Quando os problemas se escondem, a luz pode ser o melhor desinfetante. Mas na política a podridão é visível, e o que está escondido ao nosso redor é uma maioria pacífica, curiosa, porém abafada por vozes extremadas. Algumas das nossas linhas de falha culturais nascem de mal-entendidos, e o ceticismo esperançoso pode ser uma ferramenta poderosa para consertá-las. A luz do sol – na forma de dados claros e simples – revela que temos possibilidades.

Melhores formas de discordar

Como vimos, pessoas cínicas fazem ataques preventivos e trazem à tona o que há de pior nos outros, enquanto indivíduos esperançosos dão saltos de fé e trazem à tona o que há de melhor nas pessoas. O arrefecimento das tensões entre Kennedy e Khrushchev foi como o Projeto RYaN ao contrário: confiança em voz alta num palco global.

Podemos dar outros saltos pequenos, mas poderosos – por exemplo, passar tempo com pessoas das quais discordamos, algo que antes parecia uma tarefa simples, mas começou a ficar impossível. Ainda em 2016, 51% dos americanos disseram que seria "interessante e informativo" conversar com um rival, mais que os 46% que disseram que seria "estressante e frustrante". Cinco anos depois, o entusiasmo havia evaporado: 59% disseram que essas conversas seriam frustrantes e menos de 40% disseram que seriam interessantes. Solicitados a comparar as conversas com rivais a outras atividades, tanto democratas quanto republicanos disseram que prefeririam um tratamento dentário doloroso.³⁵

Num mundo dividido, unir as pessoas é mais difícil que arrancar dentes. Bater papo com rivais parece perigoso e até imoral – como os romanos convidando visigodos para tomar uma cerveja durante o cerco. Mesmo que consigam superar a aversão, as pessoas não veem sentido em conversas com gente que vota no outro partido. Em 2022, meu laboratório perguntou a centenas de pessoas o que aconteceria se republicanos e democratas conversassem sobre política. A maioria acreditava que as pessoas concordariam ainda *menos* com as outras depois da conversa. Um democrata da Pensilvânia escreveu: "O diálogo político está condenado." Um republicano do Texas disse: "A civilidade morreu. A discordância respeitosa morreu."

Os dois estavam errados. Em meados de 2022, meu laboratório convidou mais de cem americanos a deixar de lado o nervosismo e participar de conversas de 20 minutos pelo Zoom com um rival.[36] Os temas foram controle de armas, mudança climática e aborto. Nossa equipe pareou pessoas que tinham discordâncias profundas. Além disso, estabelecemos planos de contingência para o que fazer caso as pessoas insultassem ou ameaçassem umas às outras.

Para a surpresa de todos, as conversas foram maravilhosas. As pessoas entravam em conflito, mas também ouviam. Quando pedimos que avaliassem a experiência numa escala de 1 (muito negativa) até 100 (muito positiva), a resposta mais comum foi 100. Após conversar com um rival, a aversão dos participantes pelos rivais caiu em mais de 20 pontos numa escala de 100 e permaneceu baixa três meses mais tarde. Se o restante do país se juntasse a eles, voltaríamos à Era Clinton: uma época que não foi inteiramente pacífica em termos de agressividade entre adversários políticos, mas nem de longe foi tão maligna quanto a política atual. Além disso, as pessoas saíam das conversas com menos probabilidade de desumanizar o outro lado e mais humildes com relação às próprias opiniões.

Os ataques de tubarões sociais nos fazem ter medo das interações cotidianas e dos rivais. Mas as conversas com estranhos são surpreendentemente positivas, e ter contato com o diferente é incrivelmente útil. Era nisso que Emile acreditava; uma das últimas pesquisas que publicou foi um estudo sobre conversas entre rivais.[37] E ele praticava o que pregava. Nour Kteily, um dos seus colaboradores, via Emile interagir com amigos conservadores pelo Facebook. Noite após noite, ele debatia sobre controle de armas, imigração e qualquer outro assunto. Nunca abria mão de suas posições, mas também nunca desdenhava das opiniões contrárias. "Mesmo quando os amigos discordavam de Emile, a empatia dele impedia que a discussão causasse indignação", lembra Kteily.

Claro, nem toda conversa suaviza o conflito. Milhares de jantares de Ação de Graças implodiram mesmo antes da sobremesa porque algumas pessoas são tão más pessoalmente quanto pela internet. Não basta falar *com* os rivais; para ser produtiva, a conversa exige trabalho mental e emocional. Estudos revelam uma receita para discordar melhor:[38]

1. Faça perguntas em vez de afirmações.
2. Trabalhe para enxergar os motivos por trás das opiniões contrárias, descubra a história de seu interlocutor.
3. Encontre um ponto em comum e fale sobre ele.
4. Confesse quando não tiver certeza de algo em vez de fingir que está confiante em relação ao assunto.

Cada um desses ingredientes reduz a chance de a discordância se transformar em conflito tóxico. Mas a boa discordância é mais do que agradável: é poderosa. Em experimentos, pessoas que seguiam essa receita escutavam com mais atenção e faziam perguntas melhores. Ao mesmo tempo, os interlocutores delas se abriam,[39] embora não tivessem recebido nenhum treinamento nesse sentido. A indignação é contagiosa, mas a curiosidade e a humildade também são.

Para além da paz

O conflito toma conta dos países, paralisa o governo e ameaça a democracia. A maioria das pessoas quer mais paz. Dados melhores, que revelem o que todos temos em comum, podem ser um passo em direção a esse objetivo.

Mas é só por isso que devemos lutar? Algumas formas de "paz" se parecem muito com o status quo. Pesquisadores descobriram que, quando as pessoas que fazem parte de grupos historicamente menos poderosos – por exemplo, os negros americanos – desejam harmonia com grupos mais poderosos, elas têm menos probabilidade de questionar a injustiça, os preconceitos e os abusos.[40] Muitas divisões são desequilibradas; as pessoas no poder tomam as terras, a liberdade e a vida das que não têm. Esse tipo de opressão não é "conflito", assim como um soco pelas costas não é uma briga de rua.

Eu tenho dificuldade com isso. Minhas pesquisas revelam que a empatia pode ser uma ferramenta poderosa para reduzir a indiferença e a animosidade,[41] mas muitas pessoas têm todos os motivos para sentir raiva, considerando que o grupo de que fazem parte foi prejudicado por gerações a fio. Às vezes, quando falo sobre compaixão, imagino uma pessoa de um grupo marginalizado assistindo na plateia, sentindo-se repreendida por não sorrir mais para pessoas que acabariam com seus direitos se pudessem. *Que desplante esse sujeito me pedir para sacrificarmos a justiça no altar da paz*, ela pensaria.

A esperança é uma força social poderosa. Empodera comunidades, promove o entendimento e reconstrói a confiança. Mas de que adianta tudo isso se o fato de nos sentirmos melhor nos impede de fazer melhor? As pessoas discordam e não gostam umas das outras, isso é normal. Mas esse é mesmo nosso pior problema? Milhões de pessoas vêm tendo o acesso ao voto dificultado. Uma força cada vez mais poderosa na nossa cultura vem eliminando os direitos das mulheres, dos imigrantes, dos pobres e da natureza – e ameaçando a própria democracia.

Será que a esperança é o adoçante que nos ajuda a engolir a opressão mais facilmente? Vivo preocupado com a possibilidade de meu trabalho ser usado como um sedativo psicológico, acalmando as pessoas, quando na verdade elas precisam se agitar.

Refletindo agora sobre essas dúvidas, sinto meu próprio cinismo. Talvez a união dos seres humanos seja fraca e amistosa demais para nossos tempos tumultuados. Talvez não. O único modo de ter certeza é seguir a ciência aonde quer que ela nos leve.

PARTE 3

O futuro da esperança

9
Construindo o mundo que desejamos

*"Nosso desafio... não é lamentar
a mudança social, e sim guiá-la."*
– Robert Putnam

Milhões de americanos viviam na penúria enquanto oligarcas ostentavam um luxo inimaginável. O interesse próprio, do tipo soma zero, governava o país. Os políticos tinham agendas cada vez mais extremas e a cooperação entre os partidos se desfez, afundando a nação num impasse. Novos veículos de mídia se mostravam indignados com o colapso moral do país e difundiam um desfile de escândalos.

Isso não aconteceu na década de 2020, e sim na de 1890. Mas, como agora, o cinismo estava vivo e bem de saúde. Quase metade da riqueza dos Estados Unidos pertencia ao 1% do topo,[1] tornando o país duas vezes mais desigual do que em 2022. Os "barões ladrões", como Andrew Carnegie e Leland Stanford, monopolizavam ramos de atividade. "Eles aumentaram a produtividade da nação à custa dos pobres, dos maltratados e do trabalho infantil", escreve um historiador. "A classe baixa, apinhada em favelas fétidas, odiava os faraós modernos que a governavam." E os ricos desprezavam os pobres. O especulador financeiro Jay Gould alardeava que "podia contratar metade da classe trabalhadora para atirar na outra metade".[2]

A elite não havia chegado ali sozinha. Os legisladores ajudaram os barões ladrões a adquirir riqueza, enquanto os darwinistas sociais ajudavam a justificá-la. "Algumas pessoas eram melhores na competição da vida do que outras", afirmou um escritor.[3] "As boas subiam, superando a selvageria, e passavam seus talentos à prole, que subia ainda mais alto." A separação das classes aumentou, e o progresso racial posterior à Guerra Civil foi revertido.[4] A decisão da Suprema Corte no caso *Plessy versus Ferguson* deu início a políticas racistas destinadas a privar os negros americanos de direitos. Em 1908, o número de eleitores negros no Sul do país havia caído em mais de 60% com relação ao pico. Durante a década de 1890, acontecia um linchamento a cada dois dias em algum lugar dos Estados Unidos.

Enquanto isso, o telefone, os telegramas e os jornais diários inundavam as pessoas com informações novas, mas nem sempre úteis. William Randolph Hearst foi o pioneiro daquilo que se convencionou chamar de "imprensa marrom": fazia coberturas sensacionalistas voltadas para o viés de negatividade do público. Seu *San Francisco Examiner* dedicava quase um quarto das matérias ao crime, uma isca antiquada que exagerava nos detalhes para atrair os leitores.[5]

As pessoas se conectavam a vastas novas redes enquanto as conexões antigas iam murchando. Milhões de americanos haviam saído de comunidades rurais estáveis e se dirigido a cidades cheias de pessoas estranhas. Lojas de família perderam negócios para os catálogos de venda pelo correio. Num discurso na campanha presidencial de 1912, Woodrow Wilson lamentou as perdas: "Em toda a União, as pessoas estão sentindo que não têm controle sobre o que acontece com elas. Os relacionamentos cotidianos são estabelecidos a partir de grandes interesses impessoais, com organizações, e não com outros indivíduos."[6]

Os americanos que viveram nessa época poderiam ter concluído que a nação estava numa rua de mão única em direção à decadência social. Mas não estava. Depois de um parto caótico e doloroso, o século XX deu à luz um vibrante movimento progressista. Ativistas, trabalhadores e líderes cívicos se reuniram numa vasta gama de novas organizações. Eles ganharam poder por meio de greves, lobby e engajamento público e, assim, alcançaram feitos espantosos. Aqui estão apenas algumas das políticas aprovadas entre 1888 e 1920: o voto das mulheres; o imposto de renda; a criação da Food and Drug Administration, da Federal Trade Commission e do Nacional Forest and Parks Systems; as leis contra o trabalho infantil; o dia de trabalho de oito horas; a regulamentação do financiamento das campanhas; os jardins de infância públicos.

Na esteira da mudança material, as pessoas começaram a pensar de modo diferente. A ideologia do Evangelho Social Cristão se espalhou, enfatizando a responsabilidade moral de ajudar os necessitados. Essa filosofia suplantou o darwinismo social. Uma análise de todos os livros publicados na época revela que, à medida que aumentava o uso da expressão "Evangelho Social", a expressão "sobrevivência do mais apto" ia sendo abandonada.

Essa ideia também repercutiu no cinismo. A Pesquisa Social Geral teve início em 1972, quando quase metade dos americanos acreditava que "a maioria das pessoas é confiável". Foi a partir desse ponto que demos o pontapé inicial neste livro, embora não fosse a primeira vez que cientistas haviam feito essa pergunta. Em 1960, 58% dos americanos confiavam nos outros cidadãos.[7] Durante a Segunda Guerra Mundial, o número era espantoso: 73%. Com o século beirando a metade, a mente da nação estava sintonizada na bondade, o coração, na sociedade e os olhos, no progresso.

Hoje esse alto marco de confiança parece até mesmo uma fantasia. Ele também parecia uma ilusão décadas *antes* de acontecer. Depois de ter conhecimento sobre a recessão da confiança, comecei a imaginar se o oposto já teria acontecido. Onde e quando a fé das pessoas nas outras havia tido um crescimento em vez de diminuição? Achei que essas histórias poderiam dar pistas de como escapar da armadilha do cinismo agora.

Por acaso essa mudança positiva aconteceu nos Estados Unidos. Antes de se desintegrar, a comunidade americana ganhou força. Antes que o cenário piorasse, ele se tornou muito melhor, naquilo que o cientista político Robert Putnam chama de "a ascensão".

É fácil esquecer esses feitos porque o progresso tem o hábito de esconder seus rastros. As novas gerações consideram normais os direitos e as capacidades com os quais seus ancestrais apenas sonhavam. O cinismo se enraíza em nossa amnésia. Psicologicamente, os Estados Unidos estão piores do que há décadas. Esse período de declínio domina a mente dos americanos, e com bons motivos: a não ser que você já tenha passado da idade de se aposentar, toda a sua vida aconteceu dentro dele. Mas faça um jogo de suposição: afaste-se um pouco da imagem e verá que o passado conta uma história diferente. O trabalho intenso e cheio de esperança já mudou o mundo anteriormente, e é por meio dele que o panorama pode causar transformações outra vez. A partir daqui, este livro imaginará como isso poderia acontecer.

Se quiséssemos seguir o caminho de antigos progressistas e reduzir o cinismo em grande escala, teríamos que adotar um poderoso ponto de partida: a redução da desigualdade. Mas, ironicamente, há barreiras no caminho desse objetivo: o próprio cinismo e a facilidade com que o apontamos na direção dos mais pobres entre nós.

Ganhando menos e recebendo menos confiança

Em 1976, Ronald Reagan começou a contar uma história que repetiria durante sua fracassada corrida à presidência, depois naquela que foi bem-sucedida e em seguida por todo o seu primeiro mandato. "Em Chicago descobriram uma mulher que usava 80 nomes, 30 endereços e 15 números de telefone para obter vales-alimentação, benefícios para maridos veteranos falecidos, bem como para aposentadorias."[8] Dependendo do discurso, Reagan podia mencionar o Cadillac e os casacos de pele da mulher ou os filhos falsos que ela usava para enganar o sistema. Os jornalistas zombavam do exagero de Reagan, mas a história real era ainda mais grave. Linda Taylor, a mulher dos discursos, fazia uso de dezenas de identidades falsas para roubar milhares de dólares em benefícios públicos.[9] Para piorar ainda mais a situação, ela traficava crianças e foi acusada também de homicídio.

Taylor abusou de muitas pessoas e foi vítima de abusos. Sua vida foi uma tragédia complexa. Mas, nas mãos de Reagan, ela se tornou uma caricatura: era considerada a "rainha dos benefícios". Segundo ele, apanhar uma Linda Taylor significava que existia um número incontável de outras Lindas pelo país, comprando caviar com cartões de vale-alimentação e vendendo crianças para viver à custa do suor dos contribuintes. Reagan usava a generalização – citando exemplos extremos e fingindo que eram a norma – para convencer o público de que a pessoa mais corrupta representava todas as outras.

Em 1978, apenas dois anos depois de Reagan apresentar a história da rainha dos benefícios, 84% dos eleitores de Illinois apostavam que a fraude no seguro social era o problema mais premente em seu estado. Em termos nacionais, as investigações de fraudes tiveram um salto de mais de 700% entre 1970 e 1980.[10] Os Estados Unidos gastaram milhões de dólares para caçar fraudadores e encontraram pouquíssimos deles. Isso porque a maioria das pessoas que recebem ajuda pública não se parece nada com Linda Taylor. Um relatório de 2018 descobriu que, de cada 10 mil lares que participaram do Programa de Assistência Nutricional Suplementar (SNAP, na sigla em inglês), apenas 14 incluíam fraudadores.[11]

Os mitos das rainhas dos benefícios eram inexatos, ofensivos e eficazes: inspiraram o apoio público a uma lei de 1982 que cortou 25 bilhões de dólares dos programas de bem-estar social, uma gigantesca transferência de renda de baixo para cima.[12] Somente naquele ano, mais de um milhão de americanos perderam acesso ao vale-alimentação e muitos foram lançados à fome. Os benefícios públicos nos Estados Unidos continuaram a diminuir nas décadas seguintes. Entre 1993 e 2018, o valor real do dinheiro dado pelo programa Assistência Temporária para Famílias Carentes foi reduzido em quase 80%.[13] No mesmo período, o número de lares americanos que viviam na pobreza extrema[14] – definida como viver com menos de 2 dólares por pessoa por dia – disparou e mais que dobrou, segundo algumas estimativas.

Rótulos racistas e sexistas como "rainha dos benefícios" continuam vivos. Os americanos brancos estimam que 37% dos habitantes que recebem auxílio do governo são negros, quase o dobro do número real, 21%. E quanto mais ajuda pública os brancos acreditam que é destinada aos negros, menos eles apoiam a política de bem-estar social.[15] Durante a pandemia da Covid-19, o governo ampliou alguns programas de bem-estar social. Isso provocou uma avalanche de críticas, ancoradas no medo de que os pobres iriam tirar vantagem desses benefícios. O congressista republicano Matt Gaetz chamou as pessoas que recebiam auxílio do governo de "preguiçosas que só querem ficar no sofá"; o senador democrata Joe Manchin se preocupou com a possibilidade de os pais usarem o dinheiro do crédito tributário destinado aos filhos para comprar drogas.[16]

Estereótipos desse tipo se baseiam numa suspeita disseminada e antiga contra as pessoas que não têm recursos. Ganhando menos, os pobres acabam sendo menos dignos de confiança, uma desigualdade psicológica que reforça a desigualdade econômica.

Uma constituição para patifes

Duzentos anos antes da época Reagan, o filósofo escocês David Hume apresentou sua receita de sociedade: "Todo homem deve ser considerado um patife, e que não tenha outro objetivo, em todos os seus atos, que não seja o interesse privado. Por esse interesse devemos governá-lo e, por meio dele, fazê-lo cooperar para o bem público."

Essas sugestões eram simples e perfeitamente cínicas. As pessoas são egoístas, e a sociedade só pode funcionar se elas forem obrigadas a fingir que não são. Jack Welch criou mundos corporativos adequados ao *Homo economicus*; Hume sugeriu que construíssemos um governo para ele.

Uma nação criada a partir das ideias de Hume começaria com uma "constituição para patifes".[17] Em vez de garantir a liberdade, esse documento iria reduzi-la. A Alemanha Oriental sob o domínio da Stasi, por exemplo, espionava e ameaçava os cidadãos para mantê-los na linha. Mesmo em nações mais livres há quem viva sob uma constituição para patifes – em geral, são aquelas pessoas que têm menos direitos, oportunidades e recursos. De fato, se você quiser saber quão marginalizado alguém é, deve prestar atenção em um sinal útil, que nada mais é que o nível de cinismo com que todos os outros o tratam.

William Goodwin, que nasceu em West Oakland ("antes de o lugar se transformar em bairro de classe média", me diz ele), é uma personagem viva dessa história. Seu pai morreu quando ele era criança, e a mãe lutou para sustentar a família. Desde os 6 anos, Goodwin lavava o carro e cortava a grama dos vizinhos. Quando a mãe dizia que estava com pouco dinheiro, a mercearia da esquina vendia fiado para que os Goodwin pudessem comer. A família era empreendedora, impelida pela fé e apoiada pela comunidade. "Nós não sabíamos que éramos pobres", lembra ele.[18]

Quando William chegou ao quinto ano, sua mãe fez uma petição para dar a ele a chance de uma educação melhor. Ele fez testes de gramática e geometria, e logo foi mandado a uma nova escola, empoleirada nas colinas de Oakland. Quando estava no ensino médio, acordava às cinco da manhã, pegava dois ônibus e caminhava por um estacionamento lotado de carros reluzentes que pertenciam aos outros alunos. Se antes ele não fazia ideia de que era pobre, agora tinha certeza. Goodwin se sentia deslocado na escola nova e até mesmo quando estava em casa. "Agora ele acha que é alguém", implicavam os amigos, zombando dele – num exemplo típico de bullying – e dizendo que ele era bom demais para seu antigo bairro.

Logo Goodwin começou a cuidar da loja da escola e descobriu uma paixão pelos negócios. Depois de se formar, trabalhou com vendas na Levi's, em seguida se tornou contato de subscrição de uma grande companhia de seguros, experiência que o fez subir na carreira por mais de uma década. Como estudante, tinha se sentido estranho nas colinas de Oakland. Agora morava lá, satisfeito em poder ajudar a mãe em seus últimos anos de vida. Mais tarde, faria o mesmo pela filha ao longo da infância dela.

Tudo desmoronou quando Goodwin desenvolveu uma doença degenerativa dos nervos. Uma sensação de formigamento se fixou em seu pescoço e quase nunca o deixava em paz. Suas costas sofriam de espasmos constantes. Ele tinha dificuldade para se sentar e manter o pescoço e a cabeça eretos. Goodwin queria continuar trabalhando, mas precisava de adaptações para dar conta das tarefas. Em seu departamento, cada contato era responsável por processar oitenta pedidos de seguro por dia, um trabalho acelerado que implicava ficar ancorado a uma mesa por horas e horas. Os números davam as cartas para o sucesso do empreendimento, e Goodwin não conseguia mais alcançar os seus.

Uma mesa onde pudesse trabalhar de pé, pausas mais longas e uma quota reduzida poderiam ter ajudado Goodwin a permanecer no trabalho que ele amava. Em vez disso, a empresa o despachou para a sala do arquivo. Como uma concessão ao seu estado de saúde, o rebaixamento não veio acompanhado por um corte no salário. Resultado: os colegas murmuravam que Goodwin estava fingindo ter todos aqueles sintomas para fazer um trabalho mais fácil.

Negro e agora deficiente, Goodwin chegou a um cruzamento de estereótipos americanos. As pessoas que ele conhecia havia anos ignoravam sua antiga ética profissional e suspeitavam dele. Seu chefe o fez se consultar com um exército de médicos para verificar se o seu estado de saúde era de fato o que ele relatava, depois tentou obrigá-lo a fazer uma cirurgia arriscada cujo êxito alcançava somente 50% dos pacientes. Quando ele se recusou, foi demitido e solicitou auxílio invalidez.

O processo durou quase um ano e parecia criado para desmoralizar alguém que já estava debilitado. Goodwin passava metade do dia esperando por uma conversa de dez minutos com um consultor de benefícios, depois ouvia que precisava ir a outro escritório, de onde era mandado de volta ao primeiro. Saltava de uma consulta médica a outra, sempre respondendo às mesmas perguntas. Ele estava *realmente* doente? Ele queria *realmente* trabalhar? "A pressão me esmagava", lembra Goodwin, "reforçando os mesmos estereótipos antigos: um negro tentando se dar bem."

Para piorar a situação, Goodwin se sentia "impotente e sozinho, e achava que ninguém confiava nele, mesmo dizendo a verdade". Por fim, as dúvidas do sistema penetraram em sua mente. "Será que sou quem eles acham?", perguntou-se um dia, olhando pela janela de um trem em Oakland. "Vou acabar *sendo* quem eles acham que sou?"

Seu pedido de benefício foi rejeitado. Ele recorreu, e então "as coisas se tornaram realmente técnicas". As entrevistas pareciam interrogatórios, as consultas e os formulários se multiplicavam. Goodwin foi rejeitado de novo, e restavam poucas possibilidades para que pudesse apelar. Lembrou-se da pobreza de sua infância. *Vou voltar para lá. Não acredito.* Pensou em desistir, mas uma pessoa dependia dele. "Pensei na minha filha e em como eu poderia ser o melhor pai para ela. Com ou sem doença, eu precisava manter todo o foco nela."

Ele recorreu de novo, e dessa vez contratou um advogado, que apresentou as mesmas provas de deficiência que Goodwin havia incluído nos dois primeiros pedidos. O terceiro foi aprovado – com uma duração de três meses. Goodwin avalia que gastou 75 horas nesse processo. Enquanto isso, os funcionários dos tribunais e os peritos da medicina do trabalho eram pagos, assim como seu advogado – que ficou com 15% do valor bruto destinado a Goodwin. Em seguida, o processo recomeçou quando ele fez o pedido de auxílio de longo prazo.

Enquanto isso, sua vida financeira degringolou. O carro quebrou e ele não tinha dinheiro para consertá-lo, o que o incapacitou para procurar algum trabalho que pudesse realizar de acordo com suas condições físicas. Ele e a filha foram morar com amigos. Como contou, eles eram "sem-teto, mesmo tendo um lugar para morar". Anos se passaram antes de ele receber um benefício de longo prazo e obter, assim, alguma estabilidade financeira.

Por causa da filha, Goodwin achava que precisava acreditar em si mesmo, até quando ninguém mais apostava nele. Mas parou de crer no sistema. Viu seu chefe procurar uma desculpa qualquer para abandonar um empregado com deficiência, "como um proprietário tentando despejar um inquilino". "Os programas governamentais", diz ele, "buscam manter você onde você está, e não tirá-lo de lá, de modo que a narrativa permaneça viva e eles possam continuar com seus empregos." Tendo sido julgado, Goodwin julgava de volta.

Confiança para poucos; cinismo para muitos

Segundo o censo dos Estados Unidos, 90 milhões de crianças americanas passaram a viver na linha da pobreza em 2022.[19] A pobreza infantil é uma catástrofe moral e econômica. Um relatório do Centro para o Progresso Americano estimou que ela custa 500 bilhões de dólares por ano,[20] porque as crianças pobres crescem e se tornam adultos que trabalham menos e usam mais os serviços de saúde do que as outras com mais condições financeiras. A pobreza prejudica os americanos no início da vida e acelera o seu fim. Um relatório de 2019 apontou que os cidadãos mais pobres dos Estados Unidos morrem em média cinco anos mais cedo que os pobres do Reino Unido, ao passo que os americanos ricos vivem apenas algumas semanas a menos do que os ricos britânicos.[21]

Como vimos, os períodos de grande desigualdade fazem o cinismo aumentar. Mas o contrário também é verdadeiro: o cinismo alimenta a desigualdade. Pelo menos alguns estudos sugerem que a fé de uma pessoa nos outros cidadãos prevê se ela apoiará a ajuda governamental aos pobres.[22] Quando uma nação para de confiar em si mesma, suas suspeitas se voltam primeiro para os que têm menos.

A discriminação contra os pobres está viva e bem presente em discursos agressivos e processos governamentais.[23] E, quando os pobres buscam ajuda nos Estados Unidos, são condenados à morte por toneladas de papéis. Uma mãe solteira da Louisiana precisa preencher um formulário com 26 páginas para se candidatar a receber vale-alimentação.[24] A jornalista Annie Lowrey descreve alguns pontos da situação dessa mulher:

A página 3 diz que ela precisa juntar documentos ou dados em treze categorias diferentes – impressos de farmácias dos últimos três meses, quatro recibos de pagamentos, certidões de batismo, prova de quem mora na casa... A página 7 delineia as penalidades caso ela use mal os benefícios, por exemplo, gastando-os num navio de cruzeiro ou com um médium. A página 15 pede que ela detalhe seus rendimentos de 24 fontes diferentes.

Para obter vale-alimentação e atendimento de saúde, os americanos pobres precisam esperar horas para responder a perguntas humilhantes que não têm nada a ver com seus pedidos ("Em que data seu filho foi concebido?"). Esses rituais sobrecarregam o tempo e a mente dessas pessoas. Algumas pesquisas revelaram que a precariedade – o sentimento de estar lutando para sobreviver – reduz a capacidade mental humana tanto quanto passar a noite inteira acordado.[25] Mas, diferentemente das noites passadas em claro, a precariedade nos acompanha durante semanas, meses ou anos.

William Goodwin precisou das habilidades e do conhecimento que adquiriu no ramo de seguros para lutar por seus benefícios. Nem todo mundo tem essa vantagem, e muitas pessoas não recebem aquilo que merecem. Em *Poverty, By America*, o sociólogo Matthew Desmond relata que a cada ano os americanos pobres deixam de usar mais de 13 bilhões de dólares em vale-alimentação, 17 bilhões em créditos fiscais, 38 bilhões em rendimentos de segurança suplementar (SSI) e 62 bilhões em seguro-saúde governamental.[26] Muitos só conseguem receber benefícios quando contratam advogados, como Goodwin fez, pagando parte do auxílio de volta para o sistema.

Isso não é sinal do fracasso de uma política, é indicativo de uma política funcionando de modo que mantenha os pobres no lugar onde estão. Em vez de admitir tal fato, os legisladores dizem que suas regras mesquinhas são essenciais para impedir que os fraudadores tenham sucesso. Os formulários de pedido de benefícios são escritos para as Linda Taylor do mundo, por mais raras que elas sejam. Os formulários de reembolso de serviços de saúde são escritos para pessoas que estão fraudando o sistema. O governo americano investe horas e dólares incontáveis para descobrir uma porcentagem minúscula de fraudadores. Isso faz todo o sentido do ponto de vista econômico, mas é uma cobertura cínica para maltratar os pobres.

O sistema americano lança ataques preventivos contra qualquer pessoa que precise de ajuda, e os pobres retribuem esse desprezo. A confiança despencou no país, mas, quando a desigualdade cresce, a fé nas pessoas e nas instituições cai mais rapidamente entre os cidadãos de baixa renda.[27]

Os pobres vivem sob uma constituição para os patifes. Os americanos abastados vivem num país muito diferente: seus documentos presumem o melhor sobre eles e os cofres estão abertos para eles por meio de uma série de benefícios públicos. Minha mulher e eu podemos fazer uma poupança universitária 529 para nossas filhas. Os ganhos desse investimento não são taxados, o que significa que mantemos uma parte maior de nossos rendimentos do que seria possível sem o programa 529. Em outras palavras, nós recebemos milhares de dólares em auxílio público a cada ano. Para me beneficiar disso, não preciso levar minhas filhas a um escritório do governo, esperar horas para ser atendido nem aturar perguntas sobre por que meu cabelo e minha pele são mais escuros que os deles. As pessoas que têm hipotecas podem deduzir de seus impostos os juros que pagam, mais uma vez subsidiados pelo governo. Em 2020, esses incentivos fiscais superaram todos os gastos com assistência habitacional para os pobres numa relação de quase quatro para um.[28] Se você é proprietário de uma casa, recebe muito mais ajuda do governo do que se precisar comprar uma.

Num estudo feito em 2010, 64% dos pais que colocavam dinheiro numa poupança 529 informavam, erroneamente, que "não tinham usado um programa social do governo".[29] O governo oferece esse dinheiro com tanta facilidade que duas em cada três pessoas que o recebem nem mesmo se dão conta disso. Os americanos ricos vivem num estado de bem-estar social invisível para quase todo mundo, inclusive para eles mesmos.

Os americanos pobres aprendem rapidamente e com frequência que o país os enxerga como trapaceiros indolentes. As pessoas que têm meios aprendem exatamente o contrário disso, porque estão cobertas de privilégios e sempre contam com o benefício da dúvida. No nível mais alto, os bilionários pagam uma porcentagem menor de impostos sobre seus ganhos do que quase qualquer outra faixa de rendimentos. Além disso, eles obtêm uma influência descomunal, empoderados pela aprovação de leis de financiamento destinadas a derramar quantias gigantescas de dinheiro nas campanhas políticas.

NA NAÇÃO MAIS RICA DO MUNDO, milhões de pessoas bebem água que não atende aos padrões federais de saúde.[30] O *American Journal of Public Health* avalia que entre 35 mil e 45 mil americanos morrem de doenças curáveis a cada ano porque não têm seguro-saúde.[31] As dívidas médicas, e outras também, aumentam significativamente os riscos de as pessoas tentarem suicídio.[32] Enquanto isso, os Estados Unidos dominam o mercado mundial dos "grandes iates", respondendo por cerca de um quarto das vendas globais.[33]

É difícil aceitar que somos os vilões de uma catástrofe moral em câmera lenta. Existem pelo menos duas maneiras de responder a essa dissonância. A primeira é nos trancarmos, tentando não pensar nas pessoas que têm menos do que nós. Se pensarmos nelas, podemos acionar o cinismo para justificar por que elas precisam sofrer. Os darwinistas sociais dizem que os ricos são melhores competidores que todos os outros. Um preconceito ainda mais antigo diz que os ricos são simplesmente os melhores do mundo. Aristóteles acreditava que os aristocratas eram os lóbulos frontais da sociedade – guiados por princípios, pela consciência e pela tolerância. As massas desprovidas eram *Homo economicus* gananciosos que precisavam ser salvos de si mesmos. Era mais apropriado que os escravizados permanecessem acorrentados, porque abusariam da liberdade se estivessem soltos.

Nós revivemos esse preconceito sempre que suspeitamos de que os pobres irão fugir com o auxílio governamental. Tudo isso colabora para um sistema de cinismo para muitos e fé para poucos: uma filosofia que Diógenes desprezaria e que os dados contradizem, mas que fornece uma armadura psicológica para um mundo injusto.

Redistribuindo a confiança

Existe um segundo modo de reagirmos à crise da desigualdade, mais compassivo e impulsionado por dados. Esse caminho alternativo promete força física e saúde moral, e exige um trabalho interior feito por nós, os privilegiados. Para segui-lo, precisaríamos entender como nos beneficiamos da miséria de nossos vizinhos e como podemos contribuir para um sistema mais justo.

Essa mudança de paradigma é mais popular do que você pode imaginar. A pesquisa Common Ground, que identificou temas com que os americanos concordam, revelou que mais de 80% – inclusive dois terços dos republicanos – apoiam a expansão dos programas de vale-alimentação em pelo menos alguns casos. Mais de 70% – inclusive mais de metade dos republicanos – apoiam expandir as creches para crianças pobres.

A maioria das pessoas quer que os sistemas sociais ajudem os necessitados. Como esse evento se daria? Um ponto de partida seria redigir as políticas como se a maioria das pessoas fosse quem nós esperamos que sejam, e não os fraudadores que aprendemos a temer. Isso significaria rasgar a constituição para os patifes e dar a todo mundo, ricos, pobres e classe média, uma chance de provar seu valor.

Em 2016, William Goodwin teve essa chance. Um amigo contou a ele sobre a UpTogether, uma organização nacional que oferece ajuda aos americanos pobres. Enquanto os programas públicos confundem e humilham, a UpTogether foi desenvolvida para empoderar. Os participantes estabelecem seus objetivos financeiros, e a organização lhes dá dinheiro e outros recursos para alcançá-los. Essa abordagem costuma ser chamada de "transferência direta de dinheiro". Não existem formulários de 26 páginas nem microgerenciamento ou burocracia. A suspeita é substituída pela confiança simples.

A princípio, Goodwin suspeitou da UpTogether. "Você ouve falar de um programa que está distribuindo recursos, parece armação. Mantive o dinheiro que recebi no banco durante um minuto, esperando alguma coisa ruim acontecer." Muitos participantes começaram desse mesmo modo: duvidando de qualquer pessoa que não duvidasse deles. Jesús Gerena, o CEO da UpTogether, enxerga a dor por baixo da desconfiança. Depois de toda aquela negligência, as pessoas pensam: "De maneira nenhuma sou digno de reconhecimento, quanto mais de investimento."[34] Gerena se lembra de ter dado um laptop a um participante da UpTogether, que perguntou onde deveria assinar a retirada, porque tinha certeza de que precisaria trazer o computador de volta, sem acreditar que agora ele lhe pertence. "Só não ligue para nós se ele quebrar", brincou Gerena.

Com a ajuda da UpTogether, Goodwin estabeleceu metas para pagar as prestações do carro e começar a planejar os estudos da filha, mandando-a a um tour por universidades. Depois dessa viagem, lembra: "Ela estava diferente. O ensino superior se tornou mais do que uma ideia. Era algo real para ela e se tornou real para mim." Agora Goodwin atua no conselho de várias organizações sem fins lucrativos e trabalha em parceria com seu condado para defender a igualdade de moradias. Sua filha cursa uma faculdade numa cidade distante. Ele adora tê-la por perto e gostaria que ela o visitasse com mais frequência.

Os Goodwin mudaram sua história, e William se mostrou mais inclinado a ajudar os outros. "A princípio, perguntei: 'Nós temos esse dinheiro, como vamos gastá-lo?' Mas depois pensei: 'Como podemos retribuir?'" Ele se juntou a um grupo de participantes da UpTogether para reformar a sala de informática de um centro comunitário da cidade e fundou um programa de alfabetização na biblioteca de East Oakland que ainda está em funcionamento cinco anos depois. "Parece que não consigo parar", diz Goodwin. "Como alguém que recebeu [transferências de renda], eu tenho responsabilidade de compensá-las."

Os saltos de fé inspiram as pessoas a se levantar e ganhar nossa confiança. Tendo uma chance, os participantes da UpTogether conseguem melhorar de vida. Dois anos depois de entrar para o programa, a família média da UpTogether relata um aumento de mais de 25% nos rendimentos e um *decréscimo* de 36% na dependência de ajuda do governo.[35] Nesse mesmo período, mais de 80% das crianças das famílias que participam da UpTogether tiraram notas boas ou melhores que aquelas que tinham anteriormente.

A UpTogether pode parecer uma história bonitinha e local: boa para Goodwin, impossível de ser espalhada. Mas as transferências de renda são uma ideia antiga e popular. Muitos liberais apoiam a iniciativa, até mesmo um superconservador como o economista Milton Friedman, que as chamou de "imposto de renda negativo". Como ele disse em 1962:

> Um imposto de renda negativo é uma proposta de ajudar os pobres oferecendo dinheiro a eles, que é do que eles precisam, em vez de, como agora, exigir que se apresentem a uma autoridade do governo para contabilizar todos os seus ativos e passivos e ouvir que devem gastar X dólares com aluguel, Y dólares com comida, etc.

Para os liberais, as transferências de renda fortalecem a justiça. Para Friedman, elas reforçam o livre mercado. Quando cidadãos tão díspares concordam, o restante de nós deve prestar atenção no fato. E quanto mais cientistas examinam as transferências de renda, mais sábias elas parecem. Uma explosão de novos programas fez transferências para pessoas pobres – primeiro no Sul Global, e cada vez mais na Europa e na América do Norte. Pesquisadores observaram os efeitos desses programas com o passar do tempo.

Os resultados contestam nossas histórias populares e cínicas. Quando os pobres recebem dinheiro, não o desperdiçam. Em quase vinte estudos na Ásia, na África e na América Latina, cientistas não encontraram nenhuma prova de que as pessoas usem as transferências em "bens de tentação", como álcool ou fumo.[36] Em 2018, a instituição de caridade Foundations for Social Change (Alicerces da Mudança Social) fez uma transferência sem compromisso de 7.500 dólares para cada um dos cinquenta indivíduos sem-teto em Vancouver. As pessoas que receberam esse dinheiro inesperado não gastaram mais em bens de tentação do que as que não o tinham ganhado.[37] Em vez disso, usaram o dinheiro para comprar comida e roupas e pagar o aluguel. As pessoas que haviam recebido o dinheiro tinham mais probabilidade de encontrar moradias estáveis e *menos* de usar serviços públicos.

Um estudo do programa, feito em 2023, calculou que cada transferência de renda fez o sistema de albergues poupar 8.277 dólares.[38] Em outras palavras, confiar nos moradores mais pobres de Vancouver não era apenas um ato moral, e sim econômico. Em todo o mundo, as pessoas costumam gastar com sabedoria as transferências de renda. Em sociedades agrícolas, as famílias investem em gado e ferramentas, e ganham mais com a atividade rural dois anos depois.[39]

Uma dúvida poderia vir à tona: será que as transferências não encorajariam as pessoas a parar de trabalhar? Como outros estereótipos sobre os pobres, esse tipo de pergunta se despedaça diante dos dados. Estudos na África do Sul, no Canadá e nos Estados Unidos detectaram que não existem grandes baixas no emprego entre as pessoas que recebem transferências.[40] Há uma exceção: quando as famílias ganham dinheiro, os pais podem passar mais tempo com os filhos, criando círculos virtuosos que se espalham por gerações.

Quando os adultos recebem transferências de renda, os filhos têm mais chance de frequentar a escola e aspirar a fazer faculdade, como a filha de William Goodwin. Quando se tornam adultos, eles ganham mais do que as crianças cujos pais não receberam transferências. Esses benefícios também funcionam de outras maneiras. As crianças em famílias de baixa renda, por exemplo, correm risco maior de sofrer de doenças mentais, mas estão mais protegidas quando vivem em estados que oferecem maiores benefícios em dinheiro.[41] E, quando um novo programa oferecia dinheiro a mães pobres na Pensilvânia, o cérebro de seus bebês se desenvolvia mais rápido,[42] talvez porque as mães podiam criar um ambiente mais saudável para eles.

Você está surpreso com esses estudos? Não é de admirar. Os pesquisadores que fizeram a transferência para os sem-teto de Vancouver perguntaram a mais de mil canadenses o que aconteceria com o dinheiro. A maioria previu que ele seria gasto com drogas.[43] Não creio que as pessoas que supuseram isso odeiem os sem-teto. Você imaginava, no passado, que os pobres desperdiçariam as transferências de renda? Não creio que você seja cheio de ódio, em parte porque eu compartilhava esses estereótipos tão negativos. Antes de ler a pesquisa sobre as transferências, eu teria pensado que os beneficiários esbanjariam a verba ou trabalhariam menos após recebê-la.

Não sinto orgulho do meu preconceito no passado, mas percebo que ele é outro efeito colateral comum da cultura de cinismo. Deveríamos nos armar com mais ceticismo e apontá-lo para dentro de nós também. De onde vêm nossas suposições? A que propósito elas servem? A quem mais beneficiam? As crenças cínicas sustentam o status quo. Se os pobres são patifes, os ricos não têm motivo para questionar as próprias vantagens. Programas como a UpTogether e o Foundations for Social Change alteram por completo esses pontos de vista. Seus experimentos cheios de esperança nos mostram o que pode acontecer quando a sociedade dá um salto de fé na direção das pessoas pobres.

No início desta década, essa situação de fato aconteceu. Durante a pandemia, o governo dos Estados Unidos fez transferências diretas de dinheiro, forneceu aluguel e auxílio para cuidados infantis e outros tipos de apoio num nível que não era visto havia décadas. Diante de um desastre geracional, a pobreza nos Estados Unidos *diminuiu*. Essa foi uma vitória gigantesca para os pobres e para a decência nacional com relação a todos os cidadãos.

Ela poderia ter sido comemorada pelo jornalismo de soluções, alardeada como um sinal do que poderia vir a ser. Em vez disso, o momento chegou ao fim, o apoio do governo recuou, a carência extrema disparou outra vez.

Para melhorar o cenário, podemos mudar nossas narrativas com relação aos pobres, usando a mídia e a educação a fim de enquadrar os ativos, e não o cinismo. À medida que essas histórias crescem, podem aumentar as políticas compassivas e criativas que fazem as pessoas progredir.

Redistribuir a confiança também significa considerar quem a recebe com muita facilidade. Matthew Desmond argumenta que quase toda a pobreza extrema nos Estados Unidos poderia ser "erradicada" com aproximadamente 177 bilhões de dólares por ano. O 1% de americanos mais ricos sonega 175 bilhões de dólares por ano em impostos. Em outras palavras, uma quantidade enorme de sofrimento poderia ser evitada sem a necessidade de aumentar a alíquota máxima de imposto[44] para os padrões que existiam em épocas de maior confiança, como nos anos 1950 (91%) ou 1970 (70%), e sim fazendo os cidadãos mais ricos pagarem o que devem.

Se fizermos menos perguntas às pessoas pobres, podemos fazer mais perguntas aos ricos, mantendo, por exemplo, um olhar mais atento aos seus pagamentos de impostos para impedir fraudes. Evitar que dinheiro obscuro inunde a política e forçar a divulgação de quem são os maiores doadores para campanhas poderia atrair o escrutínio público para suas táticas.

Claro, somente o dinheiro não trará o progresso social que muitos de nós desejamos. Uma tapeçaria de injustiça e opressão cobre as pessoas vulneráveis. Agora as pessoas que provocam mudanças em todo o mundo lutam contra essas forças, usando a esperança como uma ferramenta eficaz. Como os progressistas do século XX, ela está derrubando portas. Como as pessoas daquela época, podemos ficar surpresos com tudo que a esperança pode concretizar.

10
O otimismo do ativismo

Em 1967, Martin Luther King Jr. fez um discurso na American Psychological Association e perguntou educadamente quais eram as prioridades ali. Quando uma pessoa prospera, a psicologia a chama de "bem ajustada". Quando uma pessoa age mal ou não consegue se desenvolver, é rotulada de "desajustada". Esse insulto antisséptico faz parecer que qualquer um que tenha um problema *é* o problema. King descartou essa ideia:[1]

> Existem algumas coisas na nossa sociedade, algumas coisas no nosso mundo, às quais jamais deveríamos nos ajustar. Jamais deveríamos nos ajustar à discriminação racial e à segregação racial. Jamais deveríamos nos ajustar à intolerância religiosa. Jamais deveríamos nos ajustar a condições econômicas que tiram as necessidades de muitos para dar luxo a poucos. Jamais deveríamos nos ajustar à loucura do militarismo e aos efeitos autodestrutivos da violência física.

Em vez de tentarmos ser bem ajustados, disse King, deveríamos buscar uma alternativa. "Nosso mundo está tremendamente necessitado de uma nova organização: a Associação Internacional para o Avanço do *Desajuste Criativo*", proclamou. O desajuste criativo, explicou ele, é uma inquietação moral desencadeada por malfeitos que impulsiona a mudança social.

Neste livro, exploramos o poder da esperança para dar melhores condições a vidas, relacionamentos e comunidades. Mas e se a esperança for apenas mais um caminho para ficarmos bem ajustados, ignorando muitos dos problemas? A injustiça, a desigualdade, a violência e a crueldade são reais e não podem ser debeladas pelo poder do pensamento positivo. Talvez o cinismo seja um símbolo de clareza moral.

Na superfície, faz sentido. Mas, como a ilusão do gênio cínico – a ideia de que as pessoas que confiam menos são mais inteligentes –, essa hipótese desmorona quando a examinamos com mais atenção. Na verdade, *é* a esperança – o sentimento de que as coisas podem melhorar no futuro – misturada com a fúria que inspira os cidadãos a lutar pelo progresso, mesmo quando a vitória parece fora do alcance deles.

O impossível precisará esperar um pouco

Václav Havel iniciou a década de 1980 numa cela minúscula na prisão Ruzyně, em Praga. Ele havia crescido em uma família abastada e foi bem alimentado, circulando entre casas dos pais na cidade e no campo. Então o comunismo ascendeu, deixando membros da classe média com menos opções de trabalho e educação. Havel canalizou a mente para as artes, escrevendo peças que zombavam do regime comunista e o criticavam. Os textos fizeram sucesso, e o jovem escritor se tornou amigo de Samuel Beckett, Kurt Vonnegut e uma geração de artistas da então Tchecoslováquia. Em 1968, Havel e outros ativistas se juntaram à Primavera de Praga, um movimento pacífico que buscava abrandar o regime comunista em todo o país.

A Tchecoslováquia parecia marchar em direção a um futuro mais luminoso, mas foi abruptamente puxada para trás. Centenas de milhares de soldados aliados da União Soviética invadiram o país e deram um fim abrupto à Primavera, junto com muitos sonhos da nação. A vigilância e a violência cresceram rapidamente. Qualquer discordância pública do governo podia custar o emprego de uma pessoa. Viagens para países não comunistas foram restringidas.

Havel não tinha planejado entrar para a política, mas achou impossível ficar em silêncio. Em 1978, escreveu *The Power of the Powerless* (O poder dos sem poder), que trata de como os governos opressivos roubam a esperança das pessoas. No ensaio, ele imagina um merceeiro que pendura um slogan comunista em sua loja para evitar a perseguição. Os vizinhos sabem que ele não acredita no slogan. Assim, a placa anuncia a rendição do merceeiro. Logo os vizinhos também penduram cartazes. Todo mundo sabe que todos estão mentindo e ninguém pode contar com quem quer que seja. "Ao exibir seus slogans, cada um impele o outro a aceitar as regras do jogo", escreve Havel. "Eles são vítimas do sistema e de seus instrumentos."[2]

Havel se recusava a ser cúmplice do governo. Entrou para o Carta 77, um grupo de dissidentes que defendia uma Tchecoslováquia mais livre. Escrevia e falava contra o regime. Por causa de seu ativismo, suas peças foram proibidas em todo o país. Ele era assediado regularmente pela polícia secreta e foi preso várias vezes. A sentença mais longa durou de 1979 a 1983.

Um regime opressivo dominou Praga. Os ativistas lutaram contra e como podiam, mas foram esmagados. O autoritarismo havia vencido; as pessoas haviam perdido. Examinando os acontecimentos de sua cela, Havel poderia ter concluído facilmente que a situação só iria piorar, com a liberdade da Tchecoslováquia sumindo da memória como um sonho ao acordar de manhã. O que esse tipo de pensamento teria feito com ele?

Os cínicos denunciam a injustiça onde quer que a vejam, mas isso não significa que sejam agentes da mudança. Em pesquisas feitas com milhares de participantes em dezenas de países, as pessoas que confiam nas outras têm mais probabilidade do que os cínicos de votar,[3] assinar petições, participar de manifestações legítimas e ocupar prédios em protesto.[4] O cinismo sintoniza as pessoas com as doenças de sua cultura, mas faz com que qualquer cura pareça impossível. Ele sussurra (ou grita) que o governo é abusivo porque *todo* governo é, que esse político é corrupto porque *todos* são. Se isso for verdade, tentar fazer diferença é ilusório. Como o merceeiro de Havel, os cínicos desistem e cedem, mandando um sinal claro para todos: se você quiser criar encrenca, não espere que eu ofereça ajuda.

Em outras palavras, o cinismo é uma ferramenta do status quo. Os autocratas o encorajam exatamente por esse motivo. Em 2016, a Corporação RAND analisou a operação de propaganda de Vladimir Putin. A desinformação na Rússia é uma "mangueira de falsidades" jorrando com constância através da televisão estatal, das redes sociais e dos jornais.[5] Mas a RAND descobriu um pormenor inesperado. A maioria dos Estados repressivos mantém um controle rígido das informações. A propaganda que fazem pode ser inverídica, mas é consistente. A Rússia não seguiu essa receita: Putin muda suas mensagens à vontade. Em determinado ponto, ele insistiu que a Rússia não tinha interesse na Crimeia e que não havia tropas estacionadas por lá. Mas em pouco tempo admitiu que havia ordenado que tropas entrassem na região para que, então, ela fosse anexada à Rússia.

Por que Putin não controla suas mensagens? Talvez sua missão não seja convencer as pessoas de nada. Em 2021, pesquisadores entrevistaram russos para examinar os efeitos da "propaganda pouco convincente", que não se incomoda em ser digna de crédito ou coerente.[6] Depois de assistir à mídia estatal, os cidadãos se mostravam enojados e desesperançosos com relação à política em geral. "Não preciso saber sobre questões políticas, é inútil", disse um deles. "Não vejo motivo para me envolver na política ou me importar com ela", disse outro.

A mangueira de falsidades foi projetada para desgastar o senso de realidade dos cidadãos. Como escreveu a filósofa Hannah Arendt: "O objetivo da educação totalitária nunca foi instilar convicções, e sim destruir a capacidade de formar alguma convicção." O cinismo deixa as pessoas numa espécie de complacência sombria.[7]

O desajuste criativo é diferente. Ele compartilha com o cinismo um diagnóstico de que algo está errado. Mas, enquanto os cínicos acham essa conclusão fria e cansativa, as pessoas que realizam mudanças acreditam que ela é feroz e energizante: não porque a situação irá melhorar, mas porque ela *pode* melhorar. Havel viveu segundo esse princípio até mesmo na cela. Escrevendo para sua mulher, Olga, ele refletiu: "A esperança é uma dimensão do espírito. Não está fora de nós, e sim dentro de nós. Quando a perdemos, precisamos procurá-la de novo DENTRO DE NÓS e nas pessoas ao redor – e não em objetos ou acontecimentos."[8]

Durante o tempo que passou na prisão, Havel continuou se correspondendo com membros do Carta 77. Enquanto esteve lá, a economia da Tchecoslováquia piorou e seus cidadãos se sentiram encorajados a exigir mudanças. À medida que o movimento se tornava uma bola de neve, as pessoas perceberam que o regime comunista era vulnerável, o que lhes deu ainda mais energia para desafiá-lo. Havel tinha previsto esse padrão dez anos antes em *The Power of the Powerless*:

A crosta apresentada pela vida de mentiras é feita de material estranho. Enquanto lacra hermeticamente toda a sociedade, ela parece ser feita de pedra. Mas no momento em que alguém a rompe em algum lugar... toda a crosta parece ser feita de um tecido a ponto de se esgarçar.

Em 1989, o totalitarismo tcheco foi despedaçado pela "Revolução de Veludo". Naquele mês de novembro, a polícia suprimiu violentamente um protesto em Praga, provocando uma avalanche de desajuste criativo. Os estudantes entraram em greve, e nos teatros eram lidas proclamações contra o governo em vez de serem apresentadas peças. Com o rádio e a televisão sob controle do governo, as pessoas penduravam cartazes exigindo mudança. Era o oposto da propaganda de mercearia que Havel havia imaginado. Ao arriscar a própria segurança para participar dos protestos, os tchecos perceberam a quantidade de pessoas que estava do lado deles, pessoas que pensavam da mesma maneira.

Havel e o Carta 77 aproveitaram aquele momento de repulsa ao comunismo e criaram o Fórum Cívico, uma organização temporária que servia como voz unificada da população tcheca e como ponta de lança do movimento crescente. Os líderes do Fórum Cívico exigiam a demissão de policiais que haviam atacado manifestantes e organizaram uma greve geral, apoiada por três quartos da população. Os protestos cresceram até reunir dezenas de milhares de pessoas, para em seguida ver se juntarem outras centenas de milhares. Em duas semanas, o regime comunista na Tchecoslováquia havia colapsado sem nenhuma violência registrada em larga escala. Havel começou a década de 1980 numa cela de prisão. Três dias antes do fim da década, ele se tornou o primeiro presidente eleito democraticamente do país.

Um número incontável de indivíduos pode se sentir como os tchecos daquela época. A democracia está sofrendo ataques; o abuso das elites é crescente. Podemos decidir que a mudança positiva é impossível agora. O ceticismo nos diz uma coisa mais verdadeira: o futuro se materializa segundo a segundo e temos a capacidade de moldá-lo. Mas o que nos inspira a assumir o controle?

A liga emocional da mudança

Emile estudava a paz, e lutou pela mudança durante toda a vida. Depois de o presidente Trump emitir uma "proibição aos muçulmanos" em 2017, Emile foi ao Aeroporto Internacional da Filadélfia para protestar em solidariedade àquelas pessoas. Ele e seus filhos, Clara e Atticus, participaram de manifestações pelos direitos dos americanos negros, da comunidade LGBTQIAPN+ e pelo meio ambiente. Professor numa escola de elite do ensino médio, ele desafiava os alunos em questões de raça e classe.

Em 2000, ele fez um sermão sobre seu trabalho numa igreja unitária universalista perto de sua cidade natal.[9] Explicou que o ativismo era barulhento, penoso e inconsistente. Os direitos humanos avançavam e depois recuavam. Às vezes seus alunos do ensino médio ouviam, às vezes não. "Todos os anos surgem problemas muito semelhantes, questões semelhantes, discussões semelhantes", disse Emile. O trabalho o fazia rememorar a figura mítica de Sísifo, condenado pelos deuses a empurrar uma pedra morro acima e vê-la rolar montanha abaixo de volta.

Esse trabalho e essa repetição incansável não apagariam o fogo de qualquer ativista? Emile achava que não. "Tive uma percepção melhor sobre Sísifo", disse ele à congregação. "A história dele só se torna uma tragédia se ele não gostar de empurrar a pedra – ou se estiver fixado lá em cima." E se ele, como Havel e outros ativistas em todo o mundo, se esforçasse não porque tinha certeza de alcançar o cume, e sim porque essa era a coisa certa a fazer? Poderia existir significado na luta. "A premissa está estabelecida: a pedra precisa ser empurrada", anunciou Emile. "Se é uma comédia, um drama ou uma tragédia, quem decide é quem está empurrando."

Quando se trata de movimentos sociais, quem continua empurrando e quem abandona a pedra? Em 2022, pesquisadores revisaram a ciência da "ação coletiva", como os protestos e os boicotes. Examinando dados de mais de 120 mil pessoas em dezenas de países, descobriram duas forças emocionais que impulsionam a ação coletiva. As pessoas participam de movimentos sociais quando sentem uma *raiva justa* da injustiça e quando experimentam a *eficácia*, o sentimento de que podem fazer algo de produtivo a respeito dela.[10]

A eficácia sem raiva pode nos deixar complacentes. A raiva sem eficácia nos deixa paralisados e cínicos. Nenhuma das duas opções inspira muita ação. Mas, juntas, elas formam uma liga de mudança social que se parece bastante com o desajuste criativo.

Muitos de nós já nos sentimos ultrajados com um bocado de coisas ruins que vimos acontecer. A eficácia pode ser mais difícil de alcançar. Como podemos cultivá-la em tempos difíceis? Um ingrediente é a crença de que outras pessoas irão se apresentar com o intuito de provocar mudanças. Na década de 1960, pesquisadores perguntaram a americanos negros se estavam dispostos a participar de manifestações pacíficas contra a segregação. Uma pessoa negra que achasse que os brancos apoiavam o progresso racial tinha cerca de 20% a mais de probabilidade de protestar do que outra que acreditasse que os brancos não apoiavam.[11] Os brancos que observavam os protestos *passavam* a apoiar mais a justiça racial e tinham mais probabilidade de participar dos protestos.[12] Isso criava uma profecia autorrealizável virtuosa: os manifestantes negros que acreditavam que os outros iriam se juntar a eles agiam e os influenciavam a fazer exatamente isso.

As elites autoritárias esperam que os cidadãos não contem com os outros, tornando-se vítimas do sistema e de seus instrumentos. Mas isso significa também que, quando pessoas corajosas se expõem – frequentemente correndo grande risco –, podem produzir uma mudança substancial. Em 1988, apenas 12% dos americanos apoiavam o casamento entre pessoas do mesmo sexo.[13] Nas décadas seguintes, um número cada vez maior de gays e lésbicas se assumiram para familiares e para a sociedade. Essas atitudes corajosas os expuseram à intolerância, social e religiosa, mas também aumentaram a visibilidade para a causa LGBTQIAPN+. Galvanizados em parte pela crise da Aids, os ativistas se tornaram mais enfáticos ao exigir seus direitos. Em 2015, o país tinha dado uma volta de 180 graus – 60% dos americanos apoiavam o casamento entre pessoas do mesmo sexo, e a Suprema Corte decidiu que ele seria legal em todo o país, tornando esse um dos temas políticos com avanço mais rápido na história da nação.[14]

Mudanças desse calibre parecem milagres, mas são mais parecidas com a matemática. Cientistas descobriram que, quando pelo menos 25% das pessoas defendem consistentemente uma ideia ou um movimento moral, ele tem muito mais chance de vingar. São necessárias mais pesquisas sobre esse tema, embora a ciência nos conecte com uma história comum. Os ativistas batalham por décadas. Eles podem sair arranhados de sua luta, mas continuam empurrando as várias pedras que têm pela frente. E então o impossível acontece: uma torrente de apoio suplanta o status quo.

Isso não significa que o trabalho da mudança deva permanecer como responsabilidade dos oprimidos enquanto a maioria espera nas laterais do campo até que a situação fique segura. Uma estratégia para trazer os espectadores é substituir o cinismo por dados. Quando as pessoas acreditam que as outras aceitam o status quo, se tornam mais propensas a se manter passivas. Se elas soubessem o que as outras sentem de verdade, poderiam agir em conjunto – rasgando ao mesmo tempo todos os cartazes pendurados na frente de suas lojas.

Considere a Arábia Saudita, um país em que apenas um quarto das mulheres tem empregos e poucas trabalham fora de casa. Uma tradição de leis de "tutela masculina" significava que até recentemente os homens tinham poder de decisão sobre suas esposas. Assim o trabalho das mulheres podia refletir as preferências dos homens. Só que isso não era verdade. Num estudo feito em 2018, mais de 80% dos homens sauditas acreditavam que as mulheres *deveriam* poder trabalhar fora de casa. Achavam, erroneamente, que um número muito menor de homens concordava com eles. Então os cientistas mostraram a alguns homens sauditas como os outros de fato se sentiam. Esse conhecimento lhes deu permissão para expressar suas crenças verdadeiras.[15] Meses depois, suas esposas tinham quase o dobro de possibilidade de se candidatar a empregos em comparação com as esposas de homens que não tinham visto os dados, e uma chance quase cinco vezes maior de serem entrevistadas para pleitear um emprego. Esse é apenas um passo minúsculo em direção aos direitos das mulheres num país que continua a negá-los, mas demonstra que o progresso pode ocorrer por intermédio de informações mais relevantes e verdadeiras.

Como vimos neste livro, nossas crenças costumam ser negativas. Assim, a verdade tende a ser uma surpresa agradável. Qualquer que seja a sua questão, você pode achar que está numa ilha, irritando-se sozinho contra a opressão enquanto a maioria das pessoas não se importa. Essa hipótese provavelmente está errada. Conhecer a verdade é conferir eficácia à sua raiva e criatividade ao seu desajuste. Pode, ainda, nos ajudar a encontrar solidariedade com os outros, para que juntos possamos empurrar a pedra até que finalmente se fixe no topo do morro.

Os milagres de todo mundo

As histórias de desajuste criativo costumam colidir com a grandeza. Václav Havel lutou contra probabilidades impossíveis em Praga e chegou à presidência. Nelson Mandela teve um papel crucial na África do Sul durante o apartheid. Malala Yousafzai arriscou a vida para defender a educação das mulheres no Paquistão e em outros países. A vida dessas pessoas iluminadas inspira um número incontável de outras tantas que lutam por direitos, mas também parece distante da nossa. Ao ficar sabendo sobre elas, os cidadãos comuns podem concluir que a mudança é impulsionada por figuras sobre-humanas que dobram a história, enquanto o restante de nós é jogado para um lado e para outro na correnteza. E se a maioria de nós não pode fazer diferença, por que nos incomodarmos em tentar?

Um tema que faz com que eu me sinta assim, indignado, é a supressão de eleitores. Em 2013, a Suprema Corte dos Estados Unidos votou pela revogação de trechos da Lei de Direitos de Voto de 1965, dando aos estados mais margem de manobra para moldar as eleições sem a supervisão federal. Nos seis anos posteriores à decisão, governos estaduais fecharam mais de 1.500 locais de votação,[16] ao mesmo tempo que restringiam o acesso às cédulas enviadas pelo correio e eliminavam nomes das listas, de modo que as pessoas precisavam se registrar, caso contrário perdiam seus direitos.

Essas mudanças dificultaram a ação de votar. Outras podem fazer os votos valerem menos. A cada dez anos os estados redesenham as fronteiras entre os distritos eleitorais. O que deveria ser um processo natural se tornou uma arma política através da manipulação partidária do tamanho dos distritos (processo chamado de *gerrymandering*, em inglês). Os legisladores de um partido desenham distritos que não são naturais para prejudicar os eleitores rivais. *Packing* (empacotar) é uma palavra que se refere a pôr eleitores em quarentena num pequeno número de distritos, de modo que influenciem um número menor de eleições. *Cracking* (rachar) significa espalhar os rivais em muitos distritos de modo que a oposição forme uma minoria em cada um deles. Essas táticas permitem que os políticos escolham seus eleitores em vez de os eleitores expressarem por meio do voto quem são os políticos que gostariam que os representassem. São essas mesmas táticas que fazem políticas impopulares serem aprovadas, porque quem tem o poder nas mãos não tem mais medo de perder as eleições.

Considero a supressão dos eleitores um tema exaustivo, em parte porque ela pode acontecer em silêncio. Nos Estados Unidos, a maioria das pessoas não procura se informar sobre as eleições locais para secretários de estado. Uma maioria tanto de democratas quanto de republicanos se opõe ao *gerrymandering*,[17] mas esse processo costuma ser escondido do escrutínio público. Nessas esquinas sombrias, a democracia americana está sendo demolida por uma máquina política bem lubrificada e financiada.

O *gerrymandering* alimenta meu cinismo. Numa tentativa de ceticismo esperançoso, pesquisei esse tema no Solutions Story Tracker – o site que David Bornstein e Tina Rosenberg criaram para divulgar notícias que enquadram ativos. Ali fiquei sabendo sobre Katie Fahey.[18] Em 2016, Fahey, então com 27 anos, era uma organizadora de programas da Michigan Recycling Coalition (Coalizão de Reciclagem de Michigan). Sendo uma pessoa independente, ela se importava com temas nacionais, mas prestava mais atenção no seu quintal cívico.[19] As viagens de ônibus entre Grand Rapids e Lansing lhe davam horas para ouvir a rádio NPR de Michigan. À medida que a eleição se aproximava, ela ficou empolgada com a batalha pelo cargo de Comissário de Drenagem do Condado – a pessoa encarregada da gestão da água. Se isso lhe parece esquisito, lembre-se de que, a menos de duas horas de distância, a água da cidade de Flint foi envenenada em decorrência de uma série de decisões negligentes de políticos locais.

Fahey havia aprendido sobre *gerrymandering* no quarto ano e desde então se sentia ultrajada. "O tempo todo", diz ela, "você escutava: 'A população de Michigan quer isso, mas o legislativo não está fazendo nada.'" Isso a enchia de "pavor existencial", mas durante aquela eleição ela percebeu uma mudança nas pessoas a sua volta. Na festa de aniversário de um sobrinho, amigos e familiares discutiram as diferenças entre as políticas de Bernie Sanders, Hillary Clinton e Donald Trump com relação aos cuidados com as crianças. A paixão de Fahey pelos detalhes da política parecia se espalhar e bem.

Depois da eleição, tudo azedou. A divisão aumentou e todo mundo parecia achar que os rivais eram seres malignos. Fahey se perguntou se haveria um modo de mobilizar as pessoas em torno de um tema sobre o qual todos concordassem. Certa tarde, ela entrou no Facebook, e o aplicativo lhe enviou uma lembrança: naquele dia, anos antes, Fahey havia postado uma reclamação sobre o *gerrymandering* partidário. Ninguém havia respondido. Por puro capricho, ela postou de novo: "Eu gostaria de fazer alguma coisa contra o *gerrymandering* em Michigan, se você também estiver interessado, comente aqui ☺."[20]

Ao contrário da última vez, a postagem atraiu um grupo pequeno porém comprometido o suficiente para fazer Fahey pensar: *Não estou sozinha*. Dezenas de pessoas responderam ou mandaram mensagens lhe agradecendo por tomar alguma atitude com relação ao *gerrymandering*, apesar de ela ainda não ter colocado a mão na massa de fato. *Ah, que bosta*, pensou ela, *somos milhares de pessoas querendo isso, todas esperando que outra faça alguma coisa. Talvez nós possamos ser essas pessoas.*

Ela começou por onde qualquer um de nós começaria, digitando no Google: "Como acabar com o *gerrymandering*?" A busca revelou três opções: um processo legal (que seria temporário); trabalhar com os legisladores (em quem ela não confiava); um referendo eleitoral, que permitiria aos moradores do estado usufruir do voto direto. A terceira opção parecia a mais sensata. "Nós mesmos precisamos fazer isso", disse ela a um colega de trabalho que havia concordado com seu esforço. Mas "isso" era uma tarefa desesperadamente assustadora. Para ao menos conseguir que sua iniciativa fosse posta na cédula, eles precisariam recolher mais de 300 mil assinaturas – um número muito maior que toda a população de Grand Rapids.

Fahey registrou uma organização sem fins lucrativos: Eleitores, Não Políticos. Os referendos eram liderados por organizações com grandes verbas que trabalhavam com advogados para elaborar a linguagem das emendas e levantavam dinheiro antes de anunciar seus objetivos. A Eleitores, Não Políticos abriu uma conta bancária um dia antes de sua primeira coletiva de imprensa. Eles não tinham nem mesmo canetas.

Como Fahey recorda, eles foram "esfolados" pelos repórteres. A imprensa local detonou seus esforços. Um artigo enfatizou cada vez que Fahey disse a palavra "tipo" durante a coletiva, atacando sua idade, seu gênero e seu estilo informal para pintá-la como um peso-leve. Circularam boatos de que ela poderia ser uma agente política comandando uma falsa campanha popular. Agentes políticos verdadeiros telefonavam, dizendo que seu fracasso prejudicaria os esforços contrários ao *gerrymandering* dos últimos anos.

Dependendo da reportagem, Fahey era uma criança ingênua, uma agente secreta ou uma amadora destrutiva. Mas as pessoas comuns reagiam de modo diferente. Em 33 dias a Eleitores, Não Políticos havia ocupado 33 prefeituras em todos os distritos de Michigan. Quanto mais os moradores do estado ficavam sabendo sobre o *gerrymandering* partidário, mais raivosos se tornavam. Então Fahey deu ao público algo para pensar. A Eleitores, Não Políticos buscou saber das pessoas qual seria a melhor linguagem para a proposta, perguntando o que *elas* achavam que seria justo. "Dava para ver que nunca tinham sido consultadas na vida", lembra Fahey. "Estavam empolgadas demais." O desajuste criativo se espalhou pelo estado.

Logo as reuniões em suas viagens – para discutir os detalhes dos procedimentos políticos no estado – estavam apinhadas de pessoas em pé. Meses depois da postagem no Facebook, milhares de voluntários tinham se juntado ao movimento. Eram conservadores do Tea Party e progressistas, aposentados e estudantes, advogados e operários.

Em seu tempo livre cada vez menor, Fahey administrava e se apresentava com um grupo de comédia absolutamente na base do improviso. Um princípio básico da improvisação teatral é conhecido como "Sim, e..." Um ator aceita qualquer desafio que seu colega lance para ele e o elabora, fazendo, assim, as piadas se desenvolverem de maneira imprevisível entre o grupo. A organização Eleitores, Não Políticos me parece seguir essa ética. Os voluntários iam como estavam e ajudavam como podiam. Uma estudante de veterinária pesquisava a jurisprudência das quatro às seis da manhã, passando ao turno seguinte o que havia aprendido. Um marceneiro fazia pranchetas para coletar assinaturas.

A Eleitores, Não Políticos redigiu a Proposta 2, para um referendo eleitoral que substituiria os políticos por uma comissão de cidadãos – quatro democratas, quatro republicanos e cinco independentes – que supervisionaria o processo de organização dos distritos. Se fosse aprovada, a Proposta 2 mudaria fundamentalmente a paisagem política de Michigan, transferindo o poder das salas dos fundos para a cabine eleitoral. Seus divulgadores percorreram todo o estado, espalhando o evangelho do empoderamento dos eleitores para pessoas em casas e calçadas de cidades de todos os tamanhos. "Eles estavam em toda parte", maravilhou-se um repórter local. "Não era possível ir a algum evento sem vê-los."[21]

A Eleitores, Não Políticos também marcou presença nas redes sociais. Um mecanismo de contagem no Facebook mostrava cada assinatura que a campanha conseguia obter. O grupo transmitia ao vivo os principais avanços da empreitada. Quando alcançaram o objetivo final, os organizadores filmaram as caixas de formulários assinados sendo empilhadas num caminhão de mudanças. O veículo foi trovejando até a assembleia estadual, onde uma multidão de apoiadores já estava reunida, pronta para aplaudir.

Depois de a Proposta 2 ter confirmado o apoio público, a Eleitores, Não Políticos enfrentou um processo aberto pela oposição muito bem financiada. Esse processo subiu rapidamente até a Suprema Corte de Michigan. Dos sete juízes, cinco eram republicanos – o partido que na época se beneficiava do *gerrymandering*. Alguns juízes enfrentaram uma pressão intensa para se posicionar contra a Eleitores, Não Políticos. Fahey demonstrava a energia de um trem-bala, mas o processo desanimou até mesmo a ela. Centenas de milhares de cidadãos tinham alimentado a esperança de vencer e tudo poderia desaparecer nas mãos de meia dúzia de juízes – silenciando pessoas que tanto se esforçavam para serem ouvidas. *Se a coisa vai ser tão fraudulenta*, pensou Fahey, *a democracia vale a pena?*

Mas não adiantava esperar em silêncio. A Eleitores, Não Políticos organizou uma caravana para estar de corpo presente no julgamento. Enquanto o processo contra a Proposta 2 era discutido, o tribunal se encheu de cidadãos. E centenas de outros esperavam do lado de fora. Se os juízes fossem tirar a voz do povo, teriam que fazer isso na frente dele.

O tribunal rejeitou o processo, abrindo caminho para a Proposta 2 entrar na cédula de 2018. Ela ganhou de lavada com mais de 60% dos votos, vencendo em 67 dos 83 condados de Michigan. No ano seguinte, o estado enviou pelo correio solicitações para formar o comitê de reestruturação dos distritos, endereçadas a moradores escolhidos aleatoriamente, e 6.200 pediram para ser considerados. O comitê final terminou de desenhar os novos distritos do estado em 2021.

Segundo o site de pesquisas FiveThirtyEight, os novos distritos de Michigan estão entre os menos tendenciosos do país, o que significa que suas cadeiras no Congresso representam de fato a maioria dos votos. Recentemente vários outros estados adotaram comitês de reestruturação de distritos parecidos com os de Michigan.[22] Hoje Fahey trabalha como diretora executiva da The People (O Povo), uma organização sem fins lucrativos que defende os direitos dos eleitores e as questões relacionadas a eles em nível nacional.

Para mim, os detalhes dessa história são espantosos. Uma mulher sem experiência jurídica, mal tendo idade para alugar um carro, enfrentou interesses políticos entranhados e saiu vitoriosa. Ela lançou luz sobre uma das ameaças mais insidiosas à democracia nos Estados Unidos e deu mais força aos votos de dezenas de milhares de cidadãos.

A história de Fahey também é um desafio porque deixa claro até que ponto cada um de nós tem o poder de influenciar a tomada de decisões. Sua campanha audaz foi ridicularizada publicamente e chamada de ingênua, mas Fahey espera que ela sirva de lição para as gerações mais novas. "As crianças de Michigan ainda irão aprender sobre o *gerrymandering*", reflete ela, "mas, meu Deus, elas também vão saber que no nosso estado não foi isso que aconteceu." Antes de sua campanha, Fahey não achava que uma pessoa pudesse fazer diferença. Ainda não acha. Foi preciso que milhares delas arregaçassem as mangas. Mas pessoas assim, batalhadoras, estão por toda parte. Quando você ensina a elas sobre um problema e lhes dá maneiras de ajudar, elas não fogem à luta.

Aumentando o tamanho da tenda

Até que ponto a esperança pode ser ambiciosa? As pessoas que realizam mudanças, como Václav Havel e Katie Fahey, pressionam na direção do progresso. E aquelas outras que se interpõem ao caminho delas? A história irá atropelá-las ou elas podem aparecer juntas, de surpresa? Essas perguntas animaram Loretta Ross por meio século.[23] Ross liderou movimentos pelos direitos reprodutivos e justiça racial. Em Washington, D.C., comandou o primeiro centro de atendimento a vítimas de estupro e organizou a Marcha pela Vida das Mulheres em 2004, na época a maior manifestação pelos direitos reprodutivos na história dos Estados Unidos.

O desajuste criativo de Ross está enraizado no trauma pessoal. Quando tinha 14 anos, um familiar mais velho a estuprou; ela engravidou e teve um filho. Depois de saber que ela era mãe, a escola do ensino médio onde Ross estudava se recusou a matriculá-la, cedendo apenas quando sua mãe ameaçou abrir um processo. O amor e a defesa feroz dos pais a mantiveram viva. Ross tirava notas máximas na escola e aos 16 anos ingressou na Howard University em Washington, D.C.

Na capital do país, Ross estudou física e química orgânica, mas passava o tempo livre protestando contra a discriminação racial, a Guerra do Vietnã e o apartheid na África do Sul. Foi atacada com gás lacrimogêneo antes de ter idade suficiente para votar. Depois da faculdade, ficou claro que o ativismo, e não a ciência, definiria sua vida.

Ross se concentrou em organizar, apoiar e motivar sua comunidade e desafiar todas as outras pessoas. Criticava as mulheres brancas que pareciam não perceber as dificuldades enfrentadas pelas negras, desenhando linhas nítidas entre os grupos feministas. Então, na década de 1970, uma experiência inesperada mudou sua perspectiva. Uma carta chegou ao centro de atendimento a vítimas de estupro em Washington, vinda da Penitenciária Lorton, uma prisão a cerca de 30 quilômetros de distância. Escrita por um homem chamado William Fuller, dizia: "Lá fora estuprei mulheres. Aqui dentro estuprei homens. Gostaria de não ser mais estuprador."

"Aquilo me deixou furiosa", me diz Ross. "Estávamos juntando recursos com dificuldade para as vítimas de estupros e agora uma porcaria de um *perpetrador* queria nossa ajuda?" Os colegas concordaram com ela, e a maioria recomendou que ignorasse Fuller. Mas Ross não jogou a carta fora. Durante meses, aquele "intruso" permaneceu em sua mesa, "como um dente doendo, no meio da pilha de papéis". Até que ela decidiu visitar a Penitenciária Lorton, não para ajudar Fuller, mas para dar uma bronca nele. "Eu não podia fazer nada contra a pessoa que tinha me estuprado, mas achei que poderia tornar a vida dele mais miserável." O que a esperava desafiou suas expectativas. Fuller não estava sozinho, e sim com vários outros homens, a maioria condenada por agressão sexual. O grupo tinha encontrado livros de feministas negras e estava tendo discussões sobre eles, mas ansiava por orientação de alguém que fizesse ativismo contra o estupro. Será que Ross poderia ajudá-los?

Atônita demais para pensar em outra saída, "só pude contar minha história", lembra Ross, "e isso abriu as comportas das histórias deles." Cada um daqueles homens tinha sido um estuprador e alguns haviam sido vítimas de abuso ou assédio. Os homens batizaram o grupo de Prisioneiros Contra o Estupro e trabalharam com Ross durante três anos para se educarem e se tornarem aliados da causa. Nada disso apagou seus atos ou fez Ross se tornar amiga deles. Dez anos depois, ela se encontrou casualmente com Fuller em Washington. O homem agradeceu por ela ter virado sua vida do avesso e contou que agora era casado. *É*, pensou ela, *mas você nunca deveria ter voltado para as ruas.*

Essa experiência junto aos presidiários mudou o pensamento de Ross. Conhecendo as histórias deles, ela não podia mais definir esses homens apenas por seus crimes. Eles eram pessoas com defeitos graves, que haviam feito coisas terríveis e queriam desesperadamente fazer parte de algo melhor nos anos que lhes restavam. Isso se tornou uma prévia da abordagem nova e mais abrangente de Ross para a mudança.

Como seu eu mais jovem, muitos ativistas expressam pouca paciência com alguém que não compactue com seus ideais. Uma das armas usadas por eles é denunciar, envergonhar publicamente as pessoas em decorrência de algum comportamento inadequado. As denúncias podem responsabilizar e expor injustiças – o desajuste criativo transformado em fala. E podem rachar os movimentos sociais. A mudança se espalha entre os cidadãos como uma onda; alguns acordam para novas ideias antes de outros. Ross acha que, quando os indivíduos forçam a barra com quem não age como deveria, "as chances de a pessoa dobrar a aposta e manter a mesma opinião" aumentam – e, assim, antigos padrões de pensamento e ação se mantêm vivos. Os testes de pureza moral limitam a diversidade dentro dos movimentos sociais, congelam aliados potenciais e alimentam o que Ross chama de "a bocarra canibal da cultura do cancelamento".[24] E, como outras formas de cinismo, a insensibilidade nega a capacidade de mudança das pessoas. Aos olhos de Ross, essas visões fixas "espelham o complexo industrial prisional" que a maioria dos ativistas abomina.

Ross oferece uma alternativa: "anunciar", algo que ela descreve como "denunciar com amor". "Anunciar" cita o mal que alguém faz *e* a capacidade de a pessoa crescer. Ross usou essa estratégia com os Prisioneiros Contra o Estupro e, num trabalho posterior, para desprogramar membros da Ku Klux Klan. "Quando você pede a uma pessoa que abra mão do ódio", argumenta, "precisa estar presente para quando ela fizer isso." Ross conta a história de um anúncio pessoal com o qual outras pessoas podem aprender. Um parente dela costumava dar opiniões preconceituosas sobre mexicanos e pessoas LGBTQIAPN+. Uma noite, durante o jantar, ela respondeu a uma ofensa dele dizendo: "Sei que você é um homem bom. Acho que você seria capaz de entrar num prédio em chamas para salvar uma pessoa sem se importar se ela é gay, hétero, latina ou branca. Como posso reconciliar o homem bom que eu sei que você é com as palavras que acabaram de sair de sua boca?"

Denunciar reduz os movimentos sociais; anunciar os amplia, criando espaço para mais pessoas se juntarem a eles. Essa atitude se baseia na justiça restaurativa, uma prática para seguir adiante depois do mal sofrido, que inspirou a abordagem de LaJuan White na Escola Lincoln, em Syracuse. Atualmente Ross é professora na Smith College e dá aulas sobre "anunciar" a novas gerações de ativistas. Ela é clara ao dizer que ninguém é obrigado a participar de "conversas improdutivas" com provocadores nem a se colocar em risco a serviço do diálogo. Mas sua nova versão de mudança social é alimentada pelo ceticismo esperançoso e pela crença na bondade da maioria das pessoas.

É FÁCIL EVOCAR A ESPERANÇA pensando em vitórias do passado. Na época em que aconteceram, porém, o destino dos movimentos sociais no Alabama, no bar Stonewall, em Praga e na África do Sul era desconhecido. Hoje em dia, incontáveis movimentos sociais agitam o mundo. A democracia vacila e os cidadãos lutam para mantê-la viva. Líderes autoritários retiram direitos e as pessoas protestam e se organizam para ampliá-los. Não está claro quem vencerá. A pedra rola morro abaixo; alguém a empurra de volta para cima.

Loretta Ross não tem ilusões sobre a natureza humana. "Não é que você não preste atenção nas coisas horríveis que as pessoas podem fazer", diz ela, "mas você acredita que podemos fazer melhor." E o melhor tem muita coisa a favor. No correr das décadas, o progresso avançou. Aos trancos e barrancos, a pedra ganhou altitude. Como Ross me diz: "Os inimigos dos direitos humanos acham que estão lutando contra nós, mas lutam de fato contra forças que estão muito além do controle deles. Estão lutando contra a verdade, as provas, a história e – acima de tudo – o tempo. E a verdade, as provas, a história e o tempo irão derrotá-los."

11
Nosso destino comum

Numa viagem recente a uma colônia de férias, minha filha de 7 anos falou de um de seus lugares prediletos na Terra: a cidade natal da mãe dela, Tuscaloosa, no Alabama. Durante uma visita ao Sul, compartilhou festas de quintal e doces açucarados, para além de encontros fantásticos com os primos. Foi uma temporada perfeita, a não ser pelo calor. O Alabama em julho nunca é confortável, mas nesse ano havia batido mais de 38 graus na maior parte dos dias em que estivemos lá.

– Provavelmente vai ficar mais quente ainda – deixo escapar.

Isso não abalou minha filha, porque, no segundo ano do fundamental, ela sabe muito mais sobre o clima do que eu. Mas ela tinha perguntas a fazer.

– Vai ficar tão quente que vai pegar fogo?
– Não sei – respondi. – Mas pode ficar mais difícil morar lá.
– São Francisco vai pegar fogo também?
– Também não sei. Desculpe, não tenho a resposta certa – disse, e fugi logo do assunto, porque lamento de verdade não saber dar boas respostas às perguntas que ela me faz e, quando dou, elas são tão horríveis quanto essas que acabei de expor.

Nos próximos anos, ela e a irmã acordarão para uma catástrofe em câmera lenta sobre a qual não são responsáveis mas que poderá moldar, e talvez limitar, a vida delas.

Existem inúmeros pontos na nossa cultura em que o ímpeto positivo está crescendo. Quanto mais prestava atenção neles, mais esperança sentia.

Mas tudo isso foi suplantado pela minha atitude menos esperançosa. Nos últimos anos, me tornei um crente no apocalipse climático.

Existem motivos suficientes para sentir medo diante da crise do clima. A humanidade está a caminho de praticamente dobrar o nível de aquecimento estabelecido no Acordo do Clima de Paris em 2015.[1] Em 2022, a cada três semanas houve um desastre natural ao custo de 1 bilhão de dólares somente nos Estados Unidos, uma frequência quatro vezes maior que na década de 1980.[2] Mais de 150 milhões de pessoas vivem em terras que estarão embaixo d'água em 2050.[3] Essa dor é sentida desproporcionalmente por países pobres, os que menos colaboram para agravar o problema.

Os alarmes estão tocando ao redor do mundo. E todos nós deveríamos estar sobressaltados. Eu, por exemplo, me sinto exausto ao deparar com a enormidade do caos que vejo à minha frente. Esse tipo de crença no apocalipse climático não é ultraje ou medo, é fatalismo: acreditar que nada pode salvar o meio ambiente. Numa pesquisa feita em 2019 com mais de 50 mil pessoas em muitos países, mais da metade concordou que "a mudança climática é um processo impossível de ser interrompido".[4] Uma pesquisa feita em 2021 descobriu que os jovens têm dois terços a mais de probabilidade que os adultos mais velhos de se desesperarem com relação ao clima.[5] Quem pode culpá-los? A parcela deste século para eles é maior, assim como a parcela dos problemas deste século.

A crença no apocalipse climático se tornou o papel de parede da nossa imaginação pública: tão predominante que é até difícil notar. É o que acontece também com o cinismo em relação aos ideais climáticos dos outros. Em 2022, psicólogos perguntaram a milhares de americanos quantos cidadãos apoiavam políticas sólidas com a intenção de proteger o meio ambiente. O americano médio respondeu que menos de 40%. Em outras palavras, a maioria dos cidadãos acha que a maior parte deles não se importa muito com o planeta.[6] Eles se sentem desesperançosos sobre o futuro porque têm pouca fé nos outros no momento.

Neste ponto, espero que esses fatos deixem você cético. E espero também que você esteja lançando esta pergunta: é razoável desconsiderar as pessoas dessa maneira, desistir de nossas chances de enfrentar a crise climática? Por acaso, a crença no apocalipse se baseia numa perspectiva popular, mas frágil, sobre a natureza humana.

Uma visão trágica da vida

Talvez você não tenha ouvido falar de Garrett Hardin, mas é quase certo que ele determinou o modo como você enxerga o futuro. Hardin contraiu poliomielite quando tinha 4 anos e passou semanas de cama, com uma febre tão alta a ponto de ter alucinações.[7] Na escola, sofria bullying como uma criança "aleijada" e escapou desse triste destino quando quis se embrenhar nas artes – aprender violino, fazer teatro – e, por fim, na ciência. Mais tarde, desenvolveu uma síndrome pós-pólio,[8] condição agonizante que o deixou em uma cadeira de rodas. Ele e sua mulher, Jane, faziam parte da Hemlock Society, um grupo que apoiava o direito de as pessoas morrerem quando achassem que havia chegado a hora. Quando Jane desenvolveu ELA (esclerose lateral amiotrófica), os Hardin puseram fim a suas vidas juntos após 62 anos de casamento.

Hardin sempre havia enxergado a morte como uma parte fundamental da vida. Seu pai, Hugh, trabalhava como caixeiro-viajante, levando a família de Missouri para Memphis e Chicago. A partir dos 10 anos, Hardin passou os verões em Butler, Missouri, numa fazenda da família que ele chamava de "o único lugar estável na minha vida".[9] Dadas as limitações trazidas pela pólio, sua tarefa principal na fazenda era cuidar de cerca de duzentas galinhas e matar uma por dia, para o almoço. Enquanto isso, ele testemunhava moradores de Kansas City levando seus gatos indesejados para o campo. Aqueles habitantes da cidade talvez imaginassem que seus bichinhos encontrariam um lar bom em outro lugar, mas, à medida que a população de gatos sem dono aumentava, era assolada pela febre felina. A maioria dos gatos morria da doença ou aprisionada nas mandíbulas do fox terrier da fazenda.

Décadas mais tarde, Hardin se lembrou disso como uma lição crucial dada pela fazenda. Matar nem sempre era cruel; poupar uma vida nem sempre era gentileza. "Durante toda a minha existência", disse ele a um entrevistador, "fui assombrado pela percepção de que não existe espaço para toda a vida que pode ser gerada." Isso era verdadeiro para os gatos e ainda mais para a população humana, que não parava de crescer.[10]

Hardin estudou zoologia e biologia, e às vezes dava aulas na Universidade da Califórnia em Santa Bárbara, mas as percepções sombrias adquiridas na fazenda permaneceram vivas. Em 1968, ele as destilou em um ensaio chamado "A tragédia dos bens comuns".[11] O texto pede que os leitores imaginem um pasto compartilhado por muitos pastores. O campo irá sobreviver se todos limitarem o número de vacas. Mas cada um deles é tentado a acrescentar mais uma ao rebanho, e mais uma, até que no pasto sobre apenas terra, e as vacas e os criadores morrem juntos. Dê um zoom afastando-se da imagem, e o pequeno campo no ensaio de Hardin se torna o nosso planeta, os pastores se tornam a nossa espécie, as vacas são nossos aviões, nossas fábricas, nossas minas a céu aberto e – acima de tudo – nossos filhos e os filhos deles.

Hardin usou a palavra "tragédia" não para indicar uma história triste, e sim no sentido grego original: um resultado do qual o herói não pode escapar porque ele está ligado ao seu destino. Segundo Hardin, a grande tragédia da humanidade viria do choque de duas leis imutáveis.[12] Primeira, o planeta não poderia sobreviver a uma população humana crescente. Segunda, as pessoas eram míopes demais para se darem conta de tamanha tragédia e egoístas demais para se importarem com ela. "A ruína é o destino para o qual todos os homens correm", proclamou ele, "cada um buscando o próprio interesse."

Hardin se dedicou a impedir essa ruína defendendo políticas para limitar a população humana. No início da década de 1960, fez um discurso apoiando o direito ao aborto, um tema tabu na época. Durante anos, depois dessa fala contundente, mulheres o abordavam na calçada para perguntar onde poderiam encontrar atendimento para interromper a gestação. Ele e Jane encontraram médicos que realizavam abortos no México e os indicaram a centenas de mulheres. Hardin achava que esses esforços eram "comparáveis à Ferrovia Subterrânea (uma rota de fuga para escravizados fugitivos) nos dias anteriores à Guerra Civil americana".[13]

Mas com o tempo suas ideias foram se tornando mais fanáticas. Dizia que estávamos tratando a humanidade como gatos da cidade, com uma misericórdia falsa e venenosa. Precisávamos pensar mais como criadores de galinhas. Não bastava dar opções reprodutivas às pessoas, argumentava, e sim retirar suas liberdades. Hardin apoiava a esterilização como método de controle populacional. Num ensaio chamado "Ética do bote salva-vidas", defendeu o fim da ajuda internacional. As nações mais ricas poderiam se salvar – como passageiros de uma pequena embarcação no oceano –, mas somente se permitissem que a fome devastasse as mais pobres. Caso contrário, escreveu Hardin, "os menos providentes e os menos capazes irão se multiplicar à custa dos mais capazes e mais providentes". Ele abraçou a xenofobia, a eugenia e o racismo explícito, dizendo que a "ideia de uma sociedade multiétnica é um desastre".[14]

Hardin temia pelo planeta de maneira genuína. E tinha medo da humanidade, porque acreditava que as pessoas eram moralmente atrasadas e factualmente erradas. Apesar de ter previsto que a população cresceria mais depressa ano após ano, ela alcançou um platô e declinou em 25 países em 2019, ainda antes da pandemia.[15]

A maior parte dos indivíduos não compartilha o preconceito de Hardin, mas muitos ainda adotam suas ideias. "Tragédia" se tornou um sucesso improvável e fez dele uma celebridade. Ele viajou pelo país, falando para plateias de centenas de cidadãos. Seus anfitriões em São Francisco não conseguiram um salão grande o suficiente, por isso ele realizou vários eventos lá, como uma banda de rock em turnê.[16] "Tragédia" ainda é um texto ensinado a milhões de estudantes. Qualquer pessoa que se importe com o meio ambiente pode ser seduzida por sua lógica simples: o problema é a humanidade, e sempre será.

Hardin achava que a superpopulação destruiria a Terra, mas, por ironia do destino, ele e Jane tiveram quatro filhos. Esse fato poderia dar a entender que existia uma tensão estranha entre os temores do casal e suas ações. Os catastrofistas de hoje têm menos probabilidade de comprar carros com eficiência de combustível, investir em energia solar ou participar de manifestações pela justiça climática.[17] Se não existe amanhã, por que não se fartar hoje? Se todas as outras pessoas irão acrescentar uma vaca ao próprio rebanho, por que se incomodar em reduzir o seu?[18]

Os cínicos são detectores de mentiras surpreendentemente ruins – eles presumem as piores características de todo mundo, por isso têm dificuldade de separar os culpados reais daqueles imaginados. Quando se trata da crise climática, *existem* culpados verdadeiros. Quase dois terços das emissões de carbono industriais nos últimos 150 anos se originaram de apenas noventa grandes empresas.[19] O 1% de pessoas que ganha mais dinheiro no mundo produz o dobro de poluição de toda a metade inferior.[20]

As elites da indústria energética usam alavancas poderosas para manter o status quo,[21] fazendo lobby com senadores para se opor a novas políticas energéticas, por exemplo, e pagando a cientistas para espalhar desinformações sobre o clima. O cinismo ajuda a causa deles. Quando decidimos que *todo mundo* é egoísta demais para proteger o planeta, damos cobertura às pessoas e empresas que mais causam danos a ele.

Pense na ideia da "pegada de carbono": a quantidade de gases de efeito estufa que uma pessoa, uma família ou uma comunidade emite. Se você leva em conta a mudança climática, deve se preocupar com a sua pegada. Calculadoras na internet podem revelar gráficos coloridos do quanto você, pessoalmente, está prejudicando o meio ambiente e como poderia combater esse estrago – comendo menos carne vermelha, indo trabalhar de bicicleta, tirando férias num local próximo a sua casa.

É ótimo fazer escolhas amigáveis para o planeta. Mas por acaso a própria ideia de "pegada de carbono" foi inventada pela British Petroleum, no que um especialista chama de "uma das campanhas de RP mais bem-sucedidas e enganosas de todos os tempos".[22] Por dois anos, a BP investiu milhões de dólares para mudar a visão da crise climática. Segundo a empresa, o motivo era o consumo descuidado por parte dos indivíduos. A cura, insistia ela, dependia de nós. "É hora de entrar numa dieta de baixo carbono", declaravam os anúncios da BP. Os executivos do setor de energia censuravam os ativistas por viajar de avião e comer carne, usando denúncias para criar divisões no movimento a favor do clima.[23]

As pegadas de carbono estão entrelaçadas com as estruturas ao nosso redor. Seria mais fácil as pessoas usarem menos energia se houvesse mais postos de recarga para veículos elétricos, ciclovias e alternativas de energia limpa – opções contra a qual a grande petroleira faz lobby.[24] A pegada de carbono faz parte de uma longa linha de marketing que afasta das empresas a responsabilidade pelo problema e a empurra para os cidadãos, o tempo todo criando sistemas que os mantêm dependentes dessas mesmas empresas.[25]

As campanhas usam o cinismo como um bisturi. Todos somos culpados, o que significa dizer que ninguém é *especialmente* culpado. E enquanto jogava a responsabilidade no colo das pessoas, levando-as a escolher tofu em vez de bife, a BP dedicava apenas 2% de seu orçamento à energia renovável. No ano seguinte, adquiriu uma nova reserva de petróleo, sua melhor negociação em duas décadas.

O catastrofismo drena nossa energia – e, como outras formas de cinismo, ele se baseia em suposições erradas sobre a humanidade. Os americanos *acham* que apenas um terço do país apoia uma reforma climática agressiva.[26] O número correto está mais próximo de dois terços. A pessoa que deseja uma política para preservar o meio ambiente nos Estados Unidos faz parte de uma grande maioria que pode não perceber nem mesmo o que está à volta.

Grande parte dos cidadãos deseja um futuro sustentável, e milhões agem para que ele se torne factível, impulsionados pelo desajuste criativo. Muitas outras pessoas já estão vivendo de maneiras sustentáveis, explicitando a todos nós uma receita a ser seguida.

A vitória dos bens comuns

Em 1976, Hardin levou sua turnê da "Tragédia" à Universidade de Indiana. Elinor Ostrom, que era professora lá, estava na plateia e sentiu repulsa, especialmente pela insistência dele em esterilizar pessoas depois do primeiro filho. Como ela recorda, "As pessoas diziam: 'Bom, o senhor não acha que isso é um pouco severo?' 'Não!' [respondia ele.] 'É o que devemos fazer, caso contrário afundaremos'. Bom, na minha mente ele se tornou um totalitário."[27]

Ostrom era cética com relação à "Tragédia". "Eu pensei: 'Ele simplesmente inventou isso'. Ele disse: 'Imagine um pasto aberto para todo mundo'. Ele não disse: 'Meus dados são os seguintes.'"[28] Hardin inventou uma fábula em que as pessoas destruiriam o meio ambiente por serem gananciosas, mas ninguém tinha se dado ao trabalho de fazer ciência. Trinta anos depois, Elinor Ostrom seria a primeira mulher a ganhar um Prêmio Nobel (de Economia) e a revelar as muitas maneiras pelas quais Hardin estava errado.

Elinor Ostron havia crescido em Los Angeles durante a Grande Depressão e se tornou uma rara estudante da classe trabalhadora numa escola chique de Beverly Hills. Ela adorava matemática, mas seus professores se recusaram a deixá-la fazer aulas avançadas, dizendo que esse tipo de estudo de nada adiantaria quando ela estivesse "descalça e grávida".[29] Mais tarde, programas de doutorado de economia a rejeitaram – porque ela não tinha feito aulas de matemática avançada. Ostrom deparou com barreiras semelhantes durante toda a carreira e derrubou todas elas, obtendo o doutorado em ciências políticas e se tornando uma pesquisadora renomada.

Seus primeiros trabalhos se concentravam em problemas comuns do mundo real na cidade onde morava. Los Angeles dependia de água das bacias Central da Califórnia e Oeste. Essas enormes reservas subterrâneas eram abundantes no início da década de 1900, mas, à medida que pessoas, usinas e balneários se apinhavam na área, a água foi se tornando escassa. Quando os moradores usavam grandes quantidades de água rápido demais, a água do mar penetrava nos aquíferos e os contaminava. Em meados do século, o uso excessivo era um grande problema. A água salgada matava a grama nos parques e nos pátios das escolas. E, ainda assim, qualquer pessoa podia usar quanta água quisesse sem enfrentar consequências.

O dilema podia ter sido tirado diretamente do ensaio de Hardin. Mas nenhuma tragédia aconteceu. Em vez disso, os cidadãos se organizaram no que Ostrom chama de "empreendedorismo público".[30] Formaram uma colcha de retalhos de associações que cuidavam da água, monitoraram e regularam o uso e educaram a comunidade com relação à importância da conservação. Em face de uma ameaça comum, os moradores de Los Angeles somaram forças. Agiram menos como *Homo economicus* e mais como *Homo collaborator.*

Junto com seu marido, Vincent, e dezenas de estudantes, Ostrom descobriu projetos comunitários bem-sucedidos em todo o mundo.[31] Em Valência, na Espanha, onde há áreas com terrenos áridos mas férteis, os agricultores precisam preservar cuidadosamente a água. Durante séculos, fizeram isso a partir de um elaborado sistema de rodízio e um "tribunal da água", em que os trapaceiros são levados diante de seus pares. Pescadores do Maine se organizam ao redor de regras – jogando de volta ao mar, por exemplo, as lagostas que estão abaixo de determinado peso – e usam a reputação como recompensa e punição. Nos prados de montanhas em Törbel, Suíça, os fazendeiros compartilham terras para plantar legumes e criar gado. Em 1517, eles se uniram para declarar que "nenhum cidadão poderia mandar mais vacas para o alpe do que aquelas que ele conseguisse alimentar no inverno".[32] Durante meio milênio, eles compartilharam a terra com sucesso.

Cada grupo estudado por Ostrom resolvia problemas comuns ao seu modo, mas em todos eles havia um conjunto de "princípios de design" que regia a vida sustentável.[33] As pessoas concordavam, democraticamente, sobre quanto de determinado recurso cada uma delas deveria usar. Elegiam monitores que podem rastrear quem está seguindo as regras. Os que as violavam eram castigados, mas as sanções eram amenas, só se agravando depois de repetidos delitos. Ostrom encontrou mais um fio que conectava as comunidades vitoriosas: a confiança. "Se as pessoas precisam seguir regras e não confiam no processo, irão trapacear sempre que puderem", refletiu ela.[34] Quando as pessoas têm fé nas outras, investem mais em um futuro juntas. As aldeias à beira-mar são mais sustentáveis que as cidades do lago.

Subjacente ao trabalho de Ostrom havia uma censura profunda e simples ao cinismo. Hardin pedia que imaginássemos um pasto; Ostrom saiu e encontrou pastos de verdade. Hardin estava cego por causa de uma visão de vida em que a ganância humana não conhecia limites. Mas esse é apenas um modo de as pessoas viverem, sobretudo quando são limitadas por sistemas econômicos e sociais que as colocam umas contra as outras.

Se procurarmos além dessas fronteiras estreitas, encontramos um panorama mais belo e complexo do que Hardin jamais imaginou. Ao longo da história, pessoas viveram no mesmo ritmo da natureza – pegando somente o que necessitavam e deixando para trás todo o restante. Segundo um aluno de Ostrom, hoje em dia um bilhão de pessoas governa a si mesmas e às suas comunidades de modo sustentável.[35] Outros milhões vivem segundo filosofias como o "Ubuntu", a ideia bantu de que "uma pessoa é uma pessoa por intermédio de outras pessoas" – em outras palavras, ela é o que é por causa da relação que estabelece com os outros. Especialmente fora do Ocidente, as pessoas compartilham suas identidades com vizinhos, ancestrais e descendentes.[36]

Em comparação, viver como *Homo economicus* parece algo solitário, trágico e opcional. A ganância voraz não está programada em nós. Não somos, por nascimento, os inimigos do planeta. Cuidar de nós mesmos, dos outros e do futuro pode ser algo primordial.

Escolhendo um futuro

Ostrom estudou comunidades pequenas, onde a confiança e a sustentabilidade são naturais. O problema mais vital com relação aos bens comuns, reduzindo as emissões de carbono, implica que cada país e bilhões de cidadãos desconhecidos trabalhem em uníssono, esticando a ideia de comunidade até o ponto de ruptura. Mas as pessoas que querem se juntar a esse esforço enorme têm mais opções do que jamais tiveram. O custo das energias solar e eólica despencou na última década, enquanto o interesse por essas tecnologias disparou. Em 2023, o mundo investiu 1,7 trilhão de dólares em energia renovável, comparado com 1 trilhão de dólares em combustíveis fósseis. Espera-se que em breve os combustíveis renováveis superem o carvão como a maior fonte de eletricidade.[37]

Essas tecnologias podem reduzir as emissões de carbono, mas provavelmente não irão nos aproximar dos objetivos estabelecidos pelo acordo do clima de 2015. "Mesmo se você juntar todos os veículos elétricos, toda a energia solar, toda a energia eólica", me disse a estrategista do clima Gabrielle Walker, "ainda haverá uma lacuna esmagadora, o que significa que não conseguiremos chegar lá."

Eu tinha telefonado para Walker para tratar do meu catastrofismo, e esse comentário dela não pareceu um bom começo de conversa. Quando perguntei se ela sente ansiedade climática, ela respondeu: "Todos os dias." Mas continuou: "Não posso me dar ao luxo de me desesperar. É caro demais." A desesperança pode nos impedir de buscar as soluções de que tanto precisamos. Walker permaneceu inquieta, e o que ela aprendeu a deixou com um espantoso senso de possibilidade.

Quando era pequena, Walker dava longos passeios pelo interior da Inglaterra, fazendo anotações detalhadas sobre plantas e animais locais. Reconhecendo a paixão da filha pela natureza, sua mãe bordou um poema de Elizabeth Barrett Browning numa tapeçaria que pendurou na parede de Gabrielle: "A Terra está abarrotada de céu / E cada arbusto, em sua simplicidade, está em comunhão com Deus." Walker enxerga a divindade em todas as formas de vida selvagem; ela adora as gotas de orvalho perto de sua casa e fez mais de uma dúzia de viagens aos polos Norte e Sul. Sobre a interminável tundra do Ártico, ela relata: "Faz com que eu me sinta pequena, e gosto disso."

Depois de obter o doutorado em química, Walker passou a trabalhar na revista *Nature* em 1992 com a incumbência de fazer a cobertura do clima. Ela viajou pelo mundo, quase sempre percorrendo cenários naturais marcados pela atividade humana. Numa floresta tropical em Madagascar viu lêmures saltitantes e falcões voando alto, mas também presenciou árvores cortadas e áreas transformadas em pastos e abandonadas. Essa "destruição gratuita", como Walker a chama, estava deformando o ecossistema. Os primatas não produziam leite suficiente, de modo que as taxas de nascimento caíram. Os pássaros usavam a temperatura como sinal para emigrar. À medida que o clima mudava, eles começavam a viagem tarde demais, chegando a lagos secos. "Em vez de uma orquestra bem afinada", diz ela, "havia apenas uma cacofonia, uma confusão."

Walker percebeu, bem antes de muitos de nós, que a mudança climática já estava aqui, batendo à nossa porta. Ela se concentrou em soluções, mas logo se deu conta de que reduzir pura e simplesmente as emissões não serviria para enfrentar a gigantesca dívida climática que nossa espécie havia acumulado. É como se estivéssemos dirigindo um carro em direção a um muro apertando o acelerador em vez de pisar no freio.

Walker começou uma busca por abordagens adicionais para a crise climática. Tinha ouvido falar sobre a remoção de carbono, tecnologias que extraem a poluição do meio ambiente, mas elas pareciam improváveis e pouco práticas. Uma viagem a Squamish, cerca de uma hora ao norte de Vancouver, provocou uma mudança consistente em suas ideias. Lá, uma empresa chamada Carbon Engineering opera uma gigantesca usina de captura de ar. A tecnologia existente ali tira o dióxido de carbono diretamente do ar, purifica-o e o sequestra para o subsolo profundo. Em 2018, Walker visitou a usina para aprender mais sobre essa abordagem e ficou chocada com a eficiência. *Caramba*, pensou, *isso pode dar certo*.

Desde então, Walker se tornou uma defensora feroz das técnicas de remoção de carbono. Nem todas são de alta tecnologia como a captura de ar. O basalto, uma rocha vulcânica, reage naturalmente com o dióxido de carbono, prendendo-o sob forma sólida. Moer o basalto e espalhá-lo no chão acelera o processo, ao mesmo tempo que melhora a qualidade do solo.[38] De modo mais amplo, a remoção de carbono oferece uma possibilidade inebriante. Em vez de diminuir a velocidade do carro, podemos fazê-lo dar meia-volta. Em vez de uma mudança climática mitigante, podemos dar à Terra uma chance de se curar.

A remoção de carbono atraiu uma quantidade de investimentos explosiva tanto por parte de empresas quanto de governos, mas a reboque surgiram diversas críticas. É uma coisa nova, não testada, e na forma atual é cara demais para fazer diferença na crise climática. Alguns cientistas e ativistas acham que é uma distração boba com relação aos esforços sérios em favor do clima[39] ou pior: uma desorientação usada pelas empresas de petróleo e gás para fingir que se importam enquanto continuam com a destruição.

"Há um medo intenso de que até mesmo falar sobre isso reduzirá nossos esforços em favor do clima", diz Walker. Mas, em resposta, ela pergunta: "Se você não gosta disso, qual é o seu plano?" Desconsiderar a remoção de carbono como algo pouco realista parece familiar para ela; há alguns anos as pessoas diziam exatamente a mesma coisa sobre a energia solar e a eólica. O que importa de verdade é que, diante da maior luta da nossa espécie, precisamos experimentar todas as opções – pelo menos é no que aposta Walker. Num mundo de "ou", ela prefere o "e".

Se a energia renovável e a remoção de carbono são dois recursos para proteger o clima, o terceiro "e" de Walker é a responsabilização. As empresas de combustíveis fósseis podem usar a remoção como distração, assim como continuar guiando as pessoas na direção das pegadas de carbono. Mas os cidadãos podem se recusar a engolir essa isca. E, em vez de serem manipulados, podem votar por regulamentações e investigar quais companhias estão avançando no cumprimento dos objetivos climáticos globais. Com relação às corporações que estiverem fora desse eixo, segundo Walker, é preciso que os indivíduos "caiam em cima como o fogo do inferno" para obrigá-las a cumprir o que é importante para a comunidade e o mundo.

Durante anos, os jovens perguntaram a Walker qual seria a melhor atitude a tomar a fim de proteger o meio ambiente. Ela costumava dar conselhos práticos, como trocar os tipos de lâmpada e colocar isolamento térmico nos sótãos. Mas essa tática mudou por completo, confessa ela. "Agora, quando os jovens perguntam, eu digo: 'Vire um chato.'"

Não que eles precisem da permissão dela para cutucar os poderosos em relação ao clima. Faz mais de cinco anos que Greta Thunberg decidiu matar três semanas de aulas no nono ano para sentar-se na frente do Parlamento sueco com um cartaz que dizia: "Greve Escolar pelo Clima". Sete meses depois, mais de um milhão de jovens em 125 países se juntaram a ela num dia de protesto global. A resistência solitária de Thunberg havia se transformado no movimento "Sextas-feiras para o Futuro" e galvanizado uma geração.

Agora os jovens estão firmes na liderança pelo clima, usando um novo tipo de poder político. Eles mudaram os objetivos das redes sociais para criar conscientização e desajuste criativo – combinando fúria, humor e otimismo em mensagens virais. Em 2020, a empresa de energia ConocoPhillips recebeu aprovação para o Projeto Willow, um gigantesco esforço de trinta anos para perfurar poços de petróleo na Encosta Norte do Alasca. O petróleo gerado por esse projeto produzirá muito mais poluição, equivalente a adicionar 2 milhões de veículos a gasolina nas estradas.[40] No TikTok, vídeos usando a hashtag #stopwillow alcançou meio bilhão de visualizações. Essa energia rompeu rapidamente os limites das redes sociais. A Casa Branca recebeu mais de um milhão de cartas e milhares de telefonemas para impedir que o Projeto Willow ganhasse força.[41]

Mesmo assim, o Willow foi adiante. Mas por trás dessa aparente derrota existem milhares de novos ativistas pressionando pela próxima causa. E, ainda que os jovens sejam compreensivelmente propensos ao catastrofismo, muitos estão lutando por causas importantes – e não estamos falando de objetivos pessoais. Philip Aiken, um blogueiro que se concentra na sustentabilidade, enxerga a desesperança como uma forma de privilégio. "'É tarde demais' significa 'não preciso fazer nada e a responsabilidade não é minha'", diz ele. Esse sentimento é evidente no site "Ok Doomer",[42] uma atrevida resposta ao niilismo climático, explorando o sarcasmo dos jovens com relação aos mais velhos.

A próxima geração de ativistas não tem tempo para chorar por um planeta que ainda precisam habitar. Para lutar contra o catastrofismo, eles misturam notícias sobre políticas destrutivas com relatos sobre vitórias climáticas. Wanjiku Gatheru, fundadora do Black Girl Environmentalist (Garota Negra Ambientalista), compartilha quase sempre notícias ambientais positivas com seus milhares de seguidores.[43] Para Gatheru, essas não são apenas mensagens bonitinhas, e sim combustível para mais trabalho. "O medo não motiva as pessoas para a ação sustentável", explica ela. "Oferecer soluções no meio da discussão de um problema ajuda a engajar os cidadãos."[44]

À medida que chegarem à idade de votar, os jovens trarão questões ambientais mais para o centro da vida política. Na eleição de 2020 nos Estados Unidos, quase um terço dos eleitores com menos de 30 anos citou a mudança climática como uma de suas três preocupações principais. A pressão cívica sobre os líderes crescerá cada vez mais nos próximos anos e já está impulsionando decisões importantes em todos os níveis. A Lei de Redução da Inflação, de 2022, incluiu o maior apoio doméstico à ação climática na história dos Estados Unidos. No mesmo ano, na Conferência de Mudanças Climáticas das Nações Unidas, mais nações prósperas concordaram com "promessas de compensação"[45] a fim de ajudar os países mais pobres que sofrem bastante com a crise climática. Em 2023, um juiz decidiu a favor de demandantes com idades entre 5 e 22 anos que processaram o estado de Montana por não lhes proporcionar um "ambiente limpo e saudável".[46] Processos semelhantes estão avançando no Havaí, em Utah e na Virgínia. E, apenas algumas semanas depois da decisão tomada em Montana, a administração Biden proibiu a perfuração de poços de petróleo em mais de 4 milhões de hectares no Alasca, cancelando empréstimos dados anteriormente às petrolíferas.[47]

Algumas semanas depois de minha filha e eu conversarmos sobre um mundo pegando fogo, participamos de uma limpeza de praias no litoral do Pacífico. Antes havíamos participado de uma limpeza em nosso bairro, mas agora nos reunimos diante da vastidão do mar – para estar perto do mundo que desejamos proteger, lado a lado com outras pessoas cuja missão é a mesma que a nossa. Um detalhe maravilhoso: um número gigantesco de voluntários eram crianças. Ocorreu-me que, à medida que essa geração acordar para a crise, muitos jovens se sentirão furiosos, aterrorizados e derrotados, como é de seu direito. Mas, para além de demonstrarem frustração, eles irão lutar – alguns com tecnologias que ultrapassam nossa imaginação, outros de maneiras tradicionais, protestando, liderando, legislando ou simplesmente limpando.

O maior desastre do mundo gerou um movimento global histórico, que pode provocar mudanças que hoje parecem fantasia, como fez o movimento progressista há mais de um século. Isso será liderado pela raiva e pela eficiência dos jovens. Mas, quase sempre, eles irão carregar esse movimento sozinhos. Wanjiku Gatheru está cansada de ouvir pessoas dizendo como suas ações são potencialmente inspiradoras. "Esperança é uma coisa que você conquista. Nós temos esperança por causa do trabalho duro que fazemos a cada dia", diz ela, instigando as pessoas a agir de forma mais consistente. "Não peguem nossa esperança emprestada. Tenham esperança conosco."

O OBJETIVO NÃO É CONVENCER você de que a crise climática irá se abrandar. Seria uma hipótese otimista, e as últimas décadas deram poucos motivos para o otimismo. O fato é que não sabemos o que irá acontecer, e ainda está em tempo de fazermos escolhas que importem de fato e provoquem mudanças. E, se encontrássemos um modo de viver em mais harmonia com o mundo, não seria um afastamento chocante da natureza humana, e sim uma expressão dos nossos valores mais profundos.

A mesma constatação é verdadeira quando se pensa nos muitos precipícios à beira dos quais estamos nos equilibrando. A democracia irá erodir ainda mais ou estará pronta para retornar a seu estado pleno? As pessoas se sentirão mais divididas a cada ano em relação a determinados temas ou descobrirão um propósito compartilhado? A riqueza continuará desaparecendo nas mãos das megaelites ou será que os padrões de vida podem dar um salto favorável para todos? As doenças mentais continuarão aumentando e assustando mais e mais indivíduos ou cairão à medida que redescobrirmos a conexão humana?

Não sei a resposta para nenhuma dessas perguntas, você também não. Mas em cada caso a possibilidade de mudança positiva está dentro de nós.

Bilhões de nós aprendemos que a vida é uma batalha em que os vencedores levam tudo e os perdedores estão em toda parte. Zombam de nossa confiança e de nossa esperança dizendo que são ingênuas. Neste ponto você sabe que não é assim. Pode permanecer cético e evitar suposições precipitadas sobre as pessoas. Pode lembrar que a mídia tende a distorcer a visão que temos uns dos outros, e então será preciso ir em busca de informações mais confiáveis. Acima de tudo, você pode perceber que a esperança não é fraqueza, e sim um caminho para estar menos errado e ser mais efetivo.

Podemos usar a esperança, como uma vara de radiestesia, para localizar outras pessoas que têm o mesmo anseio que nós, desenvolvendo a solidariedade e as causas comuns. Numa manifestação a favor do clima, um participante perguntou ao escritor e ativista Bill McKibben o que um indivíduo pode fazer para lutar contra a mudança climática. McKibben respondeu: "Parar de pensar individualmente." Quando Emile reuniu cientistas e pacifistas depois de sua primeira cirurgia, insistiu que ensinássemos às pessoas sobre o potencial sublime que todas elas têm: o de atravessar a escuridão e espalhar a luz. "O bom", disse ele, "é que essa força está em nós e é comunal. Ninguém é dono dela. E o melhor modo de ativar uma força comunal é ser uma comunidade. É por isso que estamos aqui."[48]

Você estava certo, Emile. É por isso que todos estamos aqui.

Epílogo

Em 2011, eu tinha visto Emile somente em conferências realizadas em Washington, D.C., Chicago e São Francisco – e ele estava sempre entre um grupo grande de participantes. Mas nós morávamos a apenas alguns quilômetros um do outro, em Cambridge, Massachusetts. Naquele mês de abril, decidimos nos reunir num café perto da Harvard Square, o primeiro de alguns encontros antes de eu ir para Stanford no ano seguinte.

Imagino que ele estivesse usando uma de suas camisas de flanela tão características. Imagino que o café estava apinhado (sempre estava) e que fomos para uma das mesas apertadas no andar de cima. Preciso dar asas à imaginação porque é impossível recuperar cada detalhe daqueles momentos e voltar a um passado em que Emile ainda estava vivo. Eu me lembro de duas situações importantes: ele tinha acabado de retornar da lua de mel; eu estava a quatro meses do meu casamento. Ele e Stephanie haviam recebido uma nova entrega de abelhas, e ele estava entusiasmado com a colmeia. O futuro parecia longo e límpido.

Conversamos sobre um projeto que poderíamos fazer juntos, escaneando o cérebro das pessoas enquanto elas assistiam a rivais políticos contando suas histórias. Para mim, era uma ideia interessante. Para Emile, era uma porta de entrada para o conhecimento. Ele *sabia* – não na mente, mas em algum lugar mais profundo – que praticamente ninguém nasce para odiar; que a gentileza, a cooperação e o cuidado são um retorno a quem somos de verdade. Ele sabia que a ciência poderia nos dar sinalizações para voltar a percorrer esse caminho.

Lembro que fiquei saltando de inspirado para incrédulo, e de novo e de novo, como sempre fiz com Emile. Anos se passariam até que eu entendesse a dor em que sua esperança foi forjada. Quase uma década se passaria até que a vida lhe impusesse um último teste, e sua força iria irromper para que ele pudesse enfrentá-lo com coragem.

O FUTURO NÃO SE PARECE nem um pouco com o que imaginamos. Enquanto escrevo isto, faz pouco mais de três anos que Emile morreu. Stephanie me diz que a família está florescendo.[1] Clara, com 11 anos, se tornou pensativa e introspectiva de um modo que faz Stephanie se lembrar de Emile. Atticus, agora com 9 anos, adora construir coisas de madeira, como o pai. Os dois frequentam uma escola progressista que compartilha muitos valores com a escola Península, a comunidade que moldou a vida de Emile na juventude. Clara vai se formar este ano e planeja costurar um vestido para a cerimônia com o tecido de uma velha camisa do pai.

O novo trabalho de Stephanie num horto lhe traz surpresas e prazeres todos os dias. Ela sempre adorou interagir com o mundo natural, especialmente cuidando de abelhas. Em 2017, escreveu um livro sobre o assunto. Quando Emile adoeceu, ela abandonou essa paixão, achando que jamais retornaria ao estudo. Uma semana depois de ele morrer, seu editor entrou em contato para ver se ela queria escrever um segundo livro sobre abelhas. Foi um bálsamo naquele momento em que ela tanto necessitava abrandar um pouquinho o luto. Como ela recorda: "Foi como se ele dissesse: olhe aqui, coloque sua energia nesse projeto, porque ele ajudará você a se sentir bem de novo."

Stephanie e os filhos seguiram em novas direções. Eles acampam em lugares onde Emile nunca esteve, levam vidas que ele não poderia ter previsto. Mas a lembrança dele está em toda parte. Nas noites frescas de outono, a família dorme na casa da árvore que Emile construiu no quintal dos fundos. Nas viagens, coletam pedras e conchas para decorar o lugar onde ele está sepultado. Durante as conversas, imaginam quais seriam seus argumentos. Ele continua muito presente junto com Stephanie na educação dos filhos. Nos momentos difíceis, às vezes ela grita: "Onde você está?!" Mas encontra consolo na fé que Emile depositava nela. "Ele me ensinou a confiar nas minhas intuições. Dentro de mim estamos nós." Emile é parte da tristeza e dos pontos fortes deles. "O luto é um músculo", reflete Stephanie. "O peso do que você perdeu não diminui, mas você fica mais forte ao carregá-lo."

Da última vez que falei com Emile, era isto que ele mais queria: que sua presença além desta vida trouxesse calor e conforto para sua família. Como ele escreveu para Stephanie: "O que sou para você é um reflexo de sua mente." Todos nós acabamos nos tornando a lembrança de outra pessoa, nosso legado é uma série de marcas em uma série de vidas. Para Stephanie, Clara e Atticus, Emile continua sendo uma espécie de assombração carinhosa.

Para mim, ele continua vivo como um desafio. Emile tinha uma antena eficiente para captar o sofrimento e a possibilidade. Sentado com ele, você podia sentir as duas coisas: junto com o peso da injustiça, havia a urgência da ação e a bondade da maioria das pessoas. Eu anseio por reviver momentos passados com ele, em parte porque sinto falta de sua versão do mundo.

Mas não preciso me lembrar do que ele disse ou de como sorriu há dez anos. Através das pessoas que compunham a sua vida, de seus escritos e de sua ciência, Emile e sua filosofia se materializaram na minha mente. Examinei centenas de estudos revelando que a esperança é uma estratégia exata e poderosa para o bem-estar, a harmonia e a mudança social. Mesmo nas tabelas de dados secas e frias, eu vejo Emile.

Em meus momentos sombrios – que são muitos –, ele me pede mais vigor. Agora percebo que o cinismo se tornou meu modo padrão. Durante muito tempo eu o mantive meticulosamente escondido, o que só fez com que ele supurasse. Mais recentemente, porém, tratei minha vida interior como um experimento. Muitas de minhas piores suposições sobre as pessoas desmoronaram sob esse exame. Boa parte dos dados que coletei voltaram mais positivos do que eu imaginava. Isso não me tornou esperançoso da noite para o dia. Mas novos hábitos mentais e de ação estão se enraizando dentro de mim. A confiança está se tornando mais natural. A abertura para o desconhecido está mais leve. Quando surgem novos desafios ou quando a desesperança se esgueira, eu me pergunto: "O que Emile faria?"

Um de seus autores prediletos, Ralph Waldo Emerson, escreveu que "em cada trabalho de gênio reconhecemos nossos pensamentos rejeitados; eles voltam para nós com certa majestade distanciada". No passado, eu achava que Emile era esperançoso e eu era cínico. Mas, olhando mais profundamente, percebo que a confiança, a vulnerabilidade e a fé nas pessoas sempre estiveram presentes dentro de mim. A esperança nunca me foi estranha, apenas estava bloqueada. Cultivá-la não exige que eu invente nada, apenas que me lembre de sua existência.

Stephanie, Clara e Atticus falam sobre ondulações: a força que cada um de nós exerce, sentida de pequenas maneiras a grandes distâncias. As ondulações de Emile estão em toda parte. Para as centenas de pessoas que inspirou, ele continua sendo um farol. Para os cientistas, seu conhecimento é um alicerce sobre o qual edificam novas obras. Sua perspectiva vive entre educadores, líderes, ativistas e pais em todo o mundo – mesmo que nunca tenham ouvido falar de seu nome.

Emile ainda está me empurrando para fora do cinismo e de volta para mim mesmo, ainda que jamais tenha conhecimento disso. Neste ponto, espero que ele tenha feito o mesmo por você. Se for assim, pense em estender a mão para trás, encontrar alguma pessoa em sua vida que tenha ficado sem esperança e trazê-la com você. Use suas ondulações com sabedoria.

Emile Bruneau

Agradecimentos

Foi estranho começar um projeto sobre esperança e confiança admitindo que muitas vezes elas me faltam. Mas o próprio processo de transformar essas reflexões neste projeto me conectou com muitas pessoas que me deram motivos para acreditar. Nos últimos dois anos, uma comunidade de colegas, amigos e familiares tornou este livro possível.

Minha primeira oportunidade de compartilhar publicamente o interesse pelo cinismo surgiu durante a Conferência TED em 2021. A equipe da TED, incluindo Chris Anderson, Cloe Sasha e Briar Goldberg, sempre me apoiou enquanto eu me preparava para esse evento tão importante. Amigos também estiveram ao meu lado. Obrigado a Dan Gilbert, Angela Duckworth, Liz Dunn, Yotam Heineberg, Amanda Palmer e Kelly McGonigal por feedbacks incisivos sobre as primeiras versões da palestra.

Enquanto eu desenvolvia as ideias para *Esperança para céticos*, meu velho amigo e agente literário Seth Fishman me deu orientação e encorajamento. E, quando chegou a hora, encontrou um lar para o livro. Eu não poderia estar mais feliz, porque esse lar acabou sendo a Grand Central Publishing. A primeira vez que Colin Dickerman e eu conversamos, sua visão para este livro saltou da tela do Zoom. Sua convicção de que ele poderia não somente ensinar, mas também ajudar as pessoas, me guiou desde então, assim como sua firme mão editorial. Karyn Marcus, também da Grand Central, me desafiou a colocar mais de mim nas páginas, tornando o livro mais autêntico e pessoal. Ian Dorset forneceu apoio oportuno e útil durante todo o processo de publicação.

Fora da Grand Central, vários profissionais também foram essenciais para *Esperança para céticos*. Toby Lester fez comentários inteligentes sobre um dos primeiros esboços do livro. Andrew Biondo emprestou seu conhecimento impressionante sobre os Cínicos da Antiguidade para o Capítulo 1 e Alan Teo me doou seu conhecimento sobre os *hikikomori* para o Capítulo 6. A meticulosa verificação de fatos feita por Evan Nesterak acalmou meu neuroticismo (e como ele não fez a verificação de fatos desta seção de agradecimentos, tenho certeza de que há algum nome escrito errado por aqui, em algum lugar).

Duas Kates foram além de seus papéis para apoiar este trabalho. Kate Petrova serviu como "auditora científica" de afirmações feitas neste livro e coescreveu o apêndice "Avaliando as evidências". Além disso, tornou-se uma primeira leitora de muitas páginas esboçadas, me indicando pesquisas e ideias que eu não teria encontrado de outro modo. Kate Busatto começou como "doutora de histórias" para este projeto, me ajudando a localizar e melhorar algumas narrativas. Mas fez muito mais, diagnosticando e curando temas em todo o livro durante a parte solitária do processo de escrita. Tenho certeza de que este projeto não seria o que é sem as duas Kates.

O centro da minha vida profissional é administrar o Laboratório de Neurociência Social em Stanford, e todos os dias agradeço por trabalhar com essa pequena comunidade de cientistas curiosos, calorosos e brilhantes. O pessoal do laboratório apoiou a escrita deste livro, muitos oferecendo comentários úteis sobre os primeiros rascunhos. Quero agradecer especialmente aos estudantes e estagiários cujo trabalho é apresentado aqui: Sam Grayson (fofoca e cinismo); Eric Neumann (mentalidades de confiança autorrealizáveis); Rui Pei e a "equipe de intervenção" (as duas Stanfords). E Luiza Santos (conversas políticas entre partidos diferentes). Vários colegas de fora de Stanford leram ou discutiram o manuscrito deste livro, inclusive Adam Grant, Laurie Santos, Mina Cikara, Nour Kteily e Adam Waytz. Muitas pessoas foram entrevistadas e me permitiram incluir partes de sua vida nestas páginas. Obrigado especialmente a "Megan", Andreas Leibbrandt, David Bornstein, Robin Dreeke, Atsushi Watanabe, LaJuan White, Andrés Casas, William Goodwin, Katie Fahey, Loretta Ross e Gabrielle Walker.

Três amigos, conhecidos coletivamente como os "ools", têm sido minhas fontes de consulta para conselhos e reflexões nos últimos 25 anos. Obrigado a Eric Finkelstein e Daniel Wohl. Luke Kennedy, o mais próximo que já tive de um irmão, moldou meu pensamento mais que qualquer acadêmico, e sou eternamente grato por sua presença na minha vida.

Ethan Kross e eu somos amigos e colegas há vinte anos e mais recentemente embarcamos em jornadas paralelas de escrita científica. Desde então, ele tem sido um fiel "companheiro de bate-papo", trocando conselhos, orientação e (muita) segurança durante nossos diversos períodos de ansiedade. É uma alegria apoiá-lo e é um tônico receber seu apoio de volta.

Qualquer livro reflete o apoio da família do autor. Minha mulher, Landon, me deu espaço para escrever e pensar em meio a nossa vida tremendamente ocupada. Nossas filhas, Alma e Luisa, são meu maior motivo para continuar praticando a esperança. Este livro é dedicado a elas.

Emile Bruneau, claro, é a estrela polar do livro. Muitas pessoas compartilharam lembranças dele para este projeto, um ato terno e lindo, cheio de risadas, lágrimas e gratidão por esse homem maravilhoso, que me permitiram dar foco a ele na minha mente. Obrigado, Jeff Freund, Janet Lewis, Heather e Tim McLeod, Samantha Moore-Berg, Franck Boivert, Andromeda Garcelon, Emily Falk, Nour Kteily, Mina Cikara e o pessoal da escola Península.

Stephanie Bruneau mudou este livro num instante. Durante nossa primeira conversa, pedi sua bênção para escrever sobre Emile. Depois de um tempo, mencionei meu pesar por Emile e eu não termos tido chance de colaborar de modo mais profundo. Ela disse simplesmente: "Esta pode ser a colaboração de vocês." Esse gesto abriu uma porta para me conectar com os amigos e familiares dele e entender melhor sua vida, de modo que eu pudesse compartilhá-la aqui. Permitir que eu incluísse Stephanie e o dia a dia de sua família nestas páginas foi um ato de generosidade titânica. Seus comentários também exibiram uma profunda sabedoria emocional que brilhou em todas as outras conversas que tivemos. Stephanie reconhece que as conexões não precisam terminar junto com a vida natural. Sua força me surpreende.

Emile, eu gostaria que tivéssemos sido mais íntimos enquanto você estava vivo. Gostaria que você tivesse podido escrever seu livro. Obrigado por toda a ajuda para escrever o meu e por me emprestar pelo menos um pouquinho de sua coragem e, sim, de sua esperança.

APÊNDICE A
Guia prático para o ceticismo esperançoso

Esperança para céticos descreve as muitas maneiras pelas quais o cinismo nos aprisiona e como podemos escapar de suas garras. Talvez você queira saber de que forma pode implementar esse conhecimento e praticar o ceticismo esperançoso.

Este apêndice destina-se a ajudar você a fazer isso. Cada um dos exercícios seguintes fornece "tratamentos" contra o cinismo com base em pesquisas da ciência do comportamento. Muitos partem dos experimentos que fiz comigo mesmo durante a escrita do livro. Cada um deles pode ser praticado em apenas alguns minutos, a sós ou com outra pessoa. Eles não pretendem ser gestos grandiosos que mudam a vida de alguém num instante. Não é desse modo que a mudança acontece. Ela ocorre a partir de novos hábitos que cultivamos e nos redirecionam, aos poucos, para quem desejamos ser.

Como aprendemos, o cinismo se resume a suposições negativas equivocadas sobre as pessoas. Assim, o ceticismo esperançoso é uma questão de nos abrirmos para as informações. A monja e escritora Pema Chödron escreve:[1] "Podemos abordar nossa vida como um experimento. No próximo instante, na próxima hora, podemos optar por parar, diminuir a velocidade ou ficar imóveis por alguns segundos. Podemos experimentar interromper a reação em cadeia usual."

Nesses exercícios, convido você a abordar sua vida mais como um experimento. Se você é como a maioria das pessoas, os resultados podem ser surpreendentes.

Transforme o cinismo em ceticismo

Quando alguém nos decepciona, é natural nos sentirmos desapontados. É natural também, mas menos útil, ficarmos "pré-desapontados", presumindo que a maioria das pessoas, ou todas elas, só se interessa por si mesma. A pré-decepção impulsiona nossos sentimentos e nossas ações e desenvolve o cinismo. Agora, convido você a experimentar o *ceticismo*: um tipo de pensamento mais científico. Aqui vão alguns passos para começar a substituir o cinismo pelo ceticismo.

Conecte-se com seus valores centrais. Passe algum tempo refletindo sobre o que você mais valoriza na vida: conexão com os outros? Criatividade? Buscas intelectuais? Escreva por que esses valores importam para você e como você tenta expressá-los em sua vida. Essas "afirmações de valores" podem ajudar as pessoas a permanecer abertas a novas ideias.

Concentre-se em uma base segura. O cinismo surge rapidamente quando nos sentimos ameaçados ou sozinhos. Em contraste, os relacionamentos seguros e comunitários nos dão espaço para explorar as coisas em que acreditamos e por que acreditamos nelas. Ao questionar suposições cínicas, pode ser útil primeiro se ancorar nesses relacionamentos. Se puder, pense em uma ou duas pessoas em quem você confia bastante. Anote o que elas significam para você e como você se sente quando está perto delas.

Seja cético com relação ao seu cinismo. Escolha um pensamento cínico que você tem sobre alguém, sobre as pessoas em geral ou sobre o mundo. Em quais informações essa crença se baseia? Se for uma crença geral, como "A maioria das pessoas é egoísta", pergunte se as evidências que você tem sustentam essa afirmação. Se não, de quais provas você precisaria para ter certeza? Se não houver indícios consistentes, a próxima seção irá ajudá-lo a obtê-los.

Colete novos dados sociais

O ser humano precisa se proteger de ameaças. Assim, faz sentido permanecermos vigilantes sobre os sinais de que alguém pode tentar nos fazer mal. Mas esse comportamento também pode nos conduzir para o lado sombrio.

É mais fácil observar, recordar e julgar as pessoas quando nos lembramos de nossas piores interações com elas, ao passo que muitos momentos positivos escapam de nossa consciência. Esses exercícios irão ajudá-lo a assumir uma abordagem mais imparcial do mundo social.

Verifique os fatos de uma teoria cínica. Considere uma das teorias cínicas que você tem sobre as pessoas. Agora transforme essa teoria em uma *hipótese*: uma previsão concreta sobre como elas deveriam se comportar em determinada situação. Talvez você ache que seus colegas de trabalho são egoístas. Agora teste essa hipótese de modo factual. Por exemplo, você pode pedir um pequeno favor a três pessoas com quem trabalha. O cinismo poderia prever que nenhuma delas faria o favor. Se for verdade, você tem mais evidências para sua hipótese cínica. Mas, se ao menos uma ajudar, talvez você devesse reconsiderar suas convicções.

Faça uma contagem de contatos. Pense em todas as interações que você tem num determinado dia com amigos, familiares, colegas e qualquer outra pessoa. O quanto você acha que sua conversa média é positiva, numa escala de 1 (muito negativa) a 10 (muito positiva)? Anote a resposta. Agora, em vez de adivinhar, colete os dados. Ande com um caderno à mão durante um dia. Depois de cada conversa anote, nessa mesma escala, o quanto ela foi *realmente* positiva. Compare os dados verdadeiros com suas previsões.

Teste as águas sociais. Para aumentar o nível de sua contagem de encontros, tente prever e contar não apenas as interações regulares que você tem, mas também as novas. Pense numa coisa que você queria dizer a um ente querido – revelar uma dificuldade, pedir um favor, expressar gratidão –, mas está hesitando. Como alternativa, imagine-se começando uma conversa com um estranho a caminho da escola ou do trabalho amanhã. Em cada um dos casos, preveja o quanto você acha que essa interação será positiva (de 1 a 10), depois mergulhe na água social e a teste. Compare a realidade com as previsões.

Equilibre sua dieta de mídias. Muitos de nós ficamos assoberbados e cínicos quando lemos, vemos ou zapeamos os noticiários. Mas muitas das histórias enfatizam sempre o lado negativo. Tente equilibrar sua dieta usando fontes especializadas em fatos cujo enfoque sejam pontos positivos. A próxima vez que se deparar com a uma notícia que faz você se sentir sem esperança, visite o Solutions Story Tracker (www.solutionsjournalism.org/

storytracker, em inglês) e busque coberturas do mesmo assunto que apontem para aspectos do bem.

Coloque o ceticismo esperançoso em ação

Agora que você repensou suas suposições e coletou novos dados, tente dar às outras pessoas motivos para ter esperança e chances de se conectar. Como vimos, muitas ações se transformam em profecias autorrealizáveis: os indivíduos se tornam aquilo que esperamos que sejam e seguem nossa liderança. Use esse poder para criar ondulações positivas quando for possível.

Use uma mentalidade de reciprocidade. A próxima vez que estiver pensando se confia ou não em alguém, lembre que sua decisão afetará não somente você, mas também o outro: mudando o modo como ele sente e o que faz em resposta. Pergunte-se: "Que influência positiva eu poderia ter sobre essa pessoa se lhe desse a chance de se provar verdadeira? Como minha fé nela pode ser um presente?"

Confie em voz alta. Desde que se sinta seguro, dê um salto de fé com relação a alguém. Não precisa ser um ato de confiança gigantesco. Você pode começar com pequenas ações: deixar seu filho tomar alguma decisão sozinho, confiar em uma pessoa com quem você trabalha em vez de olhar por cima do ombro dela, contar um pequeno segredo a um novo amigo. Quando fizer isso, confie *em voz alta*, dizendo à pessoa que você está agindo dessa maneira porque confia nela. Perceba o que ela faz em resposta, como você se sente e como você pode usar essa prática em outras situações.

Saboreie a bondade com os outros. Quando fofocamos – falando sobre as pessoas e as atitudes delas –, costumamos enfatizar o lado negativo. Tente equilibrar esse instinto agindo de maneira contrária. A próxima vez que vir alguém se comportando com gentileza, tente fazer uma fofoca positiva "captando" o melhor que a pessoa tem a oferecer e compartilhando essa qualidade nas conversas. Perceba quem ajuda à sua volta e dê demonstrações para que outros possam notar essas boas pessoas também.

Discorde de modo mais assertivo. Se a confiança é difícil de surgir em bate-papos comuns, ela pode parecer impossível durante as discordâncias. Mas alguns conflitos se tornam tóxicos porque presumimos o pior sobre as pessoas em vez de sermos curiosos em relação a elas. A próxima vez que você se pegar numa discordância, tente ser mais preciso. Se a pessoa com quem você estiver conversando aceitar, pergunte não somente o que ela pensa, mas *como* ela chegou àquela opinião: conheça a história por trás do que é dito. Em seguida, tente mapear aquilo com que vocês *concordam*, vendo se pode haver mais coisas em comum do que você imagina.

APÊNDICE B
Avaliando as evidências

Este livro proporcionou um passeio pelo cinismo, pela confiança, pelo ceticismo e pela esperança, usando primariamente pesquisas em psicologia. Mas, como outras ciências, minha área não é uma coleção de fatos imutáveis; é um processo dinâmico de refinamento e correção contínuos.

Em anos recentes, descobertas de alto nível em psicologia, biologia, economia e outras disciplinas se mostraram menos robustas do que os cientistas acreditavam inicialmente. Essa paisagem em evolução levou os psicólogos a abraçar uma nova ética de transparência, garantindo que o alicerce sobre o qual suas afirmações são construídas esteja iluminado para que todos possam ver.

Gostaria que você, leitor, tivesse a chance de entender as evidências subjacentes a este livro – se quiser, é claro. Com isso em mente, me juntei a uma colega, Kate Petrova, para escrever este apêndice. Nós dois identificamos uma lista de afirmações científicas fundamentais para cada capítulo. Então Kate deu um mergulho profundo e independente nas pesquisas sobre essas afirmações – lendo os estudos que cito no livro e muitos outros. Com base em suas pesquisas, ela deu uma nota entre 1 e 5 para cada afirmação. Nota 1 indica que a afirmação carece de evidências substanciais neste estágio. A nota 5 indica que a afirmação tem base forte e consistente.

Depois nós revisamos cada afirmação e as evidências por trás dela, para garantir que concordávamos com as notas. Se uma afirmação não tivesse indícios fortes, eu a removia ou mudava a linguagem do livro para deixar clara a necessidade de mais trabalho sobre aquele assunto.

Aqui estão as diretrizes que usamos ao designar uma nota de "força da evidência" para cada afirmação:

5. Evidência muito forte: Uma nota 5 significa que a afirmação está firmemente estabelecida e é amplamente aceita pela comunidade científica. Essas afirmações são apoiadas por muitos estudos robustos replicados e metanálises – estudos que reúnem dados de muitos projetos independentes –, e existe um forte consenso sobre sua validade entre os especialistas.

4. Evidência forte: As afirmações com nota 4 são sustentadas por um conjunto substancial de evidências. Muitos estudos encontraram padrões consistentes em vários cenários. O motivo para algumas afirmações nessa categoria não receberem nota 5 é a falta de metanálises amplas ou porque existem pequenas inconsistências nos resultados apresentados em vários estudos.

3. Evidência moderada: Essa nota indica que existe um conjunto de evidências crescente sustentando a afirmação. As descobertas em muitos estudos são relativamente consistentes, com ocasionais resultados mistos. A maioria das afirmações que receberam nota 3 se baseia em pesquisas que ainda são quase novas. Nos próximos anos, estudos, replicações e extensões adicionais dessas pesquisas numa gama mais ampla de populações ou contextos ajudarão os cientistas a compreender melhor os fenômenos em questão.

2. Evidências limitadas: As afirmações nessa categoria decorrem de apenas um punhado de estudos, quase sempre com amostras pequenas ou não representativas. Os resultados podem ser mistos ou precisar ser replicados ainda. Os leitores devem tratar essas afirmações com cautela e permanecer abertos à possibilidade de que novos dados façam evoluir o pensamento dos cientistas sobre elas.

1. Evidências fracas: Uma nota 1 sugere que a afirmação requer evidências fortes. As afirmações nessa categoria podem ter por base apenas um ou dois estudos ou um estudo que não foi replicado. Com frequência, afirmações com essa nota se sustentam em pesquisas novíssimas, empolgantes, mas ainda incertas. Os leitores devem abordar as afirmações que receberam nota 1 com cautela, já que serão necessárias confirmações para considerá-las robustas.

Nas páginas a seguir, você encontrará uma lista das afirmações com as quais concordamos, Kate e eu, junto com as notas. Se a afirmação tiver recebido nota 3 ou menor, daremos uma breve explicação sobre o motivo. Se você quiser mergulhar mais fundo nos dados, no site do *Hope for Cynics*, título original deste livro, incluímos uma planilha com as pesquisas amplas usadas para avaliar todas as afirmações.

Esperamos que este apêndice lhe dê a oportunidade de entender melhor a ciência que embasa este livro.

Jamil Zaki e Kate Petrova

Notas para as afirmações em cada capítulo

Introdução

Afirmação 0.1: A confiança vem declinando em todo o mundo.
NOTA: 5

Afirmação 0.2: A gentileza e a generosidade aumentaram durante a pandemia.
NOTA: 4

1. Sinais e sintomas

Afirmação 1.1: O cinismo está ligado a menor confiança.
NOTA: 5

Afirmação 1.2: O apoio social suaviza os efeitos do estresse nos indivíduos.
NOTA: 5

Afirmação 1.3: O cinismo está associado a uma piora da saúde física e mental, uma conexão que não pode ser explicada por fatores como gênero, raça ou rendimentos.
NOTA: 4

Afirmação 1.4: A confiança está associada a resultados positivos no nível de grupos e à resiliência diante da adversidade.
NOTA: 4

2. A surpreendente sabedoria da esperança

Afirmação 2.1: Os cínicos se saem pior em testes cognitivos e têm mais dificuldade que os não cínicos na hora de identificar trapaceiros e mentirosos.
NOTA: 3
Um número relativamente pequeno de estudos testou as associações entre o cinismo e as capacidades cognitivas. Um número maior de estudos examinou as ligações entre o cinismo e o pensamento social, e detectou que as pessoas cínicas tendem a generalizar exageradamente e a categorizar erroneamente indivíduos honestos como trapaceiros ou mentirosos, levando a resultados sociais problemáticos, como o isolamento e o rompimento de relações. Mais pesquisas são necessárias para replicar e estender o trabalho nessa área.

Afirmação 2.2: O apego pode mudar com novas experiências depois da infância.
NOTA: 3
Os primeiros trabalhos sobre o apego foram caracterizados por uma visão relativamente fixa, sugerindo que, no momento em que um estilo de apego é formado no início da infância, permanece estável durante toda a vida. Há pouco tempo, começaram a se acumular evidências sugerindo que o estilo de apego pode mudar como resultado da terapia e que o apego seguro costuma variar de um relacionamento para outro. Essa direção das pesquisas ainda é relativamente nova, e são necessários mais estudos antes de podermos avaliar de modo confiante quão maleável é o apego adulto e em quais circunstâncias.

Afirmação 2.3: As experiências de traição podem levar à desconfiança.
NOTA: 5

Afirmação 2.4: A adversidade pode ter efeitos positivos.
NOTA: 5

3. Condições preexistentes

Afirmação 3.1: O cinismo é hereditário, e menos da metade dele é explicado por fatores genéticos.
NOTA: 3
A hereditariedade do cinismo tem sido investigada por vários estudos com gêmeos e familiares. Ainda que muitos estudos encontrem evidências apontando para um componente genético do cinismo, alguns relatam não haver nenhum. As pesquisas que encontram evidências da hereditariedade do cinismo produzem estimativas variáveis do tamanho desse efeito com relação ao ambiente. A natureza da interação entre fatores genéticos e não genéticos que colaboram para o cinismo é complexa e ainda não é totalmente compreendida, motivo pelo qual são necessárias mais investigações.

Afirmação 3.2: A exposição à vida mercantilizada aumenta o egoísmo.
NOTA: 3
Estudos feitos em todo o mundo demonstram que a exposição a mercados livres incentiva os indivíduos a colaborar; no entanto, a motivação por trás desse tipo de gentileza ainda é uma incógnita. Por um lado, os mercados podem incentivar os indivíduos a se comportar de modo genuinamente pró-social. Por outro, os mercados tendem a promover uma visão das pessoas como se fossem interesseiras, potencialmente enfraquecendo as formas comunitárias de cooperação e aumentando o cinismo. Vários estudos fornecem evidências a favor dos dois lados da discussão, aumentando a possibilidade de que os efeitos da vida mercantilizada possam depender do contexto de uma pessoa. Pesquisas adicionais são necessárias para delinear com clareza quando o comportamento transacional promove a cooperação em vez do egoísmo.

Afirmação 3.3: Os atos de gentileza aumentam o bem-estar.
NOTA: 5

4. O inferno não são os outros

Afirmação 4.1: As pessoas têm uma inclinação natural a focalizar o negativo.
NOTA: 5

Afirmação 4.2: A fofoca pode ter efeitos positivos nas comunidades.
NOTA: 4

Afirmação 4.3: As pessoas acreditam que, no fundo, o ser humano é dotado de bondade.
NOTA: 3

Vários estudos apontaram que as pessoas creem de maneira otimista na bondade inerente dos outros. Esse conceito parece brotar de uma tendência psicológica de enxergar as pessoas como tendo um "eu verdadeiro" essencial que é moralmente virtuoso. Apesar de existirem evidências iniciais de que essa crença pode ser robusta em indivíduos e culturas, ainda é uma área nova de pesquisa.

Afirmação 4.4: As pessoas que consomem mais notícias têm visões mais cínicas sobre quem está ao redor.
NOTA: 2

As pesquisas sobre esse tópico têm resultados diversos. Alguns estudos encontraram um elo entre o consumo de notícias e o cinismo, ao passo que outros não encontraram nenhum. Um conceito conhecido como "síndrome do mundo mau" sugere que a exposição frequente a informações negativas pode incrementar o cinismo. Algumas pesquisas mostram que assistir a noticiários satíricos, em particular, tem relação com o cinismo. A exposição a quadros noticiosos estratégicos também demonstrou um aumento do cinismo político com relação a questões específicas. Entretanto, algumas investigações detectaram que o consumo de notícias tem sido positivamente associado ao conhecimento político e não relacionado com o cinismo que existe sobre os políticos. Resumindo: ainda que possa haver uma conexão entre consumir determinados tipos de notícia e o cinismo, são necessárias mais pesquisas para chegarmos a conclusões definitivas.

5. Escapando da armadilha do cinismo

Afirmação 5.1: As pessoas subestimam a solicitude e a gentileza dos outros.

NOTA: 3

Estão começando a se acumular evidências sugerindo que os indivíduos costumam subestimar a solicitude e a gentileza dos outros. Entretanto, um número relativamente pequeno de estudos examinou esse fenômeno. E as diferenças entre as expectativas das pessoas e a realidade podem ser impulsionadas pela percepção equivocada da gentileza dos outros ou pela supervalorização de nossos traços altruístas. Existem evidências de que tanto a solicitude real quanto a percebida variam em culturas e situações diferentes.

Afirmação 5.2: As expectativas mais elevadas levam a um aumento no desempenho.

NOTA: 5

Afirmação 5.3: A confiança é autorrealizável: quando confiamos nos outros, eles são mais propensos a agir de maneira confiável.

NOTA: 5

6. A água (social) está boa

Afirmação 6.1: As taxas de solidão estão aumentando.

NOTA: 3

Alguns estudos relatam um aumento na prevalência e na intensidade da solidão entre adolescentes e jovens adultos. Em contraste, os estudos sobre adultos mais velhos costumam indicar níveis de solidão mais estáveis ao longo do tempo, e algumas pesquisas apontam diminuição no sentimento de solidão na velhice. São necessários estudos longitudinais em larga escala que acompanhem os mesmos indivíduos por longos períodos, além de exames sobre a mudança da solidão em diferentes culturas.

Afirmação 6.2: A solidão tem efeitos deletérios na saúde física e mental.

NOTA: 5

Afirmação 6.3: As pessoas subestimam o quanto gostam de interagir com os outros.
NOTA: 4

7. Desenvolvendo culturas de confiança

Afirmação 7.1: As pessoas são menos racionais, mais gentis e possuem mais princípios que o *Homo economicus*.
NOTA: 5

Afirmação 7.2: O cinismo organizacional costuma estagnar o progresso.
NOTA: 4

Afirmação 7.3: Os grupos que colaboram internamente têm mais sucesso que aqueles que competem entre si.
NOTA: 5

8. A falha nas nossas linhas de falha

Afirmação 8.1: As pessoas superestimam as qualidades negativas dos grupos políticos externos.
NOTA: 4

Afirmação 8.2: As emoções negativas são amplificadas pelas redes sociais.
NOTA: 3

Vários estudos em larga escala mostram que as emoções negativas são amplificadas e se espalham rapidamente pelas redes sociais. Essa amplificação pode ter efeitos sociais negativos, mas estudos mais amplos precisam ser feitos para comprová-los. Pesquisas sobre as emoções nas redes sociais ainda estão no início e espera-se que investigações adicionais repliquem e estendam as descobertas recentes para uma faixa mais ampla de plataformas de redes sociais, usuários e contextos.

Afirmação 8.3: O contato com membros de fora do grupo ajuda a desenvolver empatia e esperança.
NOTA: 4

Afirmação 8.4: Corrigir percepções equivocadas sobre membros de fora do grupo é um modo eficaz de suavizar o conflito.
NOTA: 3
Existem evidências iniciais de que corrigir crenças inexatas sobre grupos políticos opostos pode reduzir o conflito intergrupal e o apoio a práticas pouco democráticas. Vários estudos, porém, mostram que as intervenções que pretendem corrigir essas percepções equivocadas podem fracassar na tentativa de mudar o pensamento das pessoas. Mais pesquisas com amostras maiores e mais diversificadas de participantes devem acontecer para que se entenda melhor quando e como as percepções equivocadas podem ser corrigidas de modo eficaz.

9. Construindo o mundo que desejamos

Afirmação 9.1: A confiança interpessoal prevê o apoio a políticas de bem-estar social.
NOTA: 2
Apenas alguns estudos examinaram empiricamente as ligações entre a confiança interpessoal e o apoio a políticas de bem-estar social. Ainda que pesquisas existentes convirjam para a descoberta de que indivíduos (e sociedades como um todo) que confiam mais costumam apoiar mais as políticas de bem-estar social, são necessárias mais investigações para entender a magnitude dessas associações, além de estabelecer até que ponto esse padrão se generaliza em contextos sociais, culturais e políticos.

Afirmação 9.2: A penúria reduz as capacidades mentais.
NOTA: 2
As pesquisas sobre esse assunto têm resultados mistos, com alguns estudos encontrando evidências de que as experiências de escassez e pobreza reduzem os recursos cognitivos e outros deixando de detectar esses efeitos ou apontando apenas evidências fracas. Dois estudos realizados na Índia fornecem evidências experimentais para os impactos cognitivos da penúria. No entanto, reanálises parecem indicar que as descobertas originais de pelo menos um desses estudos carecem de robustez. Além disso, pesquisas semelhantes não conseguiram replicar esse padrão de resultados numa população na Tanzânia.

Afirmação 9.3: As transferências diretas de renda são um modo eficaz de retirar as pessoas da pobreza.
NOTA: 4

Afirmação 9.4: As transferências diretas de renda não estão associadas a resultados indesejáveis como o abuso do sistema ou maiores gastos em "bens de tentação".
NOTA: 5

10. O otimismo do ativismo

Afirmação 10.1: As pessoas cínicas têm menos probabilidade de questionar o status quo (por exemplo, engajando-se em ativismo) com relação a questões de seu interesse.
NOTA: 4

Afirmação 10.2: Quando uma minoria comprometida chega ao tamanho de aproximadamente 25% da população total, há um aumento significativo na adoção de uma nova norma social.
NOTA: 3

Vários estudos mostram que a disposição das pessoas a participar de movimentos sociais ou adotar novas normas depende de quantos outros indivíduos elas percebem que estão participando. Um estudo encontrou um "ponto de inflexão": quando uma minoria comprometida chega ao tamanho de mais ou menos 25% da população total, novas normas sociais têm mais probabilidade de se espalhar. Apesar desse apoio inicial, um número relativamente pequeno de estudos examinou empiricamente essa questão, deixando dúvidas sobre o quanto esse fenômeno se generaliza em diferentes tipos de culturas e situações. Outras investigações indicam que as percepções de um indivíduo sobre o apoio a um movimento dentro de sua rede pessoal próxima importam mais que suas percepções sobre quantas pessoas se juntaram a uma causa.

Afirmação 10.3: Um sentimento de eficácia pessoal pode motivar as pessoas a lutar contra a injustiça.
NOTA: 5

11. Nosso destino comum

Afirmação 11.1: Os americanos subestimam o apoio de outros cidadãos do país à reforma climática.

NOTA: 3

Até hoje apenas uns poucos estudos examinaram as percepções dos americanos sobre as atitudes dos outros com relação ao clima. Essas pesquisas mostram que as pessoas acreditam, incorretamente, haver pouca concordância com relação à existência e à seriedade da mudança climática e menos apoio para as reformas do que de fato existe. Pelo menos um estudo documenta essas percepções equivocadas também nos responsáveis pela elaboração de políticas.

Afirmação 11.2: A esperança motiva a ação pelo clima.

NOTA: 5

Afirmação 11.3: Quando estão diante do problema dos bens comuns na vida real, as pessoas encontram maneiras de cooperar em vez de agir com egoísmo.

NOTA: 4

Afirmação 11.4: Quando o senso de individualidade se estende para além de seu entorno imediato e de seu tempo de vida, os cidadãos têm mais probabilidade de cooperar e colaborar para os esforços de conservação.

NOTA: 4

Notas bibliográficas

Introdução

1. Karina Schumann, Jamil Zaki e Carol S. Dweck, "Addressing the Empathy Deficit: Beliefs About the Malleability of Empathy Predict Effortful Responses When Empathy Is Challenging", *Journal of Personality and Social Psychology* 107, nº 3 (2014): 475-93; Sylvia A. Morelli et al., "Emotional and Instrumental Support Provision Interact to Predict Well-Being", *Emotion* 15, nº 4 (2015): 484-93.
2. Essa citação, como muitas neste livro, é retirada de materiais compartilhados pela família e pelos amigos de Emile. Neste caso, o crédito vai para Shawn Kornhauser, que gravou uma palestra feita por Emile pouco depois de ele receber o diagnóstico; ver Annenberg School for Communication, "Emile: The Mission of Emile Bruneau of the Peace and Conflict Neuroscience Lab", YouTube, 9 de outubro de 2020. Outros colaboradores para a presença de Emile neste livro podem ser encontrados aqui nas notas e nos agradecimentos.
3. Jeneen Interlandi, "The World Lost Emile Bruneau When We Needed Him Most", *The New York Times*, 2 de novembro de 2020.
4. White House Historical Association, "Racial Tension in the 1970s". Acesso em: 11 out. 2023. Disponível em: https://www.whitehousehistory.org/racial-tension-in-the-1970s.
5. Uma possibilidade é de que essa mudança reflita uma nova demografia entrando na GSS. Por exemplo, homens brancos de classe média têm mais motivos para confiar no sistema econômico dos Estados Unidos do que os grupos historicamente marginalizados. E, de fato, alguns grupos (como as pessoas negras) têm menos probabilidade de relatar uma alta confiança na GSS. Entretanto, a análise dos dados da GSS feita pela minha equipe revela que a confiança diminuiu, inclusive quando filtrados por raça, gênero, idade e rendimentos. Isso também corresponde a uma análise de 2011 que descobriu que boa parte do declínio na confiança é impulsionada não pela adição de populações marginalizadas na GSS, e sim por um declínio na confiança entre os brancos que responderam. Ver Rima Wilkes, "Re-Thinking the Decline in Trust: A Comparison of Black and White Americans", *Social Science Research* 40, nº 6 (2011): 1596-1610.
6. Edelman, "2022 Edelman Trust Barometer." Acesso em: 11 out. 2023. Disponível em: www.edelman.com/trust/2022-trust-barometer.
7. Gallup, "Confidence in Institutions".

8   B. Kent Houston e Christine R. Vavak, "Cynical Hostility: Developmental Factors, Psychosocial Correlates, and Health Behaviors", *Health Psychology* 10 (1991): 9-17; Susan A. Everson et al., "Hostility and Increased Risk of Mortality and Acute Myocardial Infarction: The Mediating Role of Behavioral Risk Factors", *American Journal of Epidemiology* 146, nº 2 (1997): 142-52; Tarja Heponiemi et al., "The Longitudinal Effects of Social Support and Hostility on Depressive Tendencies." *Social Science & Medicine* 63, nº 5 (2006): 1.374-82; Ilene C. Siegler et al., "Patterns of Change in Hostility from College to Midlife in the UNC Alumni Heart Study Predict High-Risk Status", *Psychosomatic Medicine* 65, nº 5 (2003): 738-45; Olga Stavrova e Daniel Ehlebracht, "Cynical Beliefs About Human Nature and Income: Longitudinal and Cross-Cultural Analyses", *Journal of Personality and Social Psychology* 110, nº 1 (2016): 116-32.
9   Nancy L. Carter e Jutta Weber, "Not Pollyannas", *Social Psychological and Personality Science* 1, nº 3 (2010): 274-9; Toshio Yamagishi, Masako Kikuchi e Motoko Kosugi, "Trust, Gullibility, and Social Intelligence", *Asian Journal of Social Psychology* 2, nº 1(1999): 145-61.
10 Victoria Bell et al., "When Trust Is Lost: The Impact of Interpersonal Trauma on Social Interactions", *Psychological Medicine* 49, nº 6 (2018): 1041-6.
11 Daniel Nettle e Rebecca Saxe, "'If Men Were Angels, No Government Would Be Necessary': The Intuitive Theory of Social Motivation and Preference for Authoritarian Leaders", *Collabra* 7, nº 1 (2021): 28.105.
12 Luiza A. Santos et al., "Belief in the Utility of Cross-Partisan Empathy Reduces Partisan Animosity and Facilitates Political Persuasion", *Psychological Science* 33, nº 9 (2022): 1.557-73.
13 Douglas Cairns, "Can We Find Hope in Ancient Greek Philosophy? Elpis in Plato and Aristotle", in *Emotions Across Cultures: Ancient China and Greece*. Coord. David Konstan. (Berlim: De Gruyter, 2022), pp. 41-74.

1. Sinais e sintomas

1   Arthur Conan Doyle, *O intérprete grego*, 1893.
2   Diógenes não foi o primeiro cínico; esse título pertence a Antístenes, um aluno de Sócrates. Mas Diógenes popularizou a filosofia e hoje é seu mais famoso porta-estandarte. Ver Ansgar Allen, *Cynicism* (Cambridge, MA: MIT Press, 2020); Arthur C. Brooks, "We've Lost the True Meaning of Cynicism", *Atlantic*, 23 de maio de 2022.
3   Diógenes, *Sayings and Anecdotes: With Other Popular Moralists*. Trad. Robin Hard. (Oxford: Oxford University Press, 2012).
4   Boa parte das informações sobre Diógenes e o Cinismo com C maiúsculo é retirada dos escritos de Luis E. Navia, especialmente *Diogenes the Cynic: The War Against the World* (Amherst, NY: Humanities Press, 2005); e *Classical Cynicism: A Critical Study* (Nova York: Bloomsbury, 1996).
5   A. Jesse Jiryu Davis, "Why Did Master Rinzai Slap Jo?", *EmptySquare Blog*, 15 de abril de 2018.

6 John Moles, "'Honestius Quam Ambitiosius'? An Exploration of the Cynic's Attitude to Moral Corruption in His Fellow Men", *Journal of Hellenic Studies* 103 (1983): 103-23.
7 Como citado em Allen, *Cynicism*, pp. 73-74.
8 Para saber mais sobre a evolução do Cinismo até o cinismo, ver Allen, *Cynicism*; David Mazella, *The Making of Modern Cynicism* (Charlottesville: University of Virginia Press, 2007); Navia, *Classical Cynicism*.
9 Para a escala original, ver Walter Wheeler Cook e Donald M. Medley, "Proposed Hostility and Pharisaic-Virtue Scales for the MMPI", *Journal of Applied Psychology* 38, nº 6 (1954): 414-18. Para saber mais sobre sua história e suas características, ver John C. Barefoot et al., "The Cook-Medley Hostility Scale: Item Content and Ability to Predict Survival", *Psychosomatic Medicine* 51, nº 1 (1989): 46-57; Timothy W. Smith e Karl D. Frohm, "What's So Unhealthy About Hostility? Construct Validity and Psychosocial Correlates of the Cook and Medley Ho Scale", *Health Psychology* 4, nº 6 (1985): 503-20.
10 John C. Barefoot et al., "Hostility Patterns and Health Implications: Correlates of Cook-Medley Hostility Scale Scores in a National Survey", *Health Psychology* 10, nº 1 (1991): 18-24.
11 Shelley E. Taylor e Jonathon D. Brown, "Illusion and Well-Being: A Social Psychological Perspective on Mental Health", *Psychological Bulletin* 103, nº 2 (1988): 193-210.
12 Nós escrevemos sobre esse ponto de vista em Eric Neumann e Jamil Zaki, "Toward a Social Psychology of Cynicism", *Trends in Cognitive Sciences* 27, nº 1 (2023): 1-3. Muitos outros estudiosos compartilharam perspectivas semelhantes, inclusive Kwok Leung et al., "Social Axioms", *Journal of Cross-Cultural Psychology* 33, nº 3 (2002): 286-302; Morris Rosenberg, "Misanthropy and Political Ideology", *American Sociological Review* 21, nº 6 (1956): 690-95; Lawrence S. Wrightsman, "Measurement of Philosophies of Human Nature", *Psychological Reports* 14, nº 3 (1964): 743-51.
13 Clayton R. Critcher e David Dunning, "No Good Deed Goes Unquestioned: Cynical Reconstruals Maintain Belief in the Power of Self-Interest", *Journal of Experimental Social Psychology* 47, nº 6 (2011): 1.207-13; Ana Maria Vranceanu, Linda C. Gallo e Laura M. Bogart, "Hostility and Perceptions of Support in Ambiguous Social Interactions", *Journal of Individual Differences* 27, nº 2 (2006): 108-15. Essas percepções cínicas são especialmente predominantes entre os indivíduos que estão no poder, que suspeitam que seus colegas, amigos e até mesmo cônjuges estão decididos a derrubá-los; ver M. Ena Inesi, Deborah H. Gruenfeld e Adam D. Galinsky, "How Power Corrupts Relationships: Cynical Attributions for Others' Generous Acts", *Journal of Experimental Social Psychology* 48, nº 4 (2012): 795-803.
14 Uma definição ligeiramente mais formal e clássica das ciências do comportamento para *confiança* é: "Um estado psicológico que compreende a intenção de aceitar a vulnerabilidade com base em expectativas positivas da intenção ou do comportamento de outra pessoa." Ver Denise M. Rousseau et al., "Not So Different After All: A Cross-Discipline View of Trust", *Academy of Management Review* 23, nº 3 (1998): 393-404.
15 Karen S. Cook et al., "Trust Building via Risk Taking: A Cross-Societal Experiment", *Social Psychology Quarterly* 68, nº 2 (2005): 121-42.
16 Jenny Kurman, "What I Do and What I Think They Would Do: Social Axioms and

Behaviour", *European Journal of Personality* 25, nº 6 (2011): 410-23; Theodore M. Singelis et al., "Convergent Validation of the Social Axioms Survey", *Personality and Individual Differences* 34, nº 2 (2003): 269-82.

17 Kurt Vonnegut, *Wampeters, Foma, and Granfalloons (Opinions)* (Nova York: Delacorte Press, 1974).

18 Singelis et al., "Convergent Validation of the Social Axioms Survey"; Pedro Neves, "Organizational Cynicism: Spillover Effects on Supervisor-Subordinate Relationships and Performance", *Leadership Quarterly* 23, nº 5 (2012): 965-76; Chia-Jung Tsay, Lisa L. Shu e Max H. Bazerman, "Naïveté and Cynicism in Negotiations and Other Competitive Contexts", *Academy of Management Annals* 5, nº 1 (2011): 495-518.

19 Heponiemi et al., "Longitudinal Effects of Social Support"; Siegler et al., "Patterns of Change in Hostility".

20 Stavrova e Ehlebracht, "Cynical Beliefs About Human Nature and Income".

21 Claro, nenhum desses estudos *torna* as pessoas cínicas e depois mede como a vida delas se desdobra. O cinismo se relaciona com as dificuldades, mas não podemos saber, somente a partir desse estudo, que uma coisa provoca a outra. Mas a relação entre o cinismo e resultados ruins também não pode ser explicada pela raça, pelo gênero ou pelos rendimentos das pessoas. O cinismo sozinho pode não arruinar nossa vida, mas não a torna muito mais doce. Ver Everson et al., "Hostility and Increased Risk of Mortality". Para mais trabalhos desse tipo, ver John C. Barefoot, W. Grant Dahlstrom e Redford B. Williams, "Hostility, CHD Incidence, and Total Mortality: A 25-Year Follow-Up Study of 255 Physicians", *Psychosomatic Medicine* 45, nº 1 (1983): 59-63; Jerry Suls, "Anger and the Heart: Perspectives on Cardiac Risk, Mechanisms and Interventions", *Progress in Cardiovascular Diseases* 55, nº 6 (2013): 538-47.

22 Esteban Ortiz-Ospina, "Trust", Our World in Data, 22 de julho de 2016.

23 John F. Helliwell, Haifang Huang e Shun Wang, "New Evidence on Trust and Well--Being" (artigo em produção, National Bureau of Economic Research, 1º de julho de 2016).

24 John F. Helliwell, "Well-Being and Social Capital: Does Suicide Pose a Puzzle?", *Social Indicators Research* 81, nº 3 (2006): 455-96; John F. Helliwell e Shun Wang, "Trust and Well-Being" (artigo em produção, Research Papers in Economics, 1º de abril de 2010).

25 Paul J. Zak e Stephen Knack, "Trust and Growth", *Economic Journal* 111, nº 470 (2001): 295-321.

26 Etsuko Yasui, "Community Vulnerability and Capacity in Post-Disaster Recovery: The Cases of Mano and Mikura Neighbourhoods in the Wake of the 1995 Kobe Earthquake" (tese de doutorado, University of British Columbia, 2007).

27 Ver a tabela 7.3 em Yasui, "Community Vulnerability and Capacity in Post-Disaster Recovery", p. 226.

28 Kobe é dividida em nove áreas. As áreas que tinham alto nível de confiança antes do terremoto foram reconstruídas e repovoadas mais rapidamente do que as que tinham baixo nível de confiança; ver Daniel P. Aldrich, "The Power of People: Social Capital's Role in Recovery from the 1995 Kobe Earthquake", *Natural Hazards* 56, nº 3 (2010): 595-611.

29 John F. Helliwell et al., coords., *World Happiness Report 2022* (Nova York: Sustainable Development Solutions Network, 2022).
30 Zak e Knack, "Trust and Growth"; Jacob Dearmon e Kevin Grier, "Trust and Development", *Journal of Economic Behavior and Organization* 71, nº 2 (2009): 210-20; Oguzhan C. Dincer e Eric M. Uslaner, "Trust and Growth", *Public Choice* 142, nº 1-2 (2009): 59-67.
31 Em particular, pesquisas realizadas antes e durante a pandemia nos Estados Unidos e em três países europeus descobriram que a satisfação das pessoas com o sistema político de seu país, o orgulho nacional e o apoio à democracia caíram ao longo de 2020. Ver Alexander Bor et al., "The Covid-19 Pandemic Eroded System Support but Not Social Solidarity", *PLOS ONE* 18, nº 8 (2023).
32 Dasl Yoon, "Highly Vaccinated South Korea Can't Slow Down COVID-19", *The Wall Street Journal*, 16 de dezembro de 2021.
33 Kristen de Groot, "South Korea's Response to COVID-19: Lessons for the Next Pandemic", *Penn Today*, 14 de outubro de 2022.
34 Henrikas Bartusevičius et al., "The Psychological Burden of the COVID-19 Pandemic Is Associated with Antisystemic Attitudes and Political Violence", *Psychological Science* 32, nº 9 (2021): 1.391-403; Marie Fly Lindholt et al., "Public Acceptance of COVID-19 Vaccines: Cross-National Evidence on Levels and Individual-Level Predictors Using Observational Data", *BMJ Open* 11, nº 6 (2021): e048172.
35 Thomas J. Bollyky et al., "Pandemic Preparedness and COVID-19: An Exploratory Analysis of Infection and Fatality Rates, and Contextual Factors Associated with Preparedness in 177 Countries, from Jan 1, 2020, to Sept 30, 2021", *Lancet* 399, nº 10.334 (2022): 1.489-1.512.
36 William Litster Bruneau, *The Bidet: Everything There Is to Know from the First and Only Book on the Bidet, an Elegant Solution for Comfort, Health, Happiness, Ecology, and Economy* (publicação do autor, 2020), p. 196.
37 Esses detalhes biográficos são retirados dos escritos de Stephanie Bruneau.
38 Emile Bruneau, "Atticus and Parenting–Clarity" (documento Word compartilhado por Stephanie Bruneau, 4 de março de 2023).
39 Janet Lewis, membro do time de rúgbi que Emile treinou e sua companheira de viagens frequente, comunicação pessoal, 13 de dezembro de 2022.
40 Jeff Freund, colega do time de rúgbi e irmão de fraternidade estudantil de Emile, comunicação pessoal, 13 de dezembro de 2022.
41 Emile Bruneau et al., "Increased Expression of Glutaminase and Glutamine Synthetase mRNA in the Thalamus in Schizophrenia", *Schizophrenia Research* 75, nº 1 (2005): 27-34.
42 Emile Bruneau et al., "Denying Humanity: The Distinct Neural Correlates of Blatant Dehumanization", *Journal of Experimental Psychology: General* 147, nº 7 (2018): 1.078-93; Emile Bruneau, Nicholas Dufour e Rebecca Saxe, "Social Cognition in Members of Conflict Groups: Behavioural and Neural Responses in Arabs, Israelis and South Americans to Each Other's Misfortunes", *Philosophical Transactions of the Royal Society B: Biological Sciences* 367, nº 1589 (2012): 717-30.

43 Janet Lewis, comunicação pessoal, 13 de dezembro de 2022.
44 Emily Falk, colega acadêmica e mentora de Emile, comunicação pessoal, 6 de dezembro de 2022.
45 Alan Fontana et al., "Cynical Mistrust and the Search for Self-Worth", *Journal of Psychosomatic Research* 33, nº 4 (1989): 449-56.
46 Geoffrey L. Cohen, Joshua Aronson e Claude M. Steele, "When Beliefs Yield to Evidence: Reducing Biased Evaluation by Affirming the Self", *Personality and Social Psychology Bulletin* 26, nº 9 (2000): 1.151-64; Joshua Correll, Steven J. Spencer e Mark P. Zanna, "An Affirmed Self and an Open Mind: Self-Affirmation and Sensitivity to Argument Strength", *Journal of Experimental Social Psychology* 40, nº 3 (2004): 350-56.
47 Sander Thomaes et al., "Arousing 'Gentle Passions' in Young Adolescents: Sustained Experimental Effects of Value Affirmations on Prosocial Feelings and Behaviors", *Developmental Psychology* 48, nº 1 (2012): 103-10.

2. A surpreendente sabedoria da esperança

1 Olga Stavrova e Daniel Ehlebracht, "The Cynical Genius Illusion: Exploring and Debunking Lay Beliefs About Cynicism and Competence", *Personality and Social Psychology Bulletin* 45, nº 2 (2019): 254-69.
2 Carter e Weber, "Not Pollyannas". As pessoas não usam simplesmente o cinismo como pista com relação à inteligência de alguém. Elas também usam a inteligência como pista para o cinismo dos outros. Num estudo, as pessoas supuseram que os indivíduos competentes seriam hostis e que os incompetentes seriam calorosos e fofos. Ver Charles M. Judd et al., "Fundamental Dimensions of Social Judgment: Understanding the Relations Between Judgments of Competence and Warmth", *Journal of Personality and Social Psychology* 89, nº 6 (2005): 899-913.
3 Deborah Son Holoien e Susan T. Fiske, "Downplaying Positive Impressions: Compensation Between Warmth and Competence in Impression Management", *Journal of Experimental Social Psychology* 49, nº 1 (2013): 33-41.
4 Ver estudos de 4 a 6 em Stavrova e Ehlebracht, "Cynical Genius Illusion". Outro projeto acompanhou mais de 10 mil crianças britânicas durante vários anos e descobriu que as mais inteligentes costumavam se tornar adultos menos cínicos. Isso não reflete privilégio. Quando os alunos chegam à faculdade, são tão cínicos quanto as pessoas que não chegam. A educação em si abre as pessoas à confiança. Para saber mais, ver Toshio Yamagishi, *Trust: The Evolutionary Game of Mind and Society* (Nova York: Springer Science & Business Media, 2011); Noah Carl e Francesco C. Billari, "Generalized Trust and Intelligence in the United States", *PLOS ONE* 9, nº 3 (2014): e91786; Olga Stavrova e Daniel Ehlebracht, "Education as an Antidote to Cynicism", *Social Psychological and Personality Science* 9, nº 1 (2017): 59-69; Patrick Sturgis, Sanna Read e Nick Allum, "Does Intelligence Foster Generalized Trust? An Empirical Test Using the UK Birth Cohort Studies", *Intelligence* 38, nº 1 (2010): 45-54.
5 Carter e Weber, "Not Pollyannas".

6 Ken J. Rotenberg, Michael J. Boulton e Claire L. Fox, "Cross-Sectional and Longitudinal Relations Among Children's Trust Beliefs, Psychological Maladjustment and Social Relationships: Are Very High as Well as Very Low Trusting Children at Risk?", *Journal of Abnormal Child Psychology* 33, nº 5 (2005): 595-610.

7 Uma versão divertida desse mesmo julgamento acontece no primeiro episódio de *Jornada nas Estrelas: a nova geração*, quando um ser todo-poderoso processa a humanidade por seus muitos fracassos morais, enquanto Jean-Luc Picard, representado por Patrick Stewart, atua na defesa.

8 A humildade intelectual é apenas um componente da sabedoria; entre outros componentes estão assumir o ponto de vista das pessoas e buscar conhecimento. Ver Mengxi Dong, Nic M. Weststrate e Marc A. Fournier, "Thirty Years of Psychological Wisdom Research: What We Know About the Correlates of an Ancient Concept", *Perspectives on Psychological Science* 18, nº 4 (2022): 778-811; Igor Grossmann et al., "The Science of Wisdom in a Polarized World: Knowns and Unknowns", *Psychological Inquiry* 31, nº 2 (2020): 103-33.

9 Meu uso do ceticismo curioso está alinhado com pesquisas sobre humildade intelectual e sabedoria. Ver Tenelle Porter et al., "Predictors and Consequences of Intellectual Humility", *Nature Reviews Psychology* 1, nº 9 (2022): 524-36; Grossmann et al., "Science of Wisdom in a Polarized World".

10 D. Alan Bensley et al., "Skepticism, Cynicism, and Cognitive Style Predictors of the Generality of Unsubstantiated Belief", *Applied Cognitive Psychology* 36, nº 1 (2022): 83-99. Ver também Büşra Elif Yelbuz, Ecesu Madan e Sinan Alper, "Reflective Thinking Predicts Lower Conspiracy Beliefs: A Meta-Analysis", *Judgment and Decision Making* 17, nº 4 (2022): 720-44.

11 Mudei nomes e detalhes de identificação para proteger a identidade de Megan. Entrevistei Megan em 29 de março de 2022 e em 6 de janeiro de 2023 e corroborei detalhes de sua história revisando suas postagens nas redes sociais em 2020.

12 Karen M. Douglas et al., "Understanding Conspiracy Theories", *Political Psychology* 40, nº S1 (2019): 3-35.

13 Jakub Šrol, Eva Ballová Mikušková e Vladimíra Čavojová, "When We Are Worried, What Are We Thinking? Anxiety, Lack of Control, and Conspiracy Beliefs Amidst the COVID-19 Pandemic", *Applied Cognitive Psychology* 35, nº 3 (2021): 720-29; Ricky Green e Karen M. Douglas, "Anxious Attachment and Belief in Conspiracy Theories", *Personality and Individual Differences* 125 (2018): 30-37.

14 Mary D. Salter Ainsworth et al., *Patterns of Attachment: A Psychological Study of the Strange Situation* (Mahwah, NJ: Lawrence Erlbaum, 1978).

15 Mario Mikulincer, "Attachment Working Models and the Sense of Trust: An Exploration of Interaction Goals and Affect Regulation", *Journal of Personality and Social Psychology* 74, nº 5 (1998): 1.209-24.

16 Kenneth N. Levy e Benjamin N. Johnson, "Attachment and Psychotherapy: Implications from Empirical Research", *Canadian Psychology* 60, nº 3 (2019): 178-93; Anton Philipp Martinez et al., "Mistrust and Negative Self-Esteem: Two Paths from Attachment Styles to Paranoia", *Psychology and Psychotherapy* 94, nº 3 (2020): 391-406.

17 Sara Konrath et al., "Changes in Adult Attachment Styles in American College Students over Time", *Personality and Social Psychology Review* 18, nº 4 (2014): 326-48.
18 R. Chris Fraley et al., "The Experiences in Close Relationships–Relationship Structures Questionnaire: A Method for Assessing Attachment Orientations Across Relationships", *Psychological Assessment* 23, nº 3 (2011): 615-25; Chris R. Fraley e Glenn I. Roisman, "The Development of Adult Attachment Styles: Four Lessons", *Current Opinion in Psychology* 25 (2019): 26-30; Jaakko Tammilehto et al., "Dynamics of Attachment and Emotion Regulation in Daily Life: Uni- and Bidirectional Associations", *Cognition & Emotion* 36, nº 6 (2022): 1.109-31.
19 Esse exemplo está descrito num excelente artigo sobre generalização excessiva: Brian van Meurs et al., "Maladaptive Behavioral Consequences of Conditioned Fear-Generalization: A Pronounced, Yet Sparsely Studied, Feature of Anxiety Pathology", *Behaviour Research and Therapy* 57 (2014): 29-37.
20 Os momentos sombrios também derrubam nossas crenças mais queridas sobre o mundo. Antigamente as pessoas eram gentis, agora são cruéis. O mundo era seguro, agora é perigoso. Um dos relatos mais populares do transtorno de estresse pós-traumático é que ele despedaça e reformula as teorias laicas das pessoas desse modo. Ver Ronnie Janoff-Bulman, "Assumptive Worlds and the Stress of Traumatic Events: Applications of the Schema Construct", *Social Cognition* 7, nº 2 (1989): 113-36; Ronnie Janoff-Bulman, *Shattered Assumptions* (Nova York: Simon & Schuster, 2010).
21 Mario Bogdanov et al., "Acute Psychosocial Stress Increases Cognitive-Effort Avoidance", *Psychological Science* 32, nº 9 (2021): 1.463-75.
22 Os cientistas chamam essa armadilha psicológica de "ambiente de aprendizado maligno". Para saber mais, ver Robin M. Hogarth, Tomás Lejarraga e Emre Soyer, "The Two Settings of Kind and Wicked Learning Environments", *Current Directions in Psychological Science* 24, nº 5 (2015): 379-85.
23 Stephanie Bruneau, comunicação pessoal, 4 de março de 2023.
24 Janet Lewis, comunicação pessoal, 13 de dezembro de 2022.
25 Michal Bauer et al., "Can War Foster Cooperation?", *Journal of Economic Perspectives* 30, nº 3 (2016): 249-74; Patricia A. Frazier, Amy Conlon e Theresa Glaser, "Positive and Negative Life Changes Following Sexual Assault", *Journal of Consulting and Clinical Psychology* 69, nº 6 (2001): 1.048-55; Daniel Lim e David DeSteno, "Suffering and Compassion: The Links Among Adverse Life Experiences, Empathy, Compassion, and Prosocial Behavior", *Emotion* 16, nº 2 (2016): 175-82.
26 Matthew L. Brooks et al., "Trauma Characteristics and Posttraumatic Growth: The Mediating Role of Avoidance Coping, Intrusive Thoughts, and Social Support", *Psychological Trauma: Theory, Research, Practice, and Policy* 11, nº 2 (2019): 232-38; Sarah E. Ullman e Liana C. Peter-Hagene, "Social Reactions to Sexual Assault Disclosure, Coping, Perceived Control, and PTSD Symptoms in Sexual Assault Victims", *Journal of Community Psychology* 42, nº 4 (2014): 495-508.
27 Emile Bruneau, "Atticus and Parenting – Clarity".
28 Ximena B. Arriaga et al., "Revising Working Models Across Time: Relationship Situations That Enhance Attachment Security", *Personality and Social Psychology*

Review 22, nº 1 (2017): 71-96; Atina Manvelian, "Creating a Safe Haven and Secure Base: A Feasibility and Pilot Study of Emotionally Focused Mentoring to Enhance Attachment Security" (tese de doutorado, Universidade do Arizona, 2021).

29 Para um exemplo de como a confiança pode aumentar por meio de "terapia focalizada na emoção", ver Stephanie A. Wiebe et al., "Predicting Follow-Up Outcomes in Emotionally Focused Couple Therapy: The Role of Change in Trust, Relationship-Specific Attachment, and Emotional Engagement", *Journal of Marital and Family Therapy* 43, nº 2 (2016): 213-26.

30 Michael Yeomans et al., "Conversational Receptiveness: Improving Engagement with Opposing Views", *Organizational Behavior and Human Decision Processes* 160 (2020): 131-48.

31 Julia A. Minson e Frances S. Chen, "Receptiveness to Opposing Views: Conceptualization and Integrative Review", *Personality and Social Psychology Review* 26, nº 2 (2021): 93-111; Harry T. Reis et al., "Perceived Partner Responsiveness Promotes Intellectual Humility", *Journal of Experimental Social Psychology* 79 (2018): 21-33.

32 A experiência de Megan está de acordo com pesquisas sobre como a motivação afeta nossos pensamentos. Quando você espera conversar com alguém que apoia uma determinada posição política, lê escritos favoráveis a essa posição; quando espera conversar com um crítico, escolhe informações críticas. A "realidade compartilhada" de Megan mudou, passando daquela que era compartilhada com outros QAnons para outra compartilhada com Thomas. Para saber mais, ver Gerald Echterhoff, E. Tory Higgins e John M. Levine, "Shared Reality: Experiencing Commonality with Others' Inner States About the World", *Perspectives on Psychological Science* 4, nº 5 (2009): 496-521; Ziva Kunda, "The Case for Motivated Reasoning", *Psychological Bulletin* 108, nº 3 (1990): 480-98; Philip E. Tetlock e Jae Il Kim, "Accountability and Judgment Processes in a Personality Prediction Task", *Journal of Personality and Social Psychology* 52, nº 4 (1987): 700-709.

33 Yulia Landa et al., "Group Cognitive Behavioral Therapy for Delusions: Helping Patients Improve Reality Testing", *Journal of Contemporary Psychotherapy* 36, nº 1 (2006): 9-17.

3. Condições preexistentes

1 Andreas Leibbrandt, entrevistas ao autor, 27 de outubro de 2022 e 30 de agosto de 2023.

2 Uri Gneezy, Andreas Leibbrandt e John A. List, "Ode to the Sea: Workplace Organizations and Norms of Cooperation", *Economic Journal* 126, nº 595 (2015): 1.856-83.

3 O crédito dessa metáfora evocativa é da psicóloga Sanah Ahsan. Sanah Ahsan, "I'm a Psychologist – and I Believe We've Been Told Devastating Lies About Mental Health", *The Guardian*, 6 de setembro de 2022.

4 Esse é um tema importante em outro livro meu: Jamil Zaki, *The War for Kindness: Building Empathy in a Fractured World* (Nova York: Crown, 2019).

5 Dorit Carmelli, Gary E. Swan e Ray H. Rosenman, "The Heritability of the Cook

and Medley Hostility Scale Revised", *Journal of Social Behavior and Personality* 5, nº 1 (1990): 107-16; Sarah S. Knox et al., "A Genome Scan for Hostility: The National Heart, Lung, and Blood Institute Family Heart Study", *Molecular Psychiatry* 9, nº 2 (2003): 124-26.

6   Para gráficos interativos sobre a desigualdade, visite World Inequality Database, "USA". Acesso em: 13 out. 2023. Disponível em: https://wid.world/country/usa/. Cálculos específicos: em 1980, os 40% do meio tinham 30,6% da riqueza, e o 1% do topo tinha 20,9%, para uma razão de 1,46:1. Em 2020, os 40% do meio tinham 27,8%, comparados com os 34,9% do 1% do topo. Para uma visão mais completa dessas tendências e do seu contexto histórico, ver Thomas Piketty, *A Brief History of Equality* (Cambridge, MA: Harvard University Press, 2022).

7   Para dados sobre mobilidade econômica, ver Raj Chetty et al., "The fading American dream: Trends in absolute income mobility since 1940", *Science* 356 (2017): 398-406. Para dados sobre acessibilidade de moradia e educação, ver Stella Sechopoulos, "Most in the U.S. say young adults today face more challenges than their parents' generation in some key areas", Pew Research Center, 28 de fevereiro de 2022.

8   Jolanda Jetten et al., "A Social Identity Analysis of Responses to Economic Inequality", *Current Opinion in Psychology* 18 (2017): 1-5; Lora E. Park et al., "Psychological Pathways Linking Income Inequality in Adolescence to Well-Being in Adulthood", *Self and Identity* 20, nº 8 (2020): 982-1.014.

9   Frank J. Elgar, "Income Inequality, Trust, and Population Health in 33 Countries", *American Journal of Public Health* 100, nº 11 (2010): 2.311-15; Jolanda Jetten, Kim Peters e Bruno Gabriel Salvador Casara, "Economic Inequality and Conspiracy Theories", *Current Opinion in Psychology* 47 (2022): 101358.

10 Por exemplo, uma análise de dezenove países ricos durante trinta anos descobriu que, à medida que as nações ficam menos igualitárias, se tornam menos confiantes com o tempo. Ver Guglielmo Barone e Sauro Mocetti, "Inequality and Trust: New Evidence from Panel Data", *Economic Inquiry* 54, nº 2 (8 de dezembro de 2015): 794-809.

11 Richard J. Popplewell, "The Stasi and the East German Revolution of 1989", *Contemporary European History* 1, nº 1 (1992): 37-63.

12 Andreas Lichter, Max Löffler e Sebastian Siegloch, "The Long-Term Costs of Government Surveillance: Insights from Stasi Spying in East Germany", *Journal of the European Economic Association* 19, nº 2 (2020): 741-89.

13 Sarah Repucci e Amy Slipowitz, *Freedom in the World 2021: Democracy Under Siege* (Nova York: Freedom House, 2021).

14 Jacob Grumbach, "Laboratories of Democratic Backsliding", *American Political Science Review* 117, nº 3 (2023): 967-84.

15 Andrew Woodcock, "Trust in Politicians 'in Freefall' After Year of Chaos at Westminster", *The Independent*, 3 de novembro de 2022.

16 Como vimos, os cínicos têm desempenho pior em testes cognitivos do que os não cínicos. Mas, em nações muito corruptas, as pessoas inteligentes têm muito mais probabilidade de serem cínicas. Quando as elites abusam do poder, o cinismo se torna mais comum – e mais razoável. Ver Stavrova e Ehlebracht, "Cynical Genius Illusion".

17 Matthew Desmond, Andrew V. Papachristos e David S. Kirk, "Police Violence and Citizen Crime Reporting in the Black Community", *American Sociological Review* 81, nº 5 (2016): 857-76; Bill McCarthy, John Hagan e Daniel Herda, "Neighborhood Climates of Legal Cynicism and Complaints About Abuse of Police Power", *Criminology* 58, nº 3 (2020): 510-36.

18 Itai Bavli e David S. Jones, "Race Correction and the X-Ray Machine – The Controversy over Increased Radiation Doses for Black Americans in 1968", *New England Journal of Medicine* 387, nº 10 (2022): 947-52; Kelly M. Hoffman et al., "Racial Bias in Pain Assessment and Treatment Recommendations, and False Beliefs About Biological Differences Between Blacks and Whites", *Proceedings of the National Academy of Sciences* 113, nº 16 (2016): 4.296-301.

19 Chris Iglesias, do Fruitvale's Unity Council, entrevista ao autor, 27 de janeiro de 2023.

20 Essa é uma estimativa conservadora da discrepância. Na verdade, em maio de 2021, 77% dos moradores de toda a região, inclusive Piedmont e áreas menos ricas, tinham sido vacinados. Ver Brian Krans, "How Flaws in California's Vaccine System Left Some Oaklanders Behind", *Oaklandside*, 18 de maio de 2021; Deepa Fernandes, "Children of Immigrants at the Heart of Effort to Reach Oakland's Unvaccinated Communities", *San Francisco Chronicle*, 11 de agosto de 2021.

21 Erin E. Esaryk et al., "Variation in SARS-COV-2 Infection Risk and Socioeconomic Disadvantage Among a Mayan-Latinx Population in Oakland, California", *JAMA Network Open* 4, nº 5 (2021): e2110789.

22 Os dados sobre isso vêm de todo o mundo. Ver, por exemplo, Heidi Colleran, "Market Integration Reduces Kin Density in Women's Ego-Networks in Rural Poland", *Nature Communications* 11, nº 1 (2020): 1-9; Robert Thomson et al., "Relational Mobility Predicts Social Behaviors in 39 Countries and Is Tied to Historical Farming and Threat", *Proceedings of the National Academy of Sciences* 115, nº 29 (2018): 7521-26; Kristopher M Smith, Ibrahim A. Mabulla e Coren L. Apicella, "Hadza Hunter-Gatherers with Greater Exposure to Other Cultures Share More with Generous Campmates", *Biology Letters* 18, nº 7 (2022): 20220157. Para uma teoria geral dos mercados sociais e da cooperação, ver Pat Barclay, "Biological Markets and the Effects of Partner Choice on Cooperation and Friendship", *Current Opinion in Psychology* 7 (2016): 33-38.

23 Paul Lodder et al., "A Comprehensive Meta-Analysis of Money Priming", *Journal of Experimental Psychology: General* 148, nº 4 (2019): 688-712.

24 Ryan W. Carlson e Jamil Zaki, "Good Deeds Gone Bad: Lay Theories of Altruism and Selfishness", *Journal of Experimental Social Psychology* 75 (2018): 36-40.

25 Como diz o filósofo Michael Sandel: "O dinheiro que compraria a amizade destrói o bem que eu desejo adquirir." Michael Sandel, "Market Reasoning as Moral Reasoning: Why Economists Should Re-Engage with Political Philosophy", *Journal of Economic Perspectives* 27, nº 4 (2013): 121-40.

26 Jaclyn Smock, "Smartwatches Can Be Toxic, Too", *Allure*, 14 de outubro de 2022.

27 Kelly Glazer Baron et al., "Orthosomnia: Are Some Patients Taking the Quantified Self Too Far?", *Journal of Clinical Sleep Medicine* 13, nº 2 (2017): 351-54.

28 Citações retiradas da entrevista de Lane para o podcast *First Person*: ver Lulu Garcia-Navarro et al., "The Teenager Leading the Smartphone Liberation Movement", Opinião, *The New York Times*, 2 de fevereiro de 2023.
29 Tara Parker-Pope, "The Power of Positive People", *The New York Times*, 12 de julho de 2018.
30 *Ibid.*
31 Michael Rosenfeld, Reuben J. Thomas e Sonia Hausen, "Disintermediating Your Friends: How Online Dating in the United States Displaces Other Ways of Meeting", *Proceedings of the National Academy of Sciences* 116, nº 36 (2019): 17.753-58.
32 Ver a entrevista com o cofundador do Tinder, Jonathan Badeen, no podcast do *Verge* sobre os aplicativos de encontros: Sangeeta SinghKurtz, "How Tinder Changed Everything", *Verge*, 11 de janeiro de 2023.
33 Gabriel Bonilla-Zorita, Mark D. Griffiths e Daria J. Kuss, "Online Dating and Problematic Use: A Systematic Review", *International Journal of Mental Health and Addiction* 19, nº 6 (2020): 2.245-78.
34 Steven Pinker, *Enlightenment Now* (Nova York: Viking Press, 2018).
35 Ali Teymoori, Brock Bastian e Jolanda Jetten, "Towards a Psychological Analysis of Anomie", *Political Psychology* 38, nº 6 (2016): 1.009-23; Lea Hartwich e Julia Becker, "Exposure to Neoliberalism Increases Resentment of the Elite via Feelings of Anomie and Negative Psychological Reactions", *Journal of Social Issues* 75, nº 1 (2019): 113-33; Karim Bettache, Chi-yue Chiu e Peter Beattie, "Merciless Mind in a Dog-Eat-Dog Society: Neoliberalism and the Indifference to Social Inequality", *Current Opinion in Behavioral Sciences* 34 (2020): 217-22; Jetten, Peters e Casara, "Economic Inequality and Conspiracy Theories".
36 Fonte da história de Bill e Emile: Stephanie Bruneau. Durante o tempo de Emile na escola, a maior parte dos funcionários da limpeza era composta por pais. A política de troca mudou na década de 1990 e agora todos os funcionários são pagos. Fonte: Andromeda Garcelon, colega de turma de Emile na Península e agora mãe e embaixadora da escola na comunidade, entrevistada em 18 de janeiro de 2023.
37 Segundo um documento intitulado "Monica Meyer", enviado por Emile a Janet Lewis em 16 de julho de 2019.
38 Os cientistas não sabem se os pais que confiavam *faziam* os filhos ter mais fé nos outros, mas qualquer cuidador pode testar isso mostrando às crianças que acreditamos nelas. Ver Dan Wang e Anne C. Fletcher, "Parenting Style and Peer Trust in Relation to School Adjustment in Middle Childhood", *Journal of Child and Family Studies* 25, nº 3 (2015): 988-98.
39 Isso é consistente com a sugestão do filósofo Kieran Setiya de buscar atividades "atélicas", livres de qualquer objetivo ou propósito final; ver Kieran Setiya, *Midlife: A Philosophical Guide* (Princeton, NJ: Princeton University Press, 2017).
40 Morelli et al., "Emotional and Instrumental Support Provision".
41 Hunt Allcott et al., "The Welfare Effects of Social Media", *American Economic Review* 110, nº 3 (2020): 629-76.
42 Jeremy D. W. Clifton e Peter Meindl, "Parents Think – Incorrectly – That Teaching

Their Children That the World Is a Bad Place Is Likely Best for Them", *Journal of Positive Psychology* 17, nº 2 (2021): 182-97.

43 Dietlind Stolle e Laura Nishikawa, "Trusting Others–How Parents Shape the Generalized Trust of Their Children", *Comparative Sociology* 10, nº 2 (2011): 281-314.

44 Jean M. Twenge, W. Keith Campbell e Nathan T. Carter, "Declines in Trust in Others and Confidence in Institutions Among American Adults and Late Adolescents, 1972-2012", *Psychological Science* 25, nº 10 (2014): 1914-23.

45 Para uma visão ampla dessa prática e de seus benefícios, ver Fred B. Bryant e Joseph Veroff, *Savoring: A New Model of Positive Experience* (Nova York: Psychology Press, 2017).

46 Ver a tabela 7 em Martin Paldam, "Social Capital and Social Policy" (artigo em andamento, New Frontiers of Social Policy: Development in a Globalizing World, 2005), p. 11.

47 Dados obtidos em conversas com o diretor operacional do Unity Council, Armando Hernandez, entrevista ao autor, 1º de maio de 2023. Para saber mais sobre a campanha, ver Brian Krans, "'We Are in a Race': With Delta Variant Cases Spiking, Oakland Continues Vaccination Push", *Oaklandside*, 6 de agosto de 2021; Leonardo Castañeda, "'In the Trenches': Students Walk the Streets of Hard-Hit Fruitvale Seeking COVID Vaccine Holdouts", *Daily Democrat*, 3 de julho de 2021.

48 Katherine Clayton e Robb Willer, "Endorsements from Republican Politicians Can Increase Confidence in U.S. Elections", *Research & Politics* 10, nº 1 (2023): 205316802211489; Sophia Pink et al., "Elite Party Cues Increase Vaccination Intentions Among Republicans", *Proceedings of the National Academy of Sciences* 118, nº 32 (2021): e2106559118.

4. O inferno não são os outros

1 Para o "experimento" original, ver Diana Zlomislic, "We Left 20 Wallets Around the GTA. Most Came Back", *Toronto Star*, 25 de abril de 2009; e Helliwell e Wang, "Trust and Well-Being". Um estudo maior, com mais de 17 mil carteiras largadas em quarenta países, apontou que o Canadá está próximo do maior nível de confiança no globo, mas em todo o mundo a maior parte das carteiras foi devolvida. De modo interessante, era mais provável serem devolvidas se tivessem dinheiro, mais uma vez anulando o estereótipo de que as pessoas são egoístas. Ver Alain Cohn et al., "Civic Honesty Around the Globe", *Science* 365, nº 6448 (2019): 70-73.

2 Para uma resenha curta, ver Leda Cosmides et al., "Detecting Cheaters", *Trends in Cognitive Sciences* 9, nº 11 (2005): 505-6.

3 John F. Helliwell et al., coords., *World Happiness Report 2023*, 11. ed. (Nova York: Sustainable Development Solutions Network, 2023).

4 Jamil Zaki, "The COVID Kindness We Ignored" (ensaio não publicado).

5 Cameron Brick et al., "Self-Interest Is Overestimated: Two Successful Pre-Registered Replications and Extensions of Miller and Ratner (1998)", *Collabra Psychology* 7, nº 1 (2021): 23443; Dale T. Miller e Rebecca K. Ratner, "The Disparity Between

the Actual and Assumed Power of Self-Interest", *Journal of Personality and Social Psychology* 74, nº 1 (1998): 53-62; Nicholas Epley e David Dunning, "Feeling 'Holier Than Thou': Are Self-Serving Assessments Produced by Errors in Self- or Social Prediction?", *Journal of Personality and Social Psychology* 79, nº 6 (2000): 861-75; Nicholas Epley et al., "Undersociality: Miscalibrated Social Cognition Can Inhibit Social Connection", *Trends in Cognitive Sciences* 26, nº 5 (2022): 406-18; Dale T. Miller, "The Norm of Self-Interest", *American Psychologist* 54, nº 12 (1999): 1.053-60; Detlef Fetchenhauer e David Dunning, "Do People Trust Too Much or Too Little?", *Journal of Economic Psychology* 30, nº 3 (2009): 263-76.

6   Fred Bryant, "You 2.0: Slow Down!", entrevista feita por Shankar Vedantam (Hidden Brain Media, s.d.).
7   John J. Skowronski e Donal E. Carlston, "Negativity and Extremity Biases in Impression Formation: A Review of Explanations", *Psychological Bulletin* 105, nº 1 (1989): 131-42.
8   Adam Mastroianni e Daniel T. Gilbert, "The Illusion of Moral Decline", *Nature* 618, nº 7966 (2023): 782-89.
9   Mingliang Yuan et al., "Did Cooperation Among Strangers Decline in the United States? A Cross-Temporal Meta-Analysis of Social Dilemmas (1956–2017)", *Psychological Bulletin* 148, nº 3-4 (2022): 129-57.
10 Robin Dunbar, Anna Marriott e Neill Duncan, "Human Conversational Behavior", *Human Nature* 8, nº 3 (1997): 231-46.
11 Matthew Feinberg, Robb Willer e Michael Schultz, "Gossip and Ostracism Promote Cooperation in Groups", *Psychological Science* 25, nº 3 (2014): 656-64; Manfred Milinski, Dirk Semmann e Hans-Jürgen Krambeck, "Reputation Helps Solve the 'Tragedy of the Commons'", *Nature* 415, nº 6870 (2002): 424-26.
12 Samantha Grayson et al., "Gossip Decreases Cheating but Increases (Inaccurate) Cynicism" (manuscrito em preparação).
13 David Bornstein e Tina Rosenberg, "When Reportage Turns to Cynicism", Opinião, *The New York Times*, 14 de novembro de 2016.
14 Claire Robertson et al., "Negativity Drives Online News Consumption", *Nature Human Behaviour* 7, nº 5 (2023): 812-22.
15 David Rozado, Ruth Hughes e Jamin Halberstadt, "Longitudinal Analysis of Sentiment and Emotion in News Media Headlines Using Automated Labelling with Transformer Language Models", *PLOS ONE* 17, nº 10 (2022): e0276367.
16 Charlotte Olivia Brand, Alberto Acerbi e Alex Mesoudi, "Cultural Evolution of Emotional Expression in 50 Years of Song Lyrics", *Evolutionary Human Sciences* 1 (1º de janeiro de 2019): E1.
17 Se os consumidores moldam a mídia, a mídia molda nossa visão de mundo. Num experimento clássico, pesquisadores pagaram a pessoas para mexer com sua dieta de mídia. Os cientistas escolhiam um tema, como o aumento nas taxas de emissão de carbono, e colocavam um segmento de dois minutos desse tema na programação dos espectadores a cada noite durante uma semana. Você provavelmente acha que o seu senso do que é importante é moldado durante toda uma vida de experiências. Mas, se você é parecido com as pessoas que participaram desse estudo,

isso pode demorar apenas doze minutos. Acrescentar essa quantidade de cobertura sobre um tema tornava tremendamente mais provável que mais tarde os espectadores dissessem que ele era *o mais importante* que a nação estava enfrentando. Ver Shanto Iyengar e Donald R. Kinder, *News That Matters: Television and American Opinion*, ed. atualizada (Chicago: University of Chicago Press, 2010).

18 Dados retirados de Justin McCarthy, "Perceptions of Increased U.S. Crime at Highest Since 1993", *Gallup*, 20 de novembro de 2021. A figura indica os anos em que mais de 50% das pessoas responderam que havia "mais" crimes nos Estados Unidos do que um ano antes.

19 "Reported Violent Crime Rate in the U.S. 2021", Statista, recuperado em 10 de outubro de 2023.

20 Annie Lowrey, "Why San Francisco Prosecutor Chesa Boudin Faces Recall", *The Atlantic*, 20 de maio de 2022.

21 Valerie J. Callanan, "Media Consumption, Perceptions of Crime Risk and Fear of Crime: Examining Race/Ethnic Differences", *Sociological Perspectives* 55, nº 1 (2012): 93-115.

22 Citação retirada do podcast *How To*. Transcrição disponível em Nicole Lewis e Amanda Ripley, "How to Unbreak the News", *Slate*, 30 de agosto de 2022.

23 Sean Greene, "Antarctica Shed a Block of Ice the Size of Delaware, but Scientists Think the Real Disaster Could Be Decades Away", *Los Angeles Times*, 20 de janeiro de 2018.

24 "Democracy Diverted: Polling Place Closures and the Right to Vote", Leadership Conference on Civil and Human Rights, 10 de setembro de 2019. Disponível em: https://civilrights.org/democracy-diverted.

25 Nic Newman, "Overview and Key Findings of the 2022 Digital News Report", Reuters Institute for the Study of Journalism, 15 de junho de 2022.

26 Solutions Journalism, "The Top 10 Takeaways from the Newest Solutions Journalism Research", *Medium – The Whole Story*, 6 de janeiro de 2022.

27 As citações são retiradas da entrevista de Shorters para o podcast *On Being*; ver Trabian Shorters, "Trabian Shorters –A Cognitive Skill to Magnify Humanity", entrevista feita por Krista Tippett (The On Being Project, 2022).

28 George Newman, Paul Bloom e Joshua Knobe, "Value Judgments and the True Self", *Personality and Social Psychology Bulletin* 40, nº 2 (2013): 203-16.

29 Julian De Freitas et al., "Origins of the Belief in Good True Selves", *Trends in Cognitive Sciences* 21, nº 9 (2017): 634-36; De Freitas et al., "Consistent Belief in a Good True Self in Misanthropes and Three Interdependent Cultures", *Cognitive Science* 42, nº 51 (2013): 134-60.

30 McCarthy, "Perceptions of Increased U.S. Crime at Highest Since 1993".

31 Toni G. L. A. Van Der Meer e Michael Hameleers, "I Knew It, the World Is Falling Apart! Combatting a Confirmatory Negativity Bias in Audiences' News Selection Through News Media Literacy Interventions", *Digital Journalism* 10, nº 3 (2022): 473-92.

32 Board of Governors of the Federal Reserve System (US), "Delinquency Rate on Business Loans, All Commercial Banks", FRED, Federal Reserve Bank of St. Louis. Acesso em: 15 out. 2023.

33 Citações retiradas de Lewis e Ripley, "How to Unbreak the News".
34 Amy J. C. Cuddy, Mindi S. Rock e Michael I. Norton, "Aid in the Aftermath of Hurricane Katrina: Inferences of Secondary Emotions and Intergroup Helping", *Group Processes & Intergroup Relations* 10, nº 1 (2007): 107-18.
35 David Bornstein e Tina Rosenberg, "11 Years of Lessons from Reporting on Solutions", Opinião, *The New York Times*, 11 de novembro de 2021.
36 David Byrne, "Reasons to Be Cheerful", David Byrne, 2018. Disponível em: https://davidbyrne.com/explore/reasons-to-be-cheerful/about.
37 Maurice Chammah, "To Help Young Women in Prison, Try Dignity", Opinião, *The New York Times*, 9 de outubro de 2018.
38 MaryLou Costa, "The World's Therapists Are Talking to Ukraine", *Reasons to Be Cheerful*, 25 de agosto de 2023.
39 "Solutions Story Tracker®", Solutions Journalism. Acesso em: 15 out. 2023. Disponível em: https://www.solutionsjournalism.org/storytracker.
40 Ashley Stimpson, "'Green Banks' Are Turning Climate Action Dreams into Realities", *Reasons to Be Cheerful*, 21 de dezembro de 2022.
41 Jenna Spinelle, "For the Many or the Few?", *Solutions Journalism*, 1º de agosto de 2022.
42 Pesquisas revelam que, nos jogos econômicos, as "fofocas positivas" são tão úteis para promover o comportamento gentil quanto as do tipo negativo; ver Hirotaka Imada, Tim Hopthrow e Dominic Abrams, "The Role of Positive and Negative Gossip in Promoting Prosocial Behavior", *Evolutionary Behavioral Sciences* 15, nº 3 (2021): 285-91.

5. Escapando da armadilha do cinismo

1 David Armstrong, "Money to Burn", *The Boston Globe*, 7 de fevereiro de 1999.
2 Sarah Schweitzer, "City, Firefighters Settle", *The Boston Globe*, 31 de agosto de 2001.
3 "The Boston Globe, 5 de julho de 2002, pág. 5", Boston Globe Archive. Acesso em: 15 out. 2023.
4 Schweitzer, "City, Firefighters Settle".
5 Douglas Belkin, "Uncertainty for Fire Dept. Reform", *The Boston Globe*, 27 de setembro de 2001.
6 Scott Greenberger, "Fire Head Suspends 18 Over Sick Pay", *The Boston Globe*, 11 de julho de 2003.
7 Greenberger, "Fire Head Suspends 18".
8 Para saber mais sobre essa história por uma perspectiva da ciência do comportamento, ver Samuel Bowles, *The Moral Economy: Why Good Incentives Are No Substitute for Good Citizens* (New Haven, CT: Yale University Press, 2016); e Tess Wilkinson-Ryan, "Do Liquidated Damages Encourage Breach? A Psychological Experiment", *Michigan Law Review* 108 (2010): 633-72.
9 Jennifer Carson Marr et al., "Do I Want to Know? How the Motivation to Acquire Relationship-Threatening Information in Groups Contributes to Paranoid Thought, Suspicion Behavior, and Social Rejection", *Organizational Behavior and Human Decision Processes* 117, nº 2 (2012): 285-97.

10 Geraldine Downey e Scott I. Feldman, "Implications of Rejection Sensitivity for Intimate Relationships", *Journal of Personality and Social Psychology* 70, nº 6 (1996): 1.327-43; Lindsey M. Rodriguez et al., "The Price of Distrust: Trust, Anxious Attachment, Jealousy, and Partner Abuse", *Partner Abuse* 6, nº 3 (2015): 298-319.

11 Seth A. Kaplan, Jill C. Bradley e Janet B. Ruscher, "The Inhibitory Role of Cynical Disposition in the Provision and Receipt of Social Support: The Case of the September 11th Terrorist Attacks", *Personality and Individual Differences* 37, nº 6 (2004): 1.221-32.

12 Para um resumo fantástico desse trabalho, ver Vanessa K. Bohns, *You Have More Influence Than You Think: How We Underestimate Our Powers of Persuasion, and Why It Matters* (Washington, D.C.: National Geographic Books, 2023).

13 Vanessa K. Bohns, M. Mahdi Roghanizad e Amy Z. Xu, "Underestimating Our Influence over Others' Unethical Behavior and Decisions", *Personality and Social Psychology Bulletin* 40, nº 3 (2013): 348-62; Francis J. Flynn e Vanessa K. B. Lake, "If You Need Help, Just Ask: Underestimating Compliance with Direct Requests for Help", *Journal of Personality and Social Psychology* 95, nº 1 (2008): 128-43.

14 Bohns, Roghanizad e Xu, "Underestimating Our Influence over Others' Unethical Behavior and Decisions".

15 Noel D. Johnson e Alexandra Mislin, "Trust Games: A Meta-Analysis", *Journal of Economic Psychology* 32, nº 5 (2011): 865-89. Os números são calculados do seguinte modo: Investimento médio = 50%. Devolução média = 37%. Desvio padrão do investimento = 0,12, significando que um investimento de 62% é um desvio padrão acima da média. Segundo Johnson e Mislin, "um aumento de um desvio padrão na confiança leva a um aumento de cerca de 40% na confiabilidade"; um aumento de 40% acima da taxa de devolução média chegaria a aproximadamente 52% devolvidos.

16 O mesmo é verdadeiro quando os investidores tentam obrigar os administradores a pagar, estabelecendo contingências e penalidades para seus investimentos. Ver Armin Falk e Michael Kosfeld, "The Hidden Costs of Control", *American Economic Review* 96, nº 5 (2006): 1.611-30.

17 Ernesto Reuben, Paola Sapienza e Luigi Zingales, "Is Mistrust Self-Fulfilling?", *Economics Letters* 104, nº 2 (2009): 89-91.

18 Marr et al., "Do I Want to Know?".

19 Downey e Feldman, "Implications of Rejection Sensitivity for Intimate Relationships".

20 Olga Stavrova, Daniel Ehlebracht e Kathleen D. Vohs, "Victims, Perpetrators, or Both? The Vicious Cycle of Disrespect and Cynical Beliefs About Human Nature", *Journal of Experimental Psychology*: General 149, nº 9 (2020): 1.736-54.

21 Em termos mais "nerds", os ataques preventivos são um exemplo de "ambiente de aprendizagem maligno", em que as evidências com as quais as pessoas aprendem são tendenciosas, levando-as em direção a conclusões sistematicamente erradas; ver Robin M. Hogarth, Tomás Lejarraga e Emre Soyer, "Two Settings of Kind and Wicked Learning Environments".

22 Declaração do colunista Scott Lehigh, citado em "The Boston Globe, 16 de julho de 2003, pág. 19", Boston Globe Archive. Acesso em: 15 out. 2023.

23 Robert M. Axelrod e Douglas Dion, "The Further Evolution of Cooperation", *Science* 242, nº 4884 (1988): 1.385-90; Jian Wu e Robert Axelrod, "How to Cope with Noise in the Iterated Prisoner's Dilemma", *Journal of Conflict Resolution* 39, nº 1 (1995): 183-89.
24 Robert M. Axelrod, *The Evolution of Cooperation* (Nova York: Basic Books, 1984), p. 33.
25 Robert Axelrod, "The Evolution of Cooperation", Stanford University Department of Electrical Engineering, 1984. Acesso em: 15 out. 2023. Disponível em: https://ee.stanford.edu/~hellman/Breakthrough/book/chapters/axelrod.html#Live.
26 Eric Neumann et al., "People Trust More After Learning Trust Is Self-Fulfilling" (no prelo).
27 Andromeda Garcelon, entrevista ao autor, 31 de janeiro de 2023.
28 Nienke W. Willigenburg et al., "Comparison of Injuries in American Collegiate Football and Club Rugby", *American Journal of Sports Medicine* 44, nº 3 (2016): 753-60.
29 Frank Boivert, entrevista ao autor, 17 de fevereiro de 2023.
30 Citações retiradas de um documento que Emile enviou por e-mail a Janet Lewis em 16 de julho de 2019, intitulado "Monica Mayer". Ele escreveu a Janet: "Aqui está aquela parte que não sei se poderei encaixar no livro, mas é uma história que eu quero contar de algum modo."
31 Boivert continua a defender as práticas não convencionais, agora morando e atuando como treinador em Fiji. Como ele disse recentemente: "Os treinadores deveriam desenvolver a inteligência dos jogadores em vez de fazê-los jogar como robôs." Ver Meli Laddpeter, "Being 'Franck': Players Need to Be Allowed to Play Freely-Boivert", *Fiji Times*, 11 de maio de 2022.
32 Janet Lewis, entrevista ao autor, 13 de dezembro de 2022; Janet Lewis, correspondência por e-mail, 30 de maio de 2023.
33 Jutta Weber, Deepak Malhotra e J. Keith Murnighan, "Normal Acts of Irrational Trust: Motivated Attributions and the Trust Development Process", *Research in Organizational Behavior* 26 (2004): 75-101.
34 Jillian J. Jordan et al., "Uncalculating Cooperation Is Used to Signal Trustworthiness", *Proceedings of the National Academy of Sciences* 113, nº 31 (2016): 8.658-63.
35 Uma advertência importante com relação a essa história é que os americanos, em parte por causa das informações coletadas por agentes duplos soviéticos, sabiam que a União Soviética estava exagerando sua capacidade nuclear. Assim, o discurso de Kennedy podia ser compreendido como se ele estivesse pagando para ver o blefe de Khruschev em vez de oferecendo a paz. Mesmo assim, fazer isso por meio de uma oferta unilateral de redução da tensão permitiu que os soviéticos mantivessem as aparências e aumentou a probabilidade de paz.
36 "Trust Development, the GRIT Proposal, and the Effects of Conciliatory Acts on Conflict and Cooperation", *Psychological Bulletin* 85, nº 4 (1978): 772-93.

6. A água (social) está boa

1. A história de Watanabe foi retirada de entrevistas por e-mail realizadas entre outubro e dezembro de 2022 e de um ensaio fotográfico que ele publicou na internet sobre sua experiência, que pode ser encontrado em https://dajf.org.uk/wp-content/uploads/Atsushi-Watanabe-presentation.pdf.
2. A Art Compass and Artifacts fornece dois desses rankings para artistas individuais.
3. Takahiro A. Kato, Shigenobu Kanba e Alan R. Teo, "Hikikomori: Multidimensional Understanding, Assessment, and Future International Perspectives", *Psychiatry and Clinical Neurosciences* 73, nº 8 (2019): 427-40.
4. Tanner J. Bommersbach e Hun Millard, "No Longer Culture-Bound: Hikikomori Outside of Japan", *International Journal of Social Psychiatry* 65, nº 6 (2019): 539-40.
5. Alan Teo, entrevista ao autor, 28 de março de 2023.
6. Daniel A. Cox, "Men's Social Circles Are Shrinking", Survey Center on American Life, 29 de junho de 2021.
7. Jean M. Twenge et al., "Worldwide Increases in Adolescent Loneliness", *Journal of Adolescence* 93 (2021): 257-69.
8. A melhor abordagem sobre a solidão continua sendo o moderno clássico do falecido John Cacioppo; ver John T. Cacioppo e William T. Patrick, *Loneliness: Human Nature and the Need for Social Connection* (Nova York: W. W. Norton, 2008).
9. Sheldon Cohen, "Social Relationships and Health", *American Psychologist* 59, nº 8 (2004): 676-84; Sheldon Cohen et al., "Social Ties and Susceptibility to the Common Cold", JAMA 277, nº 24 (1997): 1.940-44.
10. Julianne Holt-Lunstad et al., "Loneliness and Social Isolation as Risk Factors for Mortality", *Perspectives on Psychological Science* 10, nº 2 (2015): 227-37.
11. Office of the Surgeon General, *Our Epidemic of Loneliness and Isolation: The U.S. Surgeon General's Advisory on the Healing Effects of Social Connection and Community* (Washington, D.C.: U.S. Public Health Service, 2023), p. 4.
12. Nicholas Epley e Juliana Schroeder, "Mistakenly Seeking Solitude", *Journal of Experimental Psychology: General* 143, nº 5 (2014): 1980-99; Juliana Schroeder, Donald W. Lyons e Nicholas Epley, "Hello, Stranger? Pleasant Conversations Are Preceded by Concerns About Starting One", *Journal of Experimental Psychology: General* 151, nº 5 (2022): 1.141-53.
13. Xuan Zhao e Nicholas Epley, "Surprisingly Happy to Have Helped: Underestimating Prosociality Creates a Misplaced Barrier to Asking for Help", *Psychological Science* 33, nº 10 (2022): 1.708-31.
14. Erica J. Boothby e Vanessa K. Bohns, "Why a Simple Act of Kindness Is Not as Simple as It Seems: Underestimating the Positive Impact of Our Compliments on Others", *Personality and Social Psychology Bulletin* 47, nº 5 (2020): 826-40; Amit Kumar e Nicholas Epley, "Undervaluing Gratitude: Expressers Misunderstand the Consequences of Showing Appreciation", *Psychological Science* 29, nº 9 (2018): 1.423-35.
15. Os benefícios positivos de agir de modo extrovertido são maiores para os extrovertidos, ao passo que os introvertidos informaram mais fadiga quando faziam

isso. Mas os dois grupos sentiam benefícios no humor. Para saber mais sobre esse trabalho, ver William Fleeson, Adriane B. Malanos e Noelle M. Achille, "An Intraindividual Process Approach to the Relationship Between Extraversion and Positive Affect: Is Acting Extraverted as 'Good' as Being Extraverted?", *Journal of Personality and Social Psychology* 83, nº 6 (2002): 1.409-22; Rowan Jacques-Hamilton, Jessie Sun e Luke D. Smillie, "Costs and Benefits of Acting Extraverted: A Randomized Controlled Trial", *Journal of Experimental Psychology: General* 148, nº 9 (2019): 1.538-56; Seth Margolis e Sonja Lyubomirsky, "Experimental Manipulation of Extraverted and Introverted Behavior and Its Effects on Well-Being", *Journal of Experimental Psychology: General* 149, nº 4 (2020): 719-31; John M. Zelenski, Maya S. Santoro e Deanna C. Whelan, "Would Introverts Be Better Off If They Acted More Like Extraverts? Exploring Emotional and Cognitive Consequences of Counterdispositional Behavior", *Emotion* 12, nº 2 (2012): 290-303.

16 Alan Teo, entrevista ao autor, 28 de março de 2023.

17 Entre os *hikikomori*, a ansiedade impele as pessoas para dentro e a solidão as torna menos preparadas para reemergir. Saito Tamaki, pioneiro no estudo de pessoas que sofrem esse transtorno, escreve sobre o círculo vicioso: "Nas doenças comuns, quando um indivíduo adoece, o corpo reage naturalmente com várias medidas terapêuticas, inclusive reações imunológicas. Mas, no caso do isolamento, a doença tem a função de piorar ainda mais a situação." Ver Saitō Tamaki, *Hikikomori: Adolescence Without End*, trad. Jeffrey Angles (Mineápolis: University of Minnesota Press, 2013), p. 81.

18 Tegan Cruwys et al., "Social Isolation Predicts Frequent Attendance in Primary Care", *Annals of Behavioral Medicine* 52, nº 10 (3 de fevereiro de 2018): 817-29; Fuschia M. Sirois e Janine Owens, "A Meta-Analysis of Loneliness and Use of Primary Health Care", *Health Psychology Review* 17, nº 2 (2021): 193-210.

19 Akram Parandeh et al., "Prevalence of Burnout Among Health Care Workers During Coronavirus Disease (COVID-19) Pandemic: A Systematic Review and Meta-Analysis", *Professional Psychology: Research and Practice* 53, nº 6 (2022): 564-73; H. J. A. Van Bakel et al., "Parental Burnout Across the Globe During the COVID-19 Pandemic", *International Perspectives in Psychology* 11, nº 3 (2022): 141-52.

20 Jamil Zaki, "We Should Try Caring for Others as 'Self-Care'", *Atlantic*, 21 de outubro de 2021.

21 Christina Maslach e Michael P. Leiter, "Understanding the Burnout Experience: Recent Research and Its Implications for Psychiatry", *World Psychiatry* 15, nº 2 (2016): 103-11; Christina Maslach, Wilmar B. Schaufeli e Michael P. Leiter, "Job Burnout", *Annual Review of Psychology* 52, nº 1 (2001): 397-422.

22 Shauna L. Shapiro, Kirk Warren Brown e Gina M. Biegel, "Teaching Self-Care to Caregivers: Effects of Mindfulness-Based Stress Reduction on the Mental Health of Therapists in Training", *Training and Education in Professional Psychology* 1, nº 2 (2007): 105-15.

23 Frank Martela e Richard M. Ryan, "The Benefits of Benevolence: Basic Psychological Needs, Beneficence, and the Enhancement of Well-Being", *Journal of Personality* 84, nº 6 (2015): 750-64; Jason D. Runyan et al., "Using Experience Sampling

to Examine Links Between Compassion, Eudaimonia, and Pro-Social Behavior", *Journal of Personality* 87, nº 3 (2018): 690-701.

24 Bruce Doré et al., "Helping Others Regulate Emotion Predicts Increased Regulation of One's Own Emotions and Decreased Symptoms of Depression", *Personality and Social Psychology Bulletin* 43, nº 5 (2017): 729-39; Morelli et al., "Emotional and Instrumental Support Provision".

25 Kira Schabram e Yu Tse Heng, "How Other- and Self-Compassion Reduce Burnout Through Resource Replenishment", *Academy of Management Journal* 65, nº 2 (2022): 453-78.

26 Elizabeth W. Dunn, Lara B. Aknin e Michael I. Norton, "Spending Money on Others Promotes Happiness", *Science* 319, nº 5870 (2008): 1.687-88; Cassie Mogilner, Zoë Chance e Michael I. Norton, "Giving Time Gives You Time", *Psychological Science* 23, nº 10 (2012): 1.233-38.

27 Jennifer Crocker et al., "Interpersonal Goals and Change in Anxiety and Dysphoria in First-Semester College Students", *Journal of Personality and Social Psychology* 98, nº 6 (2010): 1.009-24.

28 Para saber mais, ver Gregg Krech, *Naikan: Gratitude, Grace, and the Japanese Art of Self-Reflection* (Berkeley, CA: Stone Bridge Press, 2022).

29 Gillian M. Sandstrom, Erica J. Boothby e Gus Cooney, "Talking to Strangers: A Week-Long Intervention Reduces Psychological Barriers to Social Connection", *Journal of Experimental Social Psychology* 102 (2022): 104356. Você pode encontrar as instruções para a caça em Gillian M. Sandstrom, "Scavenger Hunt Missions", Gillian Sandstrom, abril de 2021. Disponível em: https://gilliansandstrom.files.wordpress.com/2021/04/scavenger-hunt-missions.pdf.

30 Julia Vera Pescheny, Gurch Randhawa e Yannis Pappas, "The Impact of Social Prescribing Services on Service Users: A Systematic Review of the Evidence", *European Journal of Public Health* 30, nº 4 (2019): 664-73.

31 Adam Jeyes e Laura Pugh, "Implementation of Social Prescribing to Reduce Frequent Attender Consultation Rates in Primary Care", *British Journal of General Practice* 69, nº S1 (2019). Para uma ótima abordagem das prescrições sociais, ver Julia Hotz, "A Radical Plan to Treat Covid's Mental Health Fallout", *WIRED UK*, 18 de agosto de 2021.

32 P. A. Kropotkin, "Mutual Aid a Factor of Evolution", *Political Science Quarterly* 18, nº 4 (1903): 702-5. Para escritos sobre a vida dele, ver James Hamlin, "Who Was … Peter Kropotkin?", *Biologist*. Acesso em: 15 out. 2023. Disponível em: https://www.rsb.org.uk/biologist-features/who-was-peter-kropothkin; Lee Alan Dugatkin, "The Prince of Evolution: Peter Kropotkin's Adventures in Science and Politics", *Scientific American*, 13 de setembro de 2011.

33 Black Panther Party Legacy & Alumni, "Survival Programs", It's About Time. Acesso em: 15 out. 2023.

34 Audre Lorde, *A Burst of Light: And Other Essays* (Mineola, NY: Courier Dover, 2017).

35 Lenora E. Houseworth, "The Radical History of Self-Care", *Teen Vogue*, 14 de janeiro de 2021; Aimaloghi Eromosele, "There Is No Self-Care Without Community

Care", *URGE – Unite for Reproductive & Gender Equity* (blog), 10 de novembro de 2020; Aisha Harris, "How 'Self-Care' Went from Radical to Frou-Frou to Radical Once Again", *Slate*, 5 de abril de 2017.

36 Jia Tolentino, "What Mutual Aid Can Do During a Pandemic", *The New Yorker*, 11 de maio de 2020; Sigal Samuel, "Coronavirus Volunteering: How You Can Help Through a Mutual Aid Group", *Vox*, 16 de abril de 2020.

37 Cassady Rosenblum e September Dawn Bottoms, "How Farmers in Colorado Are Taking Care of Their Mental Health", *The New York Times*, 15 de outubro de 2022.

7. Desenvolvendo culturas de confiança

1 Dina Bass, "Microsoft CEO: World's Worst Job", *Bloomberg News*, 30 de janeiro de 2014.

2 Este e vários outros detalhes são retirados do excelente perfil na *Vanity Fair* sobre a "década perdida" da Microsoft: Kurt Eichenwald, "How Microsoft Lost Its Mojo: Steve Ballmer and Corporate America's Most Spectacular Decline", *Vanity Fair*, 24 de julho de 2012.

3 James W. Dean, Pamela Brandes e Ravi Dharwadkar, "Organizational Cynicism", *Academy of Management Review* 23, nº 2 (1998): 341-52.

4 Esta citação e a maior parte das informações sobre a GE e Jack Welch apresentadas aqui são retiradas do excelente livro de David Gelles: *The Man Who Broke Capitalism: How Jack Welch Gutted the Heartland and Crushed the Soul of Corporate America – and How to Undo His Legacy* (Nova York: Simon & Schuster, 2022).

5 Joseph Persky, "Retrospectives: The Ethology of Homo Economicus", *Journal of Economic Perspectives* 9, nº 2 (1995): 221-31.

6 Para um estudo clássico sobre essa desmistificação, ver Amartya Sen, "Rational Fools: A Critique of the Behavioral Foundations of Economic Theory", *Philosophy & Public Affairs* 6, nº 4 (1977): 317-44.

7 Amitaï Etzioni, "The Moral Effects of Economic Teaching", *Sociological Forum* 30, nº 1 (2015): 228-33; Robert H. Frank, Thomas D. Gilovich e Dennis T. Regan, "Do Economists Make Bad Citizens?", *Journal of Economic Perspectives* 10, nº 1 (1996): 187-92.

8 John J. Dwyer, "Darwinism and Populism", *John J Dwyer* (blog), 1º de abril de 2022.

9 Sumantra Ghoshal, "Bad Management Theories Are Destroying Good Management Practices", *Academy of Management Learning and Education* 4, nº 1 (2005): 75-91.

10 Eichenwald, "How Microsoft Lost Its Mojo".

11 Matt Rosoff, "Satya Nadella Just Undid Steve Ballmer's Last Big Mistake", *Business Insider*, 8 de julho de 2015.

12 Elizabeth A. Canning et al., "Cultures of Genius at Work: Organizational Mindsets Predict Cultural Norms, Trust, and Commitment", *Personality and Social Psychology Bulletin* 46, nº 4 (2019): 626-42.

13 Bradley J. Alge, Gary A. Ballinger e Stephen G. Green, "Remote Control: Predictors of Electronic Monitoring Intensity and Secrecy", *Personnel Psychology* 57, nº 2 (2004): 377-410.

14 Jodi Kantor et al., "Workplace Productivity: Are You Being Tracked?", *The New York Times*, 6 de setembro de 2023.
15 Danielle Abril e Drew Harwell, "Keystroke Tracking, Screenshots, and Facial Recognition: The Boss May Be Watching Long After the Pandemic Ends", *The Washington Post*, 27 de setembro de 2021.
16 Eichenwald, "How Microsoft Lost Its Mojo". A ocultação de conhecimento acontece de modo desenfreado nas organizações cínicas. Susan Fowler descreve práticas muito semelhantes em sua postagem viral de 2017 sobre o trabalho na Uber: "Um dos diretores alardeou para a nossa equipe que tinha escondido informações empresariais importantes de um dos executivos para conseguir favores de outro executivo (e, como ele disse com um sorriso, isso deu certo)." Ver Susan Fowler, "Reflecting on One Very, Very Strange Year at Uber – Susan Fowler", *Susan Fowler Blog*, 22 de maio de 2017. Disponível em: https://www.susanjfowler.com/blog/2017/2/19/reflecting-on-one-very-strange-year-at-uber.
17 Andrew Armatas, "How the Solution Becomes the Problem: The Performance Solution That Backfired at Microsoft", in *SAGE Business Cases* (Thousand Oaks, CA: SAGE Publications, 2023).
18 Rebecca Abraham, "Organizational Cynicism: Bases and Consequences", *Genetic, Social, and General Psychology Monographs* 126, nº 3 (2000): 269-92; Dan S. Chiaburu et al., "Antecedents and Consequences of Employee Organizational Cynicism: A Meta-Analysis", *Journal of Vocational Behavior* 83, nº 2 (2013): 181-97; Catherine E. Connelly et al., "Knowledge Hiding in Organizations", *Journal of Organizational Behavior* 33, nº 1 (2011): 64-88.
19 Bauer et al., "Can War Foster Cooperation?"; Ayelet Gneezy e Daniel M. T. Fessler, "Conflict, Sticks and Carrots: War Increases Prosocial Punishments and Rewards", *Proceedings of the Royal Society B: Biological Sciences* 279, nº 1727 (2011): 219-23. Alguns teóricos acreditam que o conflito entre grupos encorajou a evolução da cooperação interna por meio de pressões seletivas no grupo. Para saber mais, ver Samuel Bowles, "Did Warfare Among Ancestral Hunter-Gatherers Affect the Evolution of Human Social Behaviors?", *Science* 324, nº 5932 (2009): 1.293-98.
20 Uma explicação para essa cooperação extrema é a "fusão de identidade", em que as pessoas sentem que elas e seu grupo são uma coisa só; ver Harvey Whitehouse et al., "The Evolution of Extreme Cooperation via Shared Dysphoric Experiences", *Scientific Reports* 7, nº 1 (2017): 1-10.
21 David A. Lesmond, Joseph P. Ogden e Charles Trzcinka, "A New Estimate of Transaction Costs", *Review of Financial Studies* 12, nº 5 (1999): 1.113-41; Howard A. Shelanski e Peter G. Klein, "Empirical Research in Transaction Cost Economics: A Review and Assessment", *Journal of Law, Economics & Organization* 11, nº 2 (1995): 335-61.
22 McCombs School of Business, "Wells Fargo Fraud", Ethics Unwrapped, 16 de fevereiro de 2023. Disponível em: https://ethicsunwrapped.utexas.edu/video/wells-fargo-fraud.
23 Para os critérios de perigo persistente do New York State Education Department,

ver "Criteria for Designating Persistently Dangerous School Using SV", New York State Education Department, 11 de maio de 2023. Disponível em: https://www.p12.nysed.gov/sss/ssae/schoolsafety/vadir/CriteriaforDesignatingPersistentlyDangerousSchoolusingSV.html.

24 Os critérios do VADIR podem ser encontrados no Departamento de Educação do Estado de Nova York. Ver "SSEC–School Safety and Educational Climate", New York State Education Department, 16 de junho de 2023. Disponível em: https://www.p12.nysed.gov/sss/ssae/schoolsafety/vadir/.

25 Jason A. Okonofua, Gregory M. Walton e Jennifer L. Eberhardt, "A Vicious Cycle: A Social–Psychological Account of Extreme Racial Disparities in School Discipline", *Perspectives on Psychological Science* 11, nº 3 (2016): 381-98.

26 Juan Del Toro et al., "The Spillover Effects of Classmates' Police Intrusion on Adolescents' School – Based Defiant Behaviors: The Mediating Role of Institutional Trust", *American Psychologist* (2023): publicação on-line antecipada.

27 Esta e outras citações de Nadella são retiradas de Satya Nadella, *Hit Refresh: The Quest to Rediscover Microsoft's Soul and Imagine a Better Future for Everyone* (Nova York: HarperCollins, 2017).

28 Shana Lebowitz, "Microsoft's HR Chief Reveals How CEO Satya Nadella Is Pushing to Make Company Culture a Priority, the Mindset She Looks for in Job Candidates, and Why Individual Success Doesn't Matter as Much as It Used To", *Business Insider*, 16 de agosto de 2019.

29 Bart A. De Jong, Kurt T. Dirks e Nicole Gillespie, "Trust and Team Performance: A Meta-Analysis of Main Effects, Moderators, and Covariates", *Journal of Applied Psychology* 101, nº 8 (2016): 1.134-50; Sandy D. Staples e Jane Webster, "Exploring the Effects of Trust, Task Interdependence and Virtualness on Knowledge Sharing in Teams", *Information Systems Journal* 18, nº 6 (2008): 617-40.

30 Tom Warren, "Microsoft Employees Are Getting Unlimited Time Off", *Verge*, 11 de janeiro de 2023.

31 Kathryn Mayer, "How the HR Executive of the Year Rebooted Microsoft's Culture", *HR Executive*, 6 de outubro de 2021.

32 Citações retiradas de conversas com White e de sua participação no podcast *Om Travelers*; LaJuan White, entrevista ao autor, 17 de março de 2022; LaJuan White, "Episode 12 – LaJuan White", entrevista a Tyler Cagwin, 7 de janeiro de 2019.

33 Para detalhes sobre a hierarquia na Escola Lincoln e suas conexões com a justiça restaurativa, ver Julie McMahon, "How a Syracuse Middle School Got Taken off State's 'Persistently Dangerous' List", *Syracuse*, 16 de agosto de 2016.

34 Citação retirada de Casey Quinlan, "One School District Is Fighting Decades of 'Punishment Culture'", *Think Progress Archive*, 30 de janeiro de 2017.

35 Jamie Amemiya, Adam Fine e Ming Te Wang, "Trust and Discipline: Adolescents' Institutional and Teacher Trust Predict Classroom Behavioral Engagement Following Teacher Discipline", *Child Development* 91, nº 2 (2019): 661-78; Jason A. Okonofua et al., "A Scalable Empathic-Mindset Intervention Reduces Group Disparities in School Suspensions", *Science Advances* 8, nº 12 (2022): eabj0691; Jason A. Okonofua, Amanda

D. Perez e Sean Darling-Hammond, "When Policy and Psychology Meet: Mitigating the Consequences of Bias in Schools", *Science Advances* 6, nº 42 (2020): eaba9479.

36 Jamil Zaki, Hitendra Wadhwa e Ferose V. R., "It's Time to Teach Empathy and Trust with the Same Rigor as We Teach Coding", *Fast Company*, 11 de novembro de 2022. Disponível em: https://www.fastcompany.com/90808273/its-time-to-teach-empathy-and-trust-with-the-same-rigor-as-we-teach-coding.

37 Molly Cook Escobar e Christine Zhang, "A Summer of Strikes", *The New York Times*, 15 de setembro de 2023. Disponível em: https://www.nytimes.com/interactive/2023/09/03/business/economy/strikes-union-sag-uaw.html.

38 Lydia Saad, "More in U.S. See Unions Strengthening and Want It That Way", *Gallup News*, 30 de agosto de 2023. Disponível em: https://news.gallup.com/poll/510281/unions-strengthening.aspx.

8. A falha nas nossas linhas de falha

1 Paul Lendvai, *One Day That Shook the Communist World: The 1956 Hungarian Uprising and Its Legacy* (Princeton, NJ: Princeton University Press, 2010).
2 Bernd Schaefer, Nate Jones e Benjamin B. Fischer, "Forecasting Nuclear War", Wilson Center. Acesso em: 16 out. 2023. Disponível em: https://www.wilsoncenter.org/publication/forecasting-nuclear-war.
3 Mike Giglio, "Inside the Pro-Trump Militant Group the Oath Keepers", *The Atlantic*, novembro de 2020.
4 Peter Baker e Blake Hounshell, "Parties' Divergent Realities Challenge Biden's Defense of Democracy", *The New York Times*, 2 de setembro de 2022.
5 Eli J. Finkel et al., "Political Sectarianism in America", *Science* 370, nº 6516 (2020): 533-36.
6 Ethan Kaplan, Jörg L. Spenkuche e Rebecca Sullivan, "Partisan Spatial Sorting in the United States: A Theoretical and Empirical Overview", *Journal of Public Economics* 211 (2022): 104668. O distanciamento acontece até mesmo nos bairros, com uma grande proporção de eleitores "não tendo praticamente nenhum contato com eleitores do outro partido em seu ambiente residencial". Ver Jacob R. Brown e Ryan D. Enos, "The Measurement of Partisan Sorting for 180 Million Voters", *Nature Human Behaviour* 5, nº 8 (2021): 998-1.008.
7 Douglas J. Ahler e Gaurav Sood, "The Parties in Our Heads: Misperceptions About Party Composition and Their Consequences", *Journal of Politics* 80, nº 3 (2018): 964-81.
8 Kathryn R. Denning e Sara D. Hodges, "When Polarization Triggers Out-Group 'Counter-Projection' Across the Political Divide", *Personality and Social Psychology Bulletin* 48, nº 4 (2021): 638-56.
9 Matthew Levendusky e Neil Malhotra, "(Mis)Perceptions of Partisan Polarization in the American Public", *Public Opinion Quarterly* 80, nº S1 (2015): 378-91.
10 Stephen Hawkins et al., *Defusing the History Wars: Finding Common Ground in Teaching America's National Story* (Nova York: More in Common, 2022).
11 Imagens de "America's Divided Mind: Understanding the Psychology That Drives

Us Apart", Beyond Conflict–Putting Experience and Science to Work for Peace, maio de 2020. Disponível em: https://beyondconflictint.org/americas-divided-mind/; ver também Jens Hainmueller e Daniel J. Hopkins, "The Hidden American Immigration Consensus: A Conjoint Analysis of Attitudes Toward Immigrants", *American Journal of Political Science* 59, nº 3 (2014): 529-48.

12 University of Maryland School of Public Policy, "Major Report Shows Nearly 150 Issues on Which Majorities of Republicans & Democrats Agree", Programa para consulta pública, 7 de agosto de 2020. Disponível em: https:// publicconsultation.org/defense-budget/major-report-shows-nearly-150-issues-on-which-majorities-of-republicans-democrats-agree/; Steve Corbin, "Americans Largely Agree on Several Key Issues and Congress Should Pay Attention", *NC Newsline*, 19 de agosto de 2022.

13 Joseph S. Mernyk et al., "Correcting Inaccurate Metaperceptions Reduces Americans' Support for Partisan Violence", *Proceedings of the National Academy of Sciences* 119, nº 16 (2022): e2116851119.

14 Sukhwinder S. Shergill et al., "Two Eyes for an Eye: The Neuroscience of Force Escalation", *Science* 301, nº 5630 (2003): 187.

15 Participação no podcast *The Gist*, 25 de julho de 2022; ver Malcolm Nance, "Civil War: Possible or Probable?", entrevista dada a Mike Pesca.

16 Amanda Ripley, *High Conflict: Why We Get Trapped and How We Get Out* (Nova York: Simon & Schuster, 2022).

17 Joseph N. Cappella e Kathleen Hall Jamieson, *Spiral of Cynicism: The Press and the Public Good* (Nova York: Oxford University Press, 1997); Claes H. De Vreese, "The Spiral of Cynicism Reconsidered", *European Journal of Communication* 20, nº 3 (2005): 283-301.

18 William J. Brady et al., "How Social Learning Amplifies Moral Outrage Expression in Online Social Networks", *Science Advances* 7, nº 33 (2021): eabe5641; William J. Brady et al., "Overperception of Moral Outrage in Online Social Networks Inflates Beliefs About Intergroup Hostility", *Nature Human Behaviour* 7, nº 6 (2023): 917-27; William J. Brady et al., "Emotion Shapes the Diffusion of Moralized Content in Social Networks", *Proceedings of the National Academy of Sciences* 114, nº 28 (2017): 7.313-18.

19 Santos et al., "Belief in the Utility of Cross-Partisan Empathy".

20 "Harvard Youth Poll", Institute of Politics at Harvard University, outono de 2021. Disponível em: https://iop.harvard.edu/youth-poll/42nd-edition-fall-2021.

21 Béatrice S. Hasler et al., "Young Generations' Hopelessness Perpetuates Long-Term Conflicts", *Scientific Reports* 13, nº 1 (2023): 1-13.

22 Andrés Casas, entrevistas ao autor, 13 de janeiro de 2023 e 21 de setembro de 2023.

23 Nicholas Casey, "Colombia Signs Peace Agreement with FARC After 5 Decades of War", *The New York Times*, 26 de setembro de 2016.

24 Andrés Casas, "Education", LinkedIn. Acesso em: 16 out. 2023. Disponível em: https://www.linkedin.com/in/andrescasascasas/details/education/.

25 *Colombia Journal*, "Colombia: The Occupied Territories of Medellín", Relief Web, 31 de outubro de 2002. Disponível em: https://reliefweb.int/report/colombia/co-

lombia-occupied-territories-medell%C3%ADn; Ivan Erre Jota, "The Medellin Miracle", Rapid Transition Alliance, 19 de dezembro de 2018.
26 Joe Parkin Daniels, "Colombia's Ex-Guerrillas: Isolated, Abandoned and Living in Fear", *The Guardian*, 3 de fevereiro de 2021.
27 Citações retiradas do documentário do Discovery Channel *Why We Hate*. O episódio dedicado a Emile é intitulado "Hope". Ver Emile Bruneau, "Hope" (Discovery Channel, 11 de março de 2019).
28 Samantha Moore-Berg, entrevista ao autor, 31 de janeiro de 2023.
29 Emile Bruneau et al., "Exposure to a Media Intervention Helps Promote Support for Peace in Colombia", *Nature Human Behaviour* 6, nº 6 (2022): 847-57.
30 Norwegian Refugee Council, "Colombia: Conflict Persists Five Years After Peace Deal", NRC, 24 de novembro de 2022.
31 Citação retirada de PirataFilms, *All It Takes*, curta metragem; versão em inglês, Vimeo, 19 de agosto de 2022. Disponível em: https://vimeo.com/741321924.
32 Conhecendo Stephanie, tenho quase certeza de que Andrés está errado.
33 Citação tirada de PirataFilms, *All It Takes*.
34 Por exemplo, o Strenghthening Democracy Challenge (no qual tive a sorte de representar um papel minúsculo) foi uma megacolaboração em que cientistas sociais reuniram 25 intervenções para reduzir a animosidade partidária. Muitas das mais eficazes implicavam corrigir as percepções equivocadas das pessoas com relação aos rivais políticos oferecendo a elas dados melhores. Ver Jan G. Voelkel et al., "Megastudy Identifying Effective Interventions to Strengthen Americans' Democratic Attitudes", *OSF Preprints*, 20 de março de 2023.
35 Jeremy A. Frimer, Linda J. Skitka e Matt Motyl, "Liberals and Conservatives Are Similarly Motivated to Avoid Exposure to One Another's Opinions", *Journal of Experimental Social Psychology* 72 (2017): 1-12.
36 Luiza Santos et al., "The Unexpected Benefits of Cross-Party Conversations on Polarized Issues" (no prelo).
37 Emile Bruneau et al., "Intergroup Contact Reduces Dehumanization and Meta-Dehumanization: Cross-Sectional, Longitudinal, and QuasiExperimental Evidence from 16 Samples in Five Countries", *Personality and Social Psychology Bulletin* 47, nº 6 (2020): 906-20.
38 Ver, por exemplo, Emily Kubin et al., "Personal Experiences Bridge Moral and Political Divides Better Than Facts", *Proceedings of the National Academy of Sciences* 118, nº 6 (2021): e2008389118; Minson e Chen, "Receptiveness to Opposing Views"; Marshall B. Rosenberg, *Nonviolent Communication: A Language of Life* (Encinitas, CA: PuddleDancer Press, 2003).
39 Michael Yeomans et al., "Conversational Receptiveness: Improving Engagement with Opposing Views", *Organizational Behavior and Human Decision Processes* 160 (2020): 131-48.
40 Brett Q. Ford e Allison S. Troy, "Reappraisal Reconsidered: A Closer Look at the Costs of an Acclaimed EmotionRegulation Strategy", *Current Directions in Psychological Science* 28, nº 2 (2019): 195-203.

41 David E. Broockman e Joshua Kalla, "Durably Reducing Transphobia: A Field Experiment on Door-to-Door Canvassing", *Science* 352, nº 6282 (2016): 220-24; Joshua Kalla e David E. Broockman, "Reducing Exclusionary Attitudes Through Interpersonal Conversation: Evidence from Three Field Experiments", *American Political Science Review* 114, nº 2 (2020): 410-25.

9. Construindo o mundo que desejamos

1 World Inequality Database, "USA".
2 David Huyssen, "We Won't Get Out of the Second Gilded Age the Way We Got Out of the First", *Vox*, 1º de abril de 2019.
3 Robert D. Putnam, *The Upswing: How America Came Together a Century Ago and How We Can Do It Again* (Nova York: Simon & Schuster, 2020), p. 167.
4 Robert D. Putnam, "Bowling Alone: America's Declining Social Capital", *Journal of Democracy* 6, nº 1 (1º de janeiro de 1995): 65-78.
5 David Nasaw, *The Chief: The Life of William Randolph Hearst* (Nova York: Houghton Mifflin Harcourt, 2000), p. 77.
6 Woodrow Wilson, "The New Freedom: A Call for the Emancipation of the Generous Energies of a People", *Political Science Quarterly* 29, nº 3 (1914): 506-7.
7 Putnam, *Upswing*, p. 159.
8 Josh Levin, "The Real Story of Linda Taylor, America's Original Welfare Queen", *Slate*, 19 de dezembro de 2013.
9 Josh Levin apresenta uma biografia meticulosa, envolvente e trágica de Taylor em *The Queen: The Forgotten Life Behind an American Myth* (Nova York: Back Bay Books, 2020).
10 Julilly Kohler-Hausmann, "'The Crime of Survival': Fraud Prosecutions, Community Surveillance, and the Original 'Welfare Queen'", *Journal of Social History* 41, nº 2 (2007): 329-54.
11 Independent Lens, "From Mothers' Pensions to Welfare Queens, Debunking Myths About Welfare", PBS, 16 de maio de 2023. Disponível em: https://www.pbs.org/independentlens/blog/from-mothers-pensions-to-welfare-queens-debunking-myths-about-welfare/. Para o relatório completo, ver Daniel R. Cline e Randy Alison Aussenberg, "Errors and Fraud in the Supplemental Nutrition Assistance Program (SNAP)", Federation of American Scientists (Congressional Research Service, 28 de setembro de 2018). Disponível em: https://sgp.fas.org/crs/misc/R45147.pdf.
12 Levin, *Queen*.
13 Zachary Parolin, "Decomposing the Decline of Cash Assistance in the United States, 1993 to 2016", *Demography* 58, nº 3 (2021): 1.119-41.
14 David Brady e Zachary Parolin, "The Levels and Trends in Deep and Extreme Poverty in the United States, 1993-2016", *Demography* 57, nº 6 (2020): 2.337-60; Luke H. Shaefer e Kathryn Edin, "Rising Extreme Poverty in the United States and the Response of Federal Means-Tested Transfer Programs", *Social Service Review* 87, nº 2 (2013): 250-68.

15 Jesper Akesson et al., "Race and Redistribution in the US: An Experimental Analysis", CEPR, 31 de janeiro de 2023. Disponível em: https://cepr.org/voxeu/columns/race-and-redistribution-us-experimental-analysis.
16 Rebecca Shabad et al., "Manchin Privately Raised Concerns That Parents Would Use Child Tax Credit Checks on Drugs", *NBC News*, 20 de dezembro de 2021; David Firestone, "How to Use the Debt Ceiling to Inflict Cruelty on the Poor", *The New York Times*, 17 de maio de 2023.
17 Para saber muito mais sobre essa ideia, ver Bowles, *Moral Economy*.
18 William Goodwin, entrevistas ao autor, 21 de março de 2022 e 3 de maio de 2023.
19 "Income, Poverty and Health Insurance Coverage in the United States: 2022", United States Census Bureau, 12 de setembro de 2023. Disponível em: https://www.census.gov/newsroom/press-releases/2023/income-poverty-health-insurance-coverage.html e https://confrontingpoverty.org/poverty-facts-and-myths/americas-poor-are-worse-off-than-elsewhere/.
20 Harry J. Holzer et al., "The Economic Costs of Childhood Poverty in the United States", *Journal of Children and Poverty* 14, nº 1 (2008): 41-61.
21 John Burn-Murdoch, "Why Are Americans Dying So Young?", *Financial Times*, 31 de março de 2023.
22 Gianmarco Daniele e Benny Geys, "Interpersonal Trust and Welfare State Support", *European Journal of Political Economy* 39 (2015): 1-12. Esses cientistas também defendem um efeito causal da confiança sobre o apoio social. Especificamente, o apoio dos filhos de imigrantes ao bem-estar social reflete a confiança nacional no país de origem de seus pais.
23 Alto Comissariado das Nações Unidas para os Direitos Humanos: "Ban 'Povertyism' in the Same Way as Racism and Sexism: UN Expert", 28 de outubro de 2022. Disponível em: https://www.ohchr.org/en/press-releases/2022/10/ban-povertyism-same-way-racism-and-sexism-un-expert.
24 Annie Lowrey, "$100 Million to Cut the Time Tax", *The Atlantic*, 26 de abril de 2022.
25 Anandi Mani et al., "Poverty Impedes Cognitive Function", *Science* 341, nº 6149 (2013): 976-80.
26 Matthew Desmond, *Poverty, by America* (Nova York: Crown, 2023), pp. 87-88.
27 Aina Gallego, "Inequality and the Erosion of Trust Among the Poor: Experimental Evidence", *Socio-Economic Review* 14, nº 3 (2016): 443-60.
28 Desmond, *Poverty, by America*, p. 91.
29 Henry Farrell, "The Invisible American Welfare State", *Good Authority*, 8 de fevereiro de 2011. Disponível em: https://goodauthority.org/news/the-invisible-american-welfare-state/.
30 Emily Holden et al., "More Than 25 Million Americans Drink from the Worst Water Systems", *Consumer Reports*, 26 de fevereiro de 2021.
31 Andrew P. Wilper et al., "Health Insurance and Mortality in US Adults", *American Journal of Public Health* 99, nº 12 (2009): 2.289-95.
32 Diana E. Naranjo, Joseph E. Glass e Emily C. Williams, "Persons with Debt Burden

Are More Likely to Report Suicide Attempt Than Those Without", *Journal of Clinical Psychiatry* 82, nº 3 (2021): 31989.
33 Ralph Dazert, "Market Insight: US Continues to Dominate Superyacht Market", *SuperYacht Times*, 1º de dezembro de 2022.
34 Jesús Gerena, entrevista ao autor, 18 de fevereiro de 2022.
35 Stand Together, "How Shifting Perceptions of Low-Income Families Helps Them Get Out of Poverty". Disponível em: https://standtogether.org/news/shifting-perceptions-of-low-income-families-is-key-to-getting-them-out-of-poverty/.
36 David K. Evans e Anna M. Popova, "Cash Transfers and Temptation Goods: A Review of Global Evidence" (no prelo, World Bank Policy Research, 2014).
37 Dado coletado no relatório de impacto. Disponível em: "Our Impact", Foundations for Social Change, 2021, https://forsocialchange.org/impact.
38 Ryan Dwyer et al., "Unconditional Cash Transfers Reduce Homelessness", *Proceedings of the National Academy of Sciences* 120, nº 36 (2023): e2222103120.
39 Katia Covarrubias, Benjamin Davis e Paul Winters, "From Protection to Production: Productive Impacts of the Malawi Social Cash Transfer Scheme", *Journal of Development Effectiveness* 4, nº 1 (2012): 50-77; Paul Gertler, Sebastián Martínez e Marta Rubio-Codina, "Investing Cash Transfers to Raise Long-Term Living Standards", *American Economic Journal: Applied Economics* 4, nº 1 (2012): 164-92; Johannes Haushofer e Jeremy P. Shapiro, "The Short-Term Impact of Unconditional Cash Transfers to the Poor: Experimental Evidence from Kenya", *Quarterly Journal of Economics* 131, nº 4 (2016): 1.973-2.042.
40 Solomon Asfaw et al., "The Impact of the Kenya CT-OVC Programme on Productive Activities and Labour Allocation", *From Protection to Production Project* (Food and Agriculture Organization of the United Nations, 2013); Mouhcine Guettabi, "What Do We Know About the Effects of the Alaska Permanent Fund Dividend?", *ScholarWorks@UA* (University of Alaska Anchorage, Institute of Social and Economic Research, 2019); Olli Kangas et al., "The Basic Income Experiment 2017-2018 in Finland: Preliminary Results", *Valto* (Ministry of Social Affairs and Health, 2019).
41 David G. Weissman et al., "State-Level Macro-Economic Factors Moderate the Association of Low Income with Brain Structure and Mental Health in U.S. Children", *Nature Communications* 14, nº 1 (2023): 2085.
42 Sonya V. Troller-Renfree et al., "The Impact of a Poverty Reduction Intervention on Infant Brain Activity", *Proceedings of the National Academy of Sciences* 119, nº 5 (2022): e2115649119.
43 Dwyer et al., "Unconditional Cash Transfers Reduce Homelessness".
44 "Historical Highest Marginal Income Tax Rates: 1913 to 2023", Tax Policy Center, 11 de maio de 2023. Disponível em: https://www.taxpolicycenter.org/statistics/historical-highest-marginal-income-tax-rates.

10. O otimismo do ativismo

1. Martin Luther King Jr., "King's Challenge to the Nation's Social Scientists", APA, 1967. Disponível em: https://www.apa.org/topics/equity-diversity-inclusion/martin-luther-king-jr-challenge.
2. Václav Havel, *The Power of the Powerless* (Nova York: Random House, 2018).
3. Maria Theresia Bäck e Henrik Serup Christensen, "When Trust Matters–a Multilevel Analysis of the Effect of Generalized Trust on Political Participation in 25 European Democracies", *Journal of Civil Society* 12, nº 2 (2016): 178-97.
4. Michelle Benson e Thomas R. Rochon, "Interpersonal Trust and the Magnitude of Protest", *Comparative Political Studies* 37, nº 4 (2004): 435-57.
5. Christopher Paul e Miriam Matthews, *The Russian "Firehose of Falsehood" Propaganda Model: Why It Might Work and Options to Counter It* (Santa Monica, CA: RAND Corporation, 2016).
6. Paul Shields, "Killing Politics Softly: Unconvincing Propaganda and Political Cynicism in Russia", *Communist and Post-Communist Studies* 54, nº 4 (2021): 54-73.
7. Hannah Arendt, *The Origins of Totalitarianism* (Nova York: Houghton Mifflin Harcourt, 1973).
8. Václav Havel, *Letters to Olga: June 1979–September 1982* (Nova York: Alfred A. Knopf, 1988).
9. Dezenove anos mais tarde, esse sermão foi compartilhado com Stephanie por Rachel Anderson, que então era pastora na igreja.
10. Maximilian Agostini e Martijn Van Zomeren, "Toward a Comprehensive and Potentially Cross-Cultural Model of Why People Engage in Collective Action: A Quantitative Research Synthesis of Four Motivations and Structural Constraints", *Psychological Bulletin* 147, nº 7 (2021): 667-700.
11. Kenneth T. Andrews e Michael Biggs, "The Dynamics of Protest Diffusion: Movement Organizations, Social Networks, and News Media in the 1960 Sit-Ins", *American Sociological Review* 71, nº 5 (2006): 752-77; Michael Biggs, "Who Joined the Sit-Ins and Why: Southern Black Students in the Early 1960s", *Mobilization* 11, nº 3 (2006): 321-36.
12. Michael Biggs e Kenneth T. Andrews, "Protest Campaigns and Movement Success", *American Sociological Review* 80, nº 2 (2015): 416-43.
13. Shankar Vedantam e William Cox, "Hidden Brain: America's Changing Attitudes Toward Gay People", entrevista feita por Steve Inskeep, NPR, 17 de abril de 2019.
14. Em 2021, 70% dos americanos apoiavam o casamento gay; ver Justin McCarthy, "Record-High 70% in U.S. Support Same-Sex Marriage", *Gallup News*, 5 de junho de 2023.
15. Leonardo Bursztyn, Alessandra L. González e David Yanagizawa-Drott, *Misperceived Social Norms: Female Labor Force Participation in Saudi Arabia* (Chicago: Becker Friedman Institute for Research in Economics, 2018).
16. Ed Pilkington e Jamie Corey, "Dark Money Groups Push Election Denialism on US State Officials", *The Guardian*, 5 de abril de 2023; Sam Levine e Kira Lerner,

"Ten Years of a Crippled Voting Rights Act: How States Make It Harder to Vote", *The Guardian*, 25 de junho de 2023; "Democracy Diverted".
17 Algumas pesquisas colocam os números em 90%; aqui estou citando a estatística mais conservadora. Ver Bryan Warner, "Polls Show Voters Nationwide and in NC Agree: Gerrymandering Must End", Common Cause North Carolina, 7 de abril de 2021. Disponível em: https://www.commoncause.org/north-carolina/democracy-wire/polls-show-voters-nationwide-and-in-nc-agree-gerrymandering-must-end/; "Americans Are United Against Partisan Gerrymandering", Brennan Center for Justice, 15 de março de 2019. Disponível em: https://www.brennancenter.org/our-work/research-reports/americans-are-united-against-partisan-gerrymandering; John Kruzel, "American Voters Largely United Against Partisan Gerrymandering, Polling Shows", *The Hill*, 4 de agosto de 2021.
18 Tina Rosenberg, "Putting the Voters in Charge of Fair Voting", *The New York Times*, 23 de janeiro de 2018.
19 Katie Fahey, entrevista ao autor, 21 de setembro de 2023.
20 Katie Fahey Schergala, "I'd like to Take on Gerrymandering in Michigan, If You're Interested in Doing This as Well, Please Let Me Know :)", Facebook, 10 de novembro de 2016. Disponível em: https://www.facebook.com/katie.rogala.3/posts/10153917724442633.
21 *Slay the Dragon*, documentário dirigido por Chris Durrance e Barak Goodman (Participant, 2019).
22 Nathaniel Rakich, "Did Redistricting Commissions Live Up to Their Promise?", FiveThirtyEight, 24 de janeiro de 2022.
23 Loretta J. Ross, entrevistas ao autor, 31 de outubro de 2022 e 23 de novembro de 2022; citações adicionais retiradas de Loretta J. Ross, "Calling in the Calling Out Culture: Conversations Instead of Conflicts", *Critical Conversations Speaker Series* (Santa Monica, CA: New Roads School, 2021).
24 Loretta J. Ross, "I'm a Black Feminist. I Think Call-Out Culture Is Toxic", *The New York Times*, 17 de agosto de 2019.

11. Nosso destino comum

1 Eric Roston, "Climate Projections Again Point to Dangerous 2.7C Rise by 2100", *Bloomberg News*, 10 de novembro de 2022.
2 Nathan Rott, "Extreme Weather, Fueled by Climate Change, Cost the U.S. $165 Billion in 2022", NPR, 10 de janeiro de 2023.
3 Denise Lu e Christopher Flavelle, "Rising Seas Will Erase More Cities by 2050, New Research Shows", *The New York Times*, 28 de novembro de 2019.
4 Adam Mayer e E. Keith Smith, "Unstoppable Climate Change? The Influence of Fatalistic Beliefs About Climate Change on Behavioural Change and Willingness to Pay Cross-Nationally", *Climate Policy* 19, nº 4 (2018): 511-23.
5 "Climate Fatalism Grips Young People Worldwide While the Urgency for Solution-Oriented Media Grows", Ipsos, 10 de novembro de 2021.
6 Gregg Sparkman, Nathan Geiger e Elke U. Weber, "Americans Experience a False

Social Reality by Underestimating Popular Climate Policy Support by Nearly Half", *Nature Communications* 13, nº 1 (2022): 4779.
7 Os detalhes biográficos são retirados de Garrett Hardin Society's UCSB Oral History; ver Garrett Hardin, "Garrett Hardin Oral History Project: Tape 1 – 'The Early Years'", entrevista dada a David E. Russell, Garrett Hardin Society, 22 de maio de 2005. Disponível em: https://www.garretthardinsociety.org/gh/gh_oral_history_tape1.html.
8 John H. Tanton, "Garrett and Jane Hardin: A Personal Recollection", Garrett Hardin Society, 29 de outubro de 2003. Disponível em: https://www.garretthardinsociety.org/tributes/tr_tanton_2003oct.html.
9 Garrett Hardin, "Living in a World of Limits: An Interview with Noted Biologist Garrett Hardin", entrevista dada a Craig Straub, Garrett Hardin Society, 9 de junho de 2003. Disponível em: https://www.garretthardinsociety.org/gh/gh_straub_interview.html.
10 Hardin, "Garrett Hardin Oral History Project: Tape 1".
11 Garrett Hardin, "The Tragedy of the Commons: The Population Problem Has No Technical Solution; It Requires a Fundamental Extension in Morality", *Science* 162, nº 3859 (1968): 1.243-48.
12 Hardin descreve essas leis como sendo semelhantes à termodinâmica em "Garrett Hardin Oral History Project: Tape 7", entrevista dada a David E. Russell, Garrett Hardin Society, 9 de junho de 2003. Disponível em: https://www.garretthardinsociety.org/gh/gh_oral_history_tape7.html.
13 Garrett Hardin, "Garrett Hardin Oral History Project: Tape 5 – From the Lab to the Field of Ecology", entrevista dada a David E. Russell, Garrett Hardin Society, 9 de junho de 2003. Disponível em: https://www.garretthardinsociety.org/gh/gh_oral_history_tape5.html.
14 Garrett Hardin, "Lifeboat Ethics: The Case Against Helping the Poor", *Psychology Today* (1974); Matto Mildenberger, "The Tragedy of the *Tragedy of the Commons*", *Scientific American Blog Network*, 23 de abril de 2019; Jason Oakes, "Garrett Hardin's Tragic Sense of Life", *Endeavour* 40, nº 4 (2016): 238-47.
15 Erik Nordman, *The Uncommon Knowledge of Elinor Ostrom: Essential Lessons for Collective Action* (Washington, D.C.: Island Press, 2021).
16 Garrett Hardin, "Garrett Hardin Oral History Project: Tape 10", entrevista dada a David E. Russell, Garrett Hardin Society, 9 de junho de 2003. Disponível em: https://www.garretthardinsociety.org/gh/gh_oral_history_tape10.html.
17 Estudos mostram que as pessoas têm mais probabilidade de agir quando se preocupam com a crise climática e esperam que a situação possa melhorar. Ver Shanyong Wang et al., "Predicting Consumers' Intention to Adopt Hybrid Electric Vehicles: Using an Extended Version of the Theory of Planned Behavior Model", *Transportation* 43, nº 1 (2014): 123-43; Kimberly S. Wolske, Paul C. Stern e Thomas Dietz, "Explaining Interest in Adopting Residential Solar Photovoltaic Systems in the United States: Toward an Integration of Behavioral Theories", *Energy Research & Social Science* 25 (2017): 134-51.
18 Roderick M. Kramer, "Trust and Distrust in Organizations: Emerging Perspectives, Enduring Questions", *Annual Review of Psychology* 50, nº 1 (1999): 569-98.

19 Douglas Starr, "Just 90 Companies Are to Blame for Most Climate Change, This 'Carbon Accountant' Says", *Science* 25 (2016).
20 Tim Gore, "Confronting Carbon Inequality: Putting Climate Justice at the Heart of the COVID-19 Recovery", *Oxfam International*, 21 de setembro de 2020.
21 Benjamin Franta, "Weaponizing Economics: Big Oil, Economic Consultants, and Climate Policy Delay", *Environmental Politics* 31, nº 4 (2021): 555-75.
22 Mark Kaufman, "The Carbon Footprint Sham: A 'Successful, Deceptive' PR Campaign", Mashable, 13 de julho de 2020. Ver também Alvin Powell, "Tracing Big Oil's PR War to Delay Action on Climate Change", *Harvard Gazette*, 28 de setembro de 2021.
23 Aylin Woodward, "As Denying Climate Change Becomes Impossible, Fossil-Fuel Interests Pivot to 'Carbon Shaming'", *Business Insider*, 28 de agosto de 2021.
24 Rebecca Solnit, "Big Oil Coined 'Carbon Footprints' to Blame Us for Their Greed. Keep Them on the Hook", *Guardian*, 23 de agosto de 2021.
25 Cientistas do comportamento, como Nic Chater e George Loewenstein, pensam nisso como uma ênfase nas causas individuais em detrimento das causas sistêmicas. Ver Nick Chater e George Loewenstein, "The I-Frame and the S-Frame: How Focusing on Individual-Level Solutions Has Led Behavioral Public Policy Astray", *Behavioral and Brain Sciences* 46 (2022): e147.
26 Sparkman, Geiger e Weber, "Americans Experience a False Social Reality".
27 Derek Wall, *Elinor Ostrom's Rules for Radicals: Cooperative Alternatives Beyond Markets and States* (Chicago: University of Chicago Press, 2017), pp. 21-22.
28 Citações de Elinor Ostrom na New Frontiers in Global Justice Conference at UC San Diego; ver Diptherio, "Elinor Ostrom on the Myth of Tragedy of the Commons", 9 de agosto de 2014. Disponível em: https://www.youtube.com/watch?v=ybdvjvIH-1U.
29 Os detalhes biográficos sobre Ostrom foram retirados de Nordman, *Uncommon Knowledge of Elinor Ostrom* e Wall, *Elinor Ostrom's Rules for Radicals*.
30 Elinor Ostrom, "Public Entrepreneurship: A Case Study in Ground Water Basin Management" (tese de doutorado, University of California Los Angeles, 1964).
31 Nordman, *Uncommon Knowledge of Elinor Ostrom*; Elinor Ostrom e Harini Nagendra, "Insights on Linking Forests, Trees, and People from the Air, on the Ground, and in the Laboratory", *Proceedings of the National Academy of Sciences* 103, nº 51 (2006): 19.224-31; Paul B. Trawick, "Successfully Governing the Commons: Principles of Social Organization in an Andean Irrigation System", *Human Ecology* 29, nº 1 (2001): 1-25.
32 Elinor Ostrom, *Governing the Commons* (Cambridge: Cambridge University Press, 2015), p. 62.
33 Elinor Ostrom, "Collective Action and the Evolution of Social Norms", *Journal of Economic Perspectives* 14, nº 3 (2000): 137-58.
34 *Actual World, Possible Future*, documentário dirigido por Barbara Allen (WTIU Documentaries, 25 de maio de 2020). Disponível em: https://video.indianapublicmedia.org/video/actual-world-possible-future-09rkab/.

35 *Actual World, Possible Future*, dirigido por Barbara Allen.
36 Para saber mais sobre isso, ver Marshall Sahlins, *The Western Illusion of Human Nature: With Reflections on the Long History of Hierarchy, Equality and the Sublimation of Anarchy in the West, and Comparative Notes on Other Conceptions of the Human Condition* (Chicago: Prickly Paradigm Press, 2008).
37 David Gelles et al., "The Clean Energy Future Is Arriving Faster Than You Think", *The New York Times*, 17 de agosto de 2023; International Energy Agency, "Renewables 2022: Analysis and Forecast to 2027", IEA, 2022. Disponível em: https://www.iea.org/reports/renewables-2022.
38 James Dacey, "Sprinkling Basalt over Soil Could Remove Huge Amounts of Carbon Dioxide from the Atmosphere", *Physics World*, 1º de agosto de 2021.
39 Para alguns exemplos desse tipo de crítica e controvérsia, ver Nick Gottlieb, "The False Hope of Carbon Capture and Storage", *Canadian Dimension*, 30 de maio de 2022; Robert F. Service, "U.S. Unveils Plans for Large Facilities to Capture Carbon Directly from Air", *Science Insider*, 11 de agosto de 2023; Genevieve Guenther, "Carbon Removal Isn't the Solution to Climate Change", *New Republic*, 4 de abril de 2022.
40 Ella Nilsen, "The Willow Project Has Been Approved: Here's What to Know About the Controversial Oil Drilling Venture", CNN, 14 de março de 2023.
41 Ver Elise Joshi, "Please Watch Even If You've Seen the Original Video!", TikTok, 7 de setembro de 2023. Disponível em: https://www.tiktok.com/@elisejoshi/video/7276138179386985774?lang=en.
42 Cara Buckley, "'OK Doomer' and the Climate Advocates Who Say It's Not Too Late", *The New York Times*, 22 de junho de 2023.
43 O vídeo de Gartheru pode ser encontrado em Wawa Gatheru (@wawagatheru), TikTok, s.d. Disponível em: https://www.tiktok.com/@wawagatheru/.
44 David Gelles, "With TikTok and Lawsuits, Gen Z Takes on Climate Change", *The New York Times*, 21 de agosto de 2023.
45 "COP27 Climate Summit: Here's What Happened on Tuesday at the COP27 Climate Summit", *The New York Times*, 9 de novembro de 2022.
46 David Gelles and Mike Baker, "Judge Rules in Favor of Montana Youths in a Landmark Climate Case", *The New York Times*, 16 de agosto de 2023.
47 Timothy Puko, "Biden to Block Oil Drilling in 'Irreplaceable' Alaskan Wildlands", *The Washington Post,* 7 de setembro de 2023.
48 Annenberg School for Communication, "Emile".

Epílogo

1 Stephanie Bruneau, entrevista ao autor, 1º de setembro de 2023.

Apêndice A: Guia prático para o ceticismo esperançoso

1 Pema Chödrön, *O salto: Um novo caminho para enfrentar as dificuldades inevitáveis* (Rio de Janeiro: Gryphus Editora, 2010).

CONHEÇA ALGUNS DESTAQUES DE NOSSO CATÁLOGO

- Augusto Cury: Você é insubstituível (2,8 milhões de livros vendidos), Nunca desista de seus sonhos (2,7 milhões de livros vendidos) e O médico da emoção
- Dale Carnegie: Como fazer amigos e influenciar pessoas (16 milhões de livros vendidos) e Como evitar preocupações e começar a viver
- Brené Brown: A coragem de ser imperfeito – Como aceitar a própria vulnerabilidade e vencer a vergonha (900 mil livros vendidos)
- T. Harv Eker: Os segredos da mente milionária (3 milhões de livros vendidos)
- Gustavo Cerbasi: Casais inteligentes enriquecem juntos (1,2 milhão de livros vendidos) e Como organizar sua vida financeira
- Greg McKeown: Essencialismo – A disciplinada busca por menos (700 mil livros vendidos) e Sem esforço – Torne mais fácil o que é mais importante
- Haemin Sunim: As coisas que você só vê quando desacelera (700 mil livros vendidos) e Amor pelas coisas imperfeitas
- Ana Claudia Quintana Arantes: A morte é um dia que vale a pena viver (650 mil livros vendidos) e Pra vida toda valer a pena viver
- Ichiro Kishimi e Fumitake Koga: A coragem de não agradar – Como se libertar da opinião dos outros (350 mil livros vendidos)
- Simon Sinek: Comece pelo porquê (350 mil livros vendidos) e O jogo infinito
- Robert B. Cialdini: As armas da persuasão (500 mil livros vendidos)
- Eckhart Tolle: O poder do agora (1,2 milhão de livros vendidos)
- Edith Eva Eger: A bailarina de Auschwitz (600 mil livros vendidos)
- Cristina Núñez Pereira e Rafael R. Valcárcel: Emocionário – Um guia lúdico para lidar com as emoções (800 mil livros vendidos)
- Nizan Guanaes e Arthur Guerra: Você aguenta ser feliz? – Como cuidar da saúde mental e física para ter qualidade de vida
- Suhas Kshirsagar: Mude seus horários, mude sua vida – Como usar o relógio biológico para perder peso, reduzir o estresse e ter mais saúde e energia

sextante.com.br